Carole Huber

Tatos Lied

Eine wahre Geschichte aus Peru
rund um Liebe, Schnaps und Terroristen

AF176436

Carole Huber

Tatos Lied

Eine wahre Geschichte aus Peru

rund um Liebe, Schnaps und Terroristen

Bibliografische Information der Deutschen Nationalbibliothek:
Die Deutsche Nationalbibliothek verzeichnet diese Publikation in der
Deutschen Nationalbibliografie; detaillierte bibliografische Daten sind im
Internet über http://dnb.dnb.de abrufbar.

Fotos im Innenteil: Familienarchiv Werner und Ilse Noche/Carole Huber
Umschlaggestaltung: Damian Keenan
Korrektorat: Isabelle Kobe

Herstellung und Verlag: BoD – Books on Demand, Norderstedt

ISBN: 978-3-7543-0071-8

www.TatosLied.com

Teil 1

Werner

Juni 1967

In San Ramón gab es einen Flughafen, wo verschiedene kleine Gesellschaften ihre Lufttaxi-Dienste anboten. Sie flogen verschiedene Routen und transportierten Fracht und Passagiere in die verschiedensten Gegenden des peruanischen Urwalds. Die Ladung wurde gewogen, wobei das erlaubte Gewicht etwa dem von fünf Erwachsenen entsprechen durfte. Neben Personen wurden Zucker, Salz, Stoff, Haushaltsartikel, Post befördert – einfach alles, was die wenigen Siedler und Einheimischen, die dort lebten, benötigten. Genaue Abflugzeiten gab es nicht. Man startete, sobald alles bereit war und das Wetter es zuliess. Die Piloten brachten die Motoren zum Laufen, indem sie die Propeller von Hand kräftig nach unten schwangen. War dies erst einmal gelungen, erfüllte ein ohrenbetäubender Lärm den kleinen Platz.

Fasziniert schaute ich dem bunten Treiben zu, bis mich mein Vater am Ärmel zog. „Komm, wir können einsteigen!", meinte er. Er nahm den letzten Schluck aus seiner Bierflasche, wir kletterten in die kleine Kabine, und das Abenteuer meiner ersten Reise nach Iscozacín begann …

Der Flug dauerte etwa eine halbe Stunde und war etwas vom Schönsten, was ich je erlebt hatte: Von oben sah der Dschungel aus wie eine einzige smaragdgrüne, moosartige Fläche, durchzogen von türkisblauen Flüssen und Bächen. Darüber erhob sich der blaue Himmel, wobei nur weit entfernt ein paar Wolken zu sehen waren. Ab und zu erblickte ich unter mir eine Lichtung mit den Dächern einer Siedlung oder ein paar Indianerhütten.

Ich hätte stundenlang so weiterfliegen können, doch bereits kam die Landebahn in Sicht. Nun wurden alle ein bisschen nervös, denn das Landen auf einer mit vielen Löchern und Steinen übersäten Piste birgt immer ein gewisses Risiko in sich. Noch konnten wir nicht niedergehen, da sich einige Kühe auf dem Landestreifen befanden. So drehten wir eine weitere Runde in der Luft, damit man das Vieh wegtreiben konnte. Endlich wurde am Boden ein weisses Leintuch geschwenkt. Als der Pilot tatsächlich zur Landung ansetzte, bekreuzigte ich mich und war froh, als wir gut gelandet waren.

Seit vielen Jahren besass mein Vater ein Stück Land am Fluss Palcazú. Ab und zu reiste er für ein paar Wochen hin, um nach dem Rechten zu sehen und zu arbeiten. Ich war nun vierzehn Jahre alt und zum ersten Mal durfte ich ihn begleiten. Er hatte mir erklärt, dass wir nach dem Vieh sehen, die Nabel von neugeborenen Kälbern desinfizieren, Stiere kastrieren und mit der Machete das Gras und die Büsche zurückstutzen würden. Ich freute mich darauf, dies alles zu lernen.

Das kleine Dorf Iscozacín bestand nur aus wenigen Häusern. Doch die Landepiste und seine Lage an einer wichtigen Flussgabelung machten es zu einem wichtigen Ausgangspunkt für alle, die in dieser Gegend unterwegs waren. In Iscozacín befanden sich die einzige Grundschule des ganzen Tals, ein Laden, eine Schlachterei und ein Lagerhaus, wo man für ein kleines Entgelt Waren, Lebensmittel oder Einrichtungsgegenstände aufbewahren konnte, bevor sie ausgeflogen oder mit kleinen Booten weitertransportiert wurden.

Kaum angekommen, wurden wir von Máximo, einem Freund meines Vaters, begrüsst. Er würde uns mit seinem Boot flussaufwärts zu unserem Grundstück mitnehmen. Schnell luden wir unsere Habseligkeiten ins Boot. Es war bereits Nachmittag und wir wollten

die zwei Stunden Flussfahrt möglichst noch bei Tageslicht schaffen.
Wir hatten nur Salz, Zucker, Batterien und Patronen für die Jagd
dabei. Als Kleider reichten ein Paar zusätzliche Shorts und zwei
Hemden. Máximo bediente den Aussenbordmotor im Heck und hielt
meinen Vater über die Ereignisse der Gegend auf dem Laufenden.
Währenddessen setzte ich mich vorne in den Bug und bestaunte die
einmalige Natur.

War der Urwald vom Flugzeug aus beeindruckend gewesen, vom
Fluss aus faszinierte er noch viel mehr! Der Dschungel bot einen
überwältigenden Anblick. Am Ufer standen eine Vielfalt an Bäumen:
einige hingen wie Schirme weit über das Wasser, andere hatten
wunderschöne gelbe Blüten, wieder andere beeindruckten durch ihre
immense Grösse. Die meisten von ihnen waren bewachsen mit
verschiedensten Lianen, Moosen und Bromelien.

Ich bewunderte den Schwarm weisser Reiher, die aufgescheucht vor
uns über den Fluss flogen, lächelte über die Wasserschildkröten, die
sich der Reihe nach von einer Baumwurzel ins Wasser plumpsen
liessen, und hielt den Atem an, als ich ein paar riesige, gut getarnte
Kaimane entdeckte, die sich am Ufer auf einer Sandbank sonnten.
„Die sind harmlos“, rief mein Vater, als er meinen Blick sah. „Wenn
du ihnen nichts tust, tun sie dir auch nichts.“

Auf einmal stellte Máximo den Motor ab und hob ihn aus dem
Wasser. Jetzt, in der Trockenzeit, führte der Fluss stellenweise sehr
wenig Wasser und der Propeller konnte sich in den Wasserpflanzen
verheddern oder von den Steinen beschädigt werden. So stiegen wir
aus und schoben und zogen das Boot über die seichte Stelle. Dann
fuhren wir weiter. Da wir dies immer wieder tun mussten, verloren
wir viel Zeit, kamen aber gerade noch vor dem Eindunkeln an.

In der Stille des Dschungels ist das Dröhnen eines Motors weitherum zu hören. Deshalb stand Oscar, Vaters Aufseher, bereits am Ufer und hiess uns willkommen. Während er uns half, das Gepäck zur Hütte zu tragen, tauschten er und mein Vater schon mal die wichtigsten Neuigkeiten aus.

Ich sah Máximo zu, wie er das Boot wendete und davonfuhr. Dann nahm ich meine Tasche und stieg ebenfalls zur Hütte empor, die sich in etwa vierzig Meter Entfernung vom Flussufer befand. Sie war aus Palmenholz und stand auf Stelzen nach der Art, wie die Einheimischen zu bauen pflegten. Wände gab es keine und das Dach bestand aus geflochtenen Palmwedeln. In der Mitte stand ein einfacher Tisch und am Rand lagen ein paar Kisten. Betten und andere Einrichtungsgegenstände entdeckte ich nicht. Wir schliefen auf dem Bretterboden, gegen die wenigen Moskitos würde der Rauch des Lagerfeuers reichen. Gleich angrenzend an die „Schlafhütte" befand sich die „Kochhütte", an deren Rand einige Blechdosen mit den wichtigsten Lebensmittelvorräten lagen. Diese Hütte befand sich direkt auf dem Erdboden und verfügte über eine Feuerstelle, wo Oscar gerade frisch zubereitete Chipanados aus dem Feuer holte. Für Chipanados werden Fische zusammen mit Kräutern in grosse Pflanzenblätter eingewickelt, mit Lianen zusammengebunden und im Feuer gegart. Die Zubereitung dieses Leckerbissens haben die Siedler den einheimischen Indianern abgeschaut.

Danach gab es gebratenes Wildschwein mit gekochter Yuca, einer Wurzelknolle, die in den Tropen wächst. Es war einfach herrlich, mit gekreuzten Beinen am Lagerfeuer zu sitzen und beim Nachtkonzert des Urwalds genüsslich die Knochen abzunagen. Bald würden wir uns schlafen legen. Doch zuvor fragte Oscar: „Möchtet ihr noch eine Runde Masato trinken?" Mein Vater nickte, und obwohl ich das Getränk nicht kannte, hielt ich Oscar meinen Becher ebenfalls hin.

Neugierig probierte ich ein bisschen von dem dickflüssigen Gebräu. Zu meinem Erstaunen stellte ich fest, dass es ein alkoholisches Getränk war. Fragend blickte ich meinen Vater an, aber er schaute weg und füllte seinen Becher nach. Also tat ich es ihm gleich. Und so nahm am schönsten Fleck der Erde der Teufelskreis, der mein Leben bestimmen sollte, seinen Lauf.

1

Werner

September 1953 – Januar 1974

Ich bin am 9. September 1953 auf dem Gut Palomar im peruanischen Kaffeeanbaugebiet von Villa Rica zur Welt gekommen. Meine Eltern heissen Helmut Noche Pitsch und Josefa Schuler Egg, Nachkommen von deutsch-österreichischen Auswanderern. Ich kann aber kein Wort Deutsch, denn mein Vater hat es mir nie beigebracht. Ich bin das fünfte von sieben Geschwistern: Elsa, Herta, Helmut, Gerhard, ich, Margot und Inge.

„Chichi, Chichi! Wo bist du?", rief Elsa und Herta schrie „Werner!" Wenn es ernst galt, nannte sie mich immer bei meinem richtigen Namen. An meine ersten sechs Lebensjahre kann ich mich nicht gut erinnern. Von meinen älteren Geschwistern weiss ich, dass ich immer sehr früh aufstand, stets fröhlich war und ständig Melodien pfiff. Und das Wichtigste: Ich liebte die Natur! Oft mussten mich meine Schwestern am Morgen suchen, weil ich nicht mehr in meinem Bettchen lag. Schliesslich entdeckte mich Elsa im Garten unserer Nachbarn, der Familie Flores. Die Flores waren Kaffeebauern wie wir und ihr Hof befand sich etwa dreihundert Meter vom unsrigen entfernt. Sie hatten neun Kinder etwa in unserem Alter, alles Jungs und zwei Mädchen. „Schau, der schöne Schmetterling!" Ich stand vor einem Orangenbäumchen und bewunderte den leuchtend roten Falter, der gerade auf einer duftenden Blüte Halt gemacht hatte. „Du bist ja nicht einmal richtig angezogen!", schimpfte meine Schwester. Sie nahm meine Hand und zerrte mich nach Hause, wo Mama mit dem Frühstück auf uns wartete.

Wie jeden Morgen gab es selbstgebackenes Brot, Milch, Eier und gebratene Yuca oder Kochbananen. Ich streckte Mutter meinen Blechteller hin. Unter dem strahlend weissen Email klaffte ein rostiger Fleck hervor. Doch nachdem Mama geschöpft hatte, sah man diesen nicht mehr. Als einziges Besteck dienten uns Löffel; Messer und Gabeln benutzten wir nie. Mein Vater nahm einen Schluck Milchkaffee aus seiner hellgrünen Tasse, die bestimmt einen Liter fasste. „Ich muss heute nach Villa Rica, um Einkäufe zu machen", verkündete er. „Wir wollen mit!", schrien wir Kinder. Für uns bedeuteten die wenigen Gelegenheiten, vom Hof wegzukommen, stets eine willkommene Abwechslung.

Unsere Kaffeeplantage lag im bergigen Urwaldgebiet Perus auf etwa 1500 Meter über Meer. Mein Vater hatte das Grundstück zu einem günstigen Preis von einem Einheimischen erworben. Zu Beginn lebten er, meine Mutter und meine älteste Schwester in einer einfachen Hütte, die dort stand. In den folgenden Jahren baute Papa unser Haus. Das nächste grössere Dorf war Villa Rica, das lange Zeit nur über einen Saumpfad erreichbar war. Später wurde eine holperige Fahrpiste gebaut. Mit seinem alten Geländewagen benötigte mein Vater etwa zweieinhalb Stunden, um ins Dorf zu gelangen. „Heute fahre ich alleine!", bestimmte er. „Es sieht nach Regen aus, da kann es kompliziert werden." Wir wussten, dass es keinen Sinn hatte, ihn weiter zu bedrängen.

Mein Grossvater und seine Familie waren zur Zeit des Zweiten Weltkriegs nach Peru ausgewandert, als der älteste Sohn von Hitler in den Krieg eingezogen werden sollte. Als sie Deutschland verliessen, war Papa zehn Jahre alt. Er, der sehr gerne zur Schule gegangen war, lebte nun weitab jeglicher Zivilisation, an Bildung war nicht zu denken. Trotzdem las er immer sehr gerne und beschaffte sich später alle deutschen Bücher und Zeitschriften, die er nur kriegen konnte. So war er trotz seiner wenigen Schuljahre sehr belesen.

Als Teenager war Vater im Gegensatz zu seinem älteren Bruder Engelbert nicht angepasst und fleissig. Er stellte seine Eltern in Frage, rebellierte und stiess sie mit seinen Reaktionen oft vor den Kopf. „Helmut!", wiesen sie ihn immer wieder zurecht. „Nimm dir deinen Bruder zum Vorbild!" Es muss sehr hart für Vater gewesen sein, dass sie Engelbert stets bevorzugten. Als dieser bei einem Sprengunglück im Strassenbau mit nur 21 Jahren ums Leben kam, hörte Papa meinen Grossvater sagen: „Warum musste nur Engelbert sterben? Warum war es nicht Helmut?" Kurz darauf haute Vater ab und lebte einige Jahre bei den Indianern.

Als er wieder auftauchte, heiratete er bald darauf meine Mutter. Er hatte sie im Dörfchen Villa Rica kennengelernt, wo sie bei Verwandten lebte.

Ursprünglich kam Mutter aus Pozuzo. Dieses Siedlerdorf war mitten im peruanischen Urwald von einer Auswanderergruppe aus Tirolern und Rheinländern gegründet worden. Die Armut und die Not in der Heimat brachten diese Europäer dazu, sich 1857 in ein völlig neues Land aufzumachen. Nachdem sie die südamerikanische Westküste erreicht hatten, überquerten sie mit ihren Maultieren unter grossen Schwierigkeiten die Anden und bahnten sich einen Weg in den Dschungel. Lediglich 156 von ursprünglich 304 Emigranten erreichten das Tal, das sie besiedeln sollten. Später gesellte sich noch eine weitere Gruppe dazu, und gemeinsam gründeten sie Pozuzo, das sich bis heute als die „einzige österreichisch-deutsche Kolonie der Welt" bezeichnet. Bis 1975 war das Dorf nur über einen Trampelweg zu erreichen. Entsprechend behielten die Bewohner ihre besondere Kultur und den Tiroler Dialekt noch lange bei.

„Venado, Tato, Chichi, kommt! Es gibt Abendessen!", rief meine Schwester Herta, die mein Vater auch Chumpi nannte. Papa gab allen von uns Spitznamen: Venado war Helmut, Tato war Gerhard und

Chichi war ich. Wir drei waren oft miteinander unterwegs. Wir durchstreiften die Plantage und spielten Verstecken um die unübersichtlich gepflanzten Kaffeestauden. Besonders gerne zielten wir mit unseren Steinschleudern auf Vögel oder versuchten, uns an Lianen über Bächlein zu schwingen. Anschliessend schlugen wir uns die Bäuche voll mit Avocados, Orangen und anderen exotischen Früchten, deren Bäume als Schattenspender zwischen den Kaffeepflanzen standen.

„Wo ist eigentlich Elsa?", fragte ich meine Brüder eines Nachts, als wir nebeneinander auf unseren Betten lagen. Die Matratze aus getrockneten Maisblättern knirschte, als Helmut sich zu mir drehte. „Sie ist weg", klärte er mich auf. Unsere älteste Schwester war fast schon so gross wie Mutter. Sie war es, die uns Kleinen vor dem Abendessen immer sauberschrubbte. Heute hatte Chumpi diese Aufgabe übernommen. „Wohin?", wollte ich wissen. Nun ergriff Tato das Wort: „Als ich gestern im Garten war, klangen laute Stimmen aus der Küche heraus. Ich schlich zum Fenster und guckte hinein. Da standen Papa, Mama und ein Unbekannter, der seinen Arm um Elsa gelegt hatte. Sie haben gestritten." Näheres konnte er nicht berichten, denn Mutter hatte ihn entdeckt, sodass er vom Fenster verschwinden musste. „Ich habe gesehen, wie sie sich geküsst haben!", machte Helmut sich nun wichtig. Wir kicherten. „Ob Elsa den Mann wohl heiratet?", überlegte ich. „Das glaube ich nicht!", meinte Tato. „Der Mann ist kein Siedler. Und Vater sagt immer, dass seine Töchter nur Partner europäischer Abstammung heiraten dürfen!" „Vielleicht doch!", mutmasste Helmut. „Immerhin habe ich sie zusammen wegfahren sehen!"

Wenig später wurde Vater wütend, weil er mitbekommen hatte, wie Chumpi sich ebenfalls mit einem jungen Mann getroffen hatte. Kurz darauf wurde sie zu Verwandten in die Gegend von Iscozacín ins Palcazú-Tal geschickt.

Wir waren als Familie praktisch nie allein. Ständig wohnten ein paar Einheimische bei uns, die auf der Kaffeeplantage mithalfen. In den drei Monaten der Kaffeeernte kamen noch weitere Arbeiter aus dem peruanischen Hochland sowie aus der Urwaldgegend dazu. Diese lebten in einfachen Hütten auf unserem Land und verpflegten sich selbst. In der Haupterntezeit waren es bis zu vierzig Personen.

Die Hochland-Indios und die Urwald-Indianer vermischten sich allerdings nie. Sie hatten völlig verschiedene Lebensweisen und redeten auch nicht dieselbe Sprache. Während die einen an Kartoffeln, Mais und Käse gewohnt waren, kamen die anderen aus unserer Gegend und wussten genau, was bei uns in der Natur geniessbar war. Sie hatten ihre Hütten am Rand des Dschungels errichtet und sammelten bei der Arbeit essbare Pflanzen, Maden und Vögel, mit denen sie ihre *Yuca*-Gerichte ergänzten. Nur wenn wir abends miteinander Fussball spielten, machten alle mit. Die gemeinsame Sprache war Spanisch, und wenn nötig musste jemand ins Quechua oder in eine Stammessprache übersetzen. An Auseinandersetzungen zwischen den beiden Gruppen kann ich mich nicht erinnern.

Am liebsten hielt ich mich bei den Urwald-Indianern auf. Ich liebte die Tiere und die Natur, und sie kannten sich bestens damit aus. Stets waren sie freundlich und hatten nichts dagegen, wenn ein kleiner, weisshäutiger Pimpf ihnen Gesellschaft leistete.

Unsere nächsten Nachbarn war die Familie Flores, aber durch die viele Arbeit hatten meine Eltern nicht viel Gelegenheit, Kontakt mit ihnen zu pflegen. Manchmal gab es Streit zwischen den beiden Plantagebesitzern. Eines Tages beispielsweise nahm Papa mich an der Hand und sagte: „Komm, wir gehen zu Don José." Unterwegs ging er aber nicht auf mein fröhliches Geplapper ein, sondern murmelte verärgert deutsche Wörter vor sich hin. Wir trafen José auf der Bank vor seinem Haus. Wie immer hatte er seinen Hut tief ins Gesicht gezogen. „Deine Arbeiter haben schon wieder bei mir gepflückt!", fuhr Papa ihn an. „Du weisst genau, die Grenze geht bis zum Bach!" „Und deine Leute erst?", entgegnete José kämpferisch, „die haben mein ganzes Gebiet hinter dem Hügel abgeerntet!" Nun gab ein Wort das andere, und die Männer stritten, drohten und beschimpften einander so, dass mir angst und bange wurde. „Chichi, komm hinters Haus und hilf meinen Buben!", rief Mama Flores. Dort waren Lino und Hugo dabei, Kaffeekirschen zu sortieren. Als wir fertig waren, kehrte ich zu Papa zurück. Er und Don José sassen nun friedlich nebeneinander. Beide hatten eine Tasse mit Branntwein in der Hand, die Flasche auf dem Boden war fast leer. „Ich muss gehen", meinte mein Vater, als er mich erblickte. „Vielen Dank nochmal!" Er klopfte dem Nachbarn freundschaftlich auf die Schulter. „Keine Ursache! Bis zum nächsten Mal!", entgegnete dieser. Auf dem Heimweg stolperte Papa über einen Stein. Als er sich wieder gefangen hatte, murmelte er: „Weswegen haben wir den alten Flores schon wieder besucht?"

Mama war eine fleissige Hausfrau und ausgezeichnete Köchin. In ihrem grossen Garten wuchsen die verschiedensten Gemüse sowie Mais, Kartoffeln und Getreide. Wir besassen viele Hühner und einige Kühe, Schweine und Maultiere. Dazu hatten wir auch exotische Tiere, die mein Vater aus der Urwaldgegend bei Iscozacín mitgebracht hatte. Da waren zum Beispiel der lustige Papagei Loro und der freche Affe Felipe, den ich besonders mochte. Doch nachdem sich dieser eines Tages über unseren Schmalz hergemacht hatte, reichte es meinem Vater. Kurzerhand setzte er dem Leben des armen Tiers ein Ende.

Viele unserer Kleider nähte Mama selbst. Für den Baumwollstoff verwertete sie die grossen Mehlsäcke, die sie in einer Lauge aus Asche kochte, bis sie strahlend weiss waren. Daraus fertigte sie unsere Unterwäsche und die Röcke der Mädchen an. Als Gummizug dienten Schläuche von Autopneus, die sie in dünne Streifen schnitt.

Mein Vater arbeitete handwerklich äusserst geschickt – wenn er nicht gerade auf dem Sofa lag und lesen wollte. Dann verströmte er einen eigenartigen, üblen Geruch und schlief oft. Bald hatten wir begriffen, dass wir ihn zu diesen Zeiten besser in Ruhe liessen. Manchmal rief er uns Kinder aber zu sich und eröffnete: „Nun werde ich euch eine Geschichte erzählen!" Mucksmäuschenstill sassen wir dann neben ihm auf dem Boden und lauschten seinen Erzählungen über Tarzan oder über etwas, was er gerade gelesen hatte. Ich liebte meinen Papa!

Mit sechs Jahren kam ich in die Schule nach Villa Rica. Da mein Vater unmöglich täglich den weiten Weg ins Dorf fahren konnte, meldeten mich meine Eltern im Klosterinternat an. So würde ich, gemeinsam mit anderen Buben der Gegend, die Woche über bei den Ordensfrauen leben und die staatliche Schule des Dorfes besuchen. An den Wochenenden durfte ich nach Hause.

„Mama, ich will da nicht mehr hin!", jammerte ich jeden Sonntagabend. Ich hasste das Leben im Internat! Nicht nur, weil ich auf einmal weit weg von meinen Eltern und meiner gewohnten Umgebung leben musste. Ich fürchtete die hartherzigen Nonnen, die ihre Regeln eisern durchsetzten. Das Essen, das man uns auftischte, brachte ich kaum herunter. Täglich fanden wir Maden und Würmer in der Polenta, frisches Obst und Gemüse gab es praktisch nie. Oft waren wir Buben auf uns allein gestellt.

Natürlich mussten wir immer zur Kirche, die uns mit ihrer dunklen, geheimnisvollen Atmosphäre gleichermassen faszinierte wie abschreckte. Bald gehörten mein Freund Clemens und ich zu den Messdienern, die dem Priester assistieren durften. Bevor die Messe begann, begaben wir uns in die fensterlose Kammer der Sakristei, wo uns die Ministranten-Talare übergezogen wurden. Dann mussten wir uns zur Wand drehen, sodass wir nicht sehen konnten, wie der Messwein eingeschenkt wurde. Was es damit wohl auf sich hatte?

Diese mysteriöse Angelegenheit weckte mehr und mehr unser Interesse. Anschliessend bestand unsere Aufgabe darin, immer zum richtigen Zeitpunkt mit der Schelle zu klingeln, dem Priester die Schüssel mit dem Weihwasser zu reichen und ihm sonst wo nötig zur Hand zu gehen. Für uns war es eine grosse Ehre, dies tun zu dürfen.

Jeden Tag drückte man uns den Rosenkranz in die Hand. Die Nonnen sagten: „Nun werden wir alle den Rosenkranz beten. Wenn ihr gesündigt habt, wird Gott euch von euren Sünden befreien." Abends mussten wir noch einmal in die Kirche. Viele meiner Kameraden schliefen dann ein. Aber ich nicht. Ich passte so gut wie möglich auf, denn es war mir wichtig, alles gut zu machen. Ausserdem wollte ich auf keinen Fall von Gott bestraft werden oder gar in die Hölle kommen.

Unser Priester hiess Pater Javier. Er war gross, dick und trug eine braune Soutane, darunter eine Umhängetasche. Clemens und ich hatten beobachtet, wie er manchmal etwas vom Geld der Kollekte in diesen Beutel tat. Es war eine wunderliche Tasche, in die wir gerne mal reingeguckt hätten. Von dort nahm er nämlich auch die Zigaretten heraus, die er zu rauchen pflegte.

Eines Tages sahen Clemens und ich, wie Pater Javier seine Zigarette ausmachte und liegen liess. „Wie schmeckt das wohl?", fragte Clemens, und ich schlug vor: „Lass uns probieren!" Wir rochen daran und fanden einen Weg, sie wieder anzuzünden. Doch wir mussten nur husten und fragten uns, was die Erwachsenen am Rauchen so interessant fanden. Ganz anders verhielt es sich mit dem herrlich süssen Messwein. Wenn da etwas übrigblieb, waren wir beide schnell zur Stelle und leerten die letzten Tropfen mit Genuss. Interessant, aber nicht unangenehm war das leicht schwindlige Gefühl, das ich im Nachhinein verspürte …

Doch die düstere Kirche verbarg auch viel Unheimliches, Furchteinflössendes. Da war zum Beispiel jene grosse Statue eines Heiligen, die sich direkt vor unserer Kirchenbank erhob. Mit seinem Fuss trat er auf einen Schädel, und in der Hand hielt er einen weiteren Totenkopf, der uns ständig anzustarren schien. In der dunklen, nur mit Kerzenlicht erhellten Kirche jagte uns diese Figur immense Angst ein. Wir fürchteten uns auch, die finstere Sakristei zu betreten, und etwas vom Schlimmsten war es, wenn wir den Glockenturm besteigen mussten. Dann hielten wir uns an den Händen, um uns gegenseitig Mut zu machen.

Auch die Ordensfrauen hielten uns Kinder mit Angst unter Kontrolle. Sie waren sehr streng, selten gab es ein freundliches Wort von ihnen. „In der Nacht dürft ihr nicht aufstehen", ordneten sie an. „Euer Platz ist in eurem Bett. Wenn ihr es trotzdem tut, wird *er* euch erwischen …" Obwohl wir nicht wussten, wer mit *er* gemeint war und was *er* mit uns tun würde, war uns klar, dass wir besser gehorchten. Auch in unserem Schlafraum brannten nur Kerzen, die gespenstische Schatten an die Wand warfen. Im Dach nisteten die Fledermäuse und wir hörten seltsame Geräusche. Manchmal tauchte geräuschlos eine Gestalt mit Kapuze auf und lief in unserem Schlafsaal hin und her. Ich zog die Decke über meinen Kopf und hielt starr vor Schreck die Luft an. „Das ist bloss Pater Javier, der uns Furcht einjagen will!", beruhigten uns die grösseren Jungs. Trotzdem war es schrecklich! Besonders nachts plagte mich panische Angst, und als Sechsjähriger vermisste ich mein Zuhause sehr.

Dann wurde ich krank. Ich weiss noch, wie ich im Internat hohes Fieber bekam und mehrere Tage im Bett lag. Die Ordensfrauen befahlen mir, mich möglichst nicht zu bewegen, und gaben mir kalten Orangensaft zu trinken. Das war alles.

Wie mir meine Mutter später erzählte, erschrak sie zutiefst, als sie mich am folgenden Samstag abholen wollte. Sie fand mich in meinem Bett, wo ich unter starkem Schüttelfrost zitterte und im Fieber fantasierte. „Warum haben Sie uns nicht informiert?!", rügte sie die

Nonnen und schickte sie, sofort den Doktor zu holen. Doch der konnte nicht mehr viel ausrichten, denn inzwischen war ich ins Koma gefallen. Da es im Dörfchen Villa Rica kein Krankenhaus gab, brachte man mich ins Haus meiner Grossmutter. Mama wachte bei mir und es folgten Tage bangen Zuwartens. Der Arzt hatte gesagt, wenn ich bis in sieben Tagen nicht aus dem Koma aufwachen würde, bestünde keine Hoffnung mehr.

Aber genau am siebten Tag schlug ich die Augen auf und verlangte nach Brot. Ausser sich vor Freude rief Mutter den Doktor. Nun taten sie alles, um meinen Genesungsprozess zu unterstützen. Endlich nahm ich wieder Flüssigkeit und Nahrung zu mir und konnte nach einiger Zeit wieder aufstehen. Nachdem sich mein Zustand stabilisiert hatte, fuhren wir nach Hause auf den Palomar.

Alle waren nun sehr besorgt um mich. „Der Bub hatte eine Hirnhautentzündung. Er muss ordentlich essen, um wieder zu Kräften zu kommen", hatte der Doktor angeordnet, „und er darf sich auf keinen Fall aufregen!" Die Schule sollte ich erst einmal nicht mehr besuchen. In der Folge behandelten mich alle mit grosser Fürsorge, Milde und Nachsicht. Ich lernte schnell, dies auszunutzen. Nur zu bald hatte ich herausgefunden, wie ich mein ganzes Umfeld herumkommandieren konnte, und ich machte von diesem Wissen gebührend Gebrauch. Mutter kochte meine Lieblingsgerichte, meine Brüder liessen mich beim Spielen gewinnen und Vater trug mir keine Arbeiten mehr auf. Ich hatte sie total in der Hand. Kaum fing ich an, mein Gesicht säuerlich zu verziehen, gaben alle nach. Schliesslich hatte der Arzt gesagt, ich müsse mich schonen. So wurde ich umsorgt, verwöhnt und verhätschelt – und entwickelte mich zu einem anspruchsvollen kleinen Tyrannen.

Aber einmal ging ich zu weit. Als Mama mich um einen kleinen Gefallen bat, gab ich ihr eine so freche Antwort, dass sie mir eine Ohrfeige verpasste. Mein Vater, der sich gerade in der Nähe befand und den Vorfall mitbekam, teilte ihre Meinung. Er holte einen Keilriemen und verpasste mir zusätzlich eine Tracht Prügel. Ich war regelrecht schockiert. Weniger wegen des körperlichen Schmerzes als vielmehr aus Überraschung und verletztem Stolz. Unsere Eltern schlugen uns nie! Doch mein Benehmen in den vergangenen Monaten hatte das Fass zum Überlaufen gebracht.

Nach wie vor ging ich bei meinen Indianerfreunden vorbei, die für uns arbeiteten. Pepe mochte ich besonders gerne. Als er einmal an einem Sonntagnachmittag seine Sachen zusammenpackte, fragte ich: „Wo gehst du hin?" – „Zum Fischen", meinte er. „Nimmst du mich mit?" Und so führte er mich in die Faszination des Angelns ein. Ich liebte es! Man suchte sich einen wunderschönen Fleck Natur an einem Bach, besorgte sich ein paar Köder und liess den Haken ins Wasser sinken. Dann konnte man an einem schattigen Ort das Glitzern der Sonne auf dem kristallklaren Wasser bewundern, Vögel beim Jagen beobachten und die wunderbare Ruhe geniessen. Fing man einen Fisch, gab es überdies ein köstliches Essen.

Pepe und ich sprachen nicht viel, das war gar nicht nötig. Jedes Mal holte er einige getrocknete Pflanzen-Blätter aus seiner *Pushaca*, der gewobenen Indianertasche, und steckte sie in den Mund. „Was ist das?", wollte ich wissen. „Das sind Koka-Blätter", erklärte er. „Aber das ist nichts für Siedler-Kinder! Das nehmen wir Indianer-Männer auf der Jagd und beim Fischen." Ich war zufrieden mit der Antwort und gewöhnte mich daran, still neben ihm zu sitzen, während er die Blätter kaute und in seiner Backe zu einer runden Kugel formte.

Als das neue Schuljahr begann, beschlossen meine Eltern, mich für die dritte Klasse ins selbe Internat zu schicken, das meine älteren Brüder Helmut und Tato bereits besuchten. Es befand sich in der Stadt Huancayo, im Hochland Perus, und wurde von Priestern geführt. Wieder begann eine schlimme Zeit für mich. Obwohl meine

Brüder in der Nähe waren, hatte ich grösste Mühe, mich an den Drill der Jungenschule zu gewöhnen. Für mich war es normal, in jeder Beziehung verhätschelt und verwöhnt zu werden. Hier aber galten straffe Ordnungen: „Wenn ihr den Gong hört, steht ihr sofort auf, schlagt die Bettdecken zurück und geht in den Waschsaal", ordneten die Priester an. „Dann habt ihr genau drei Minuten Zeit, um das Gesicht zu waschen, und zwei weitere, um die Zähne zu putzen. Danach wird das Bett gemacht." Alles musste schweigend und in Reih und Glied verrichtet werden. Eine Woche bekamen wir Neuankömmlinge, um uns alles zu merken. Ab dann mussten wir mit einer Strafe rechnen, wenn wir uns nicht an die Regeln hielten. Zwar gab es keine Schläge, aber es konnte bedeuten, dass man stundenlang in der klirrenden Kälte des Klosterhofes stehen musste, bloss weil man sich die Seife vom Nachbarn ausgeliehen hatte.

In der Stadt dröhnten und stanken die Autos. Die Luft war kalt und trocken, die Natur karg und rau. Bei den meisten Schulkameraden handelte es sich um Söhne von Bergbauarbeitern, die in der Gegend wohnten. Nur wenige kamen wie wir aus der Urwaldgegend. Schnell schlossen wir uns zusammen und wurden Freunde. Trotzdem vermisste ich meine Eltern sehr und gewöhnte mich nur schwer an die neuen Lebensbedingungen.

Deshalb freute ich mich riesig, als endlich die Ferien begannen und wir nach Hause durften. Nun war vor allem Fussball angesagt. Gemeinsam mit den Jungs der Nachbarfamilie Flores spielten wir jeden Nachmittag. Unser Feld war die grosse Fläche, wo unsere Arbeiter die Kaffeekirschen zum Trocknen auslegten; als Ball diente eine grosse, unreife Grapefruit oder wir knoteten alte Lumpen zusammen. Plastik- oder gar Lederbälle waren in unserer Gegend nicht erhältlich.

Nach einem dieser Spiele fragte Lino Flores: „Kommt ihr mit uns auf die Jagd?" Helmut und ich waren gleich mit von der Partie. Für ein Abenteuer in der Natur waren wir stets zu haben. Tato lehnte ab. Er wollte lieber an seiner Holzarbeit weiterbasteln. So zogen wir los. Die Flores und Helmut hatten je eine kleine, 16-kalibrige Jagdflinte und unser Ziel bestand darin, ein *Majaz*, eine Art Beutelratte, zu erlegen. Als wir im Dschungel ankamen, meinte Lino: „Zuerst müssen wir uns auf die Jagd ‚einstimmen‘." Sie suchten eine Lichtung mit einem grossen Stein und breiteten darauf aus, was sie in ihren Umhängetaschen mitgebracht hatten. „Rüstzeug" nannten sie es. Da lagen Koka-Blätter, Zigaretten und Schnaps, aber es hatte auch Kalksteine und längliche, getrocknete Pflanzenteile, die ich nicht kannte. Lino nahm als Erster einige Koka-Blätter in den Mund. Dann kam Hugo an die Reihe. „Wollt ihr auch?", fragte er. Natürlich waren wir dabei und taten es ihm nach. „Pfui Teufel!", rief Helmut, „das schmeckt ja scheusslich!" Auch ich verzog das Gesicht. Zudem fühlte ich, wie meine Zunge ein bisschen taub wurde. „Nun, ihr müsst ja auch noch Kalk und *Chamairo* dazunehmen. Das verstärkt die Wirkung und macht es geniessbar", erklärte Lino. Und tatsächlich: Kaum hatte ich dies getan, bekam das Ganze einen süsslichen Geschmack. „Nun werdet ihr nicht müde werden und keinen Hunger verspüren", erklärte Hugo. „Das tun die echten Jäger." Mit meinen zehn Jahren fühlte ich mich gross und erwachsen.

Wieder zu Hause fragte ich Helmut, was *Chamairo* denn sei. „Das ist eine Liane, die aus der tiefer gelegenen Urwaldgegend kommt. Hast du nicht gesehen? Vater hat davon aus Iscozacín mitgebracht. In unserem kleinen Laden für die Plantagen-Arbeiter befindet es sich direkt neben den Koka-Blättern." Tatsächlich entdeckte ich die Stängel. Und als niemand in der Nähe war, steckte ich einige davon in meine Tasche.

Ich hoffte sehr, dass uns die Flores am folgenden Tag nach dem Fussball wieder zur Jagd einladen würden. Zwar wollten sie diesmal fischen gehen, aber auch darauf musste man sich gebührend

„einstimmen". Als sie uns die Koka-Blätter verteilten, nahm ich stolz den *Chamairo* aus der Tasche und legte ihn auf den Stein. Das sollte mein Beitrag sein. An diesem Tag lernte ich noch etwas dazu: Die „richtigen Jäger" rundeten das Ganze mit einem kräftigen Schluck Schnaps ab.

„Tato, komm doch auch mit!", drängte ich meinen Bruder bei der nächsten Gelegenheit und erzählte ihm von unserem Abenteuer. „Das Jagen ist einfach grossartig!" Und so begleitete Tato uns beim nächsten Mal. Aber im Gegensatz zu Helmut und mir konnte er der Angelegenheit nicht viel abgewinnen.

Nur zu bald neigten sich die Ferien dem Ende zu und wir mussten wieder ins Internat zurück. Erneut konnte ich mich kaum auf das harte Leben der Schule umstellen. Ich war ein guter Schüler, und da ich den Religionsunterricht mochte, wurde ich auch dort bald Messdiener. Ich gab mich brav und fromm. Doch in Wahrheit träumte ich ständig den vergangenen Streifzügen mit den Flores nach und malte mir neue aus.

An den Wochenenden unternahm ein Freund meines Vaters, der in Huancayo lebte, manchmal etwas mit uns. Einmal nahm er mich mit zu einer Totenwache. Dort wird der Verstorbene aufgebahrt und alle Verwandten und Bekannten kommen und setzen sich eine Zeitlang zusammen. Oft werden diese Anlässe zu geselligen Runden, da man Leute trifft, die man schon lange nicht mehr gesehen hat. Auch bei solchen Gelegenheiten ist es üblich, dass ein Korb mit Koka-Blättern die Runde macht. Als er bei mir ankam, konnte ich nicht widerstehen. Ich reichte ihn nicht weiter, so wie ich es als Kind hätte tun müssen, sondern nahm unbemerkt eine grosse Handvoll davon und verbarg sie in meinem Ärmel. Dann schlich ich hinaus, steckte sie in den Mund und nahm einen Schluck Traubenschnaps aus der fast leeren Flasche, die jemand achtlos in eine Ecke gestellt hatte. Doch es bekam mir nicht. Als wir zum Internat zurückkehrten, war mir speiübel. Mir wurde so schlecht, dass ich mich übergeben musste. „Was ist bloss los mit dir?", wollten die Priester wissen. „Ich muss etwas Schlechtes gegessen haben", schwindelte ich. Es war das erste Mal, wo ich ganz bewusst log, um zu verbergen, dass ich Koka und Alkohol genommen hatte. Noch lange plagte mich mein schlechtes Gewissen wegen dieser Ausrede ...

Endlich kamen die grossen Sommerferien. Sie dauerten fast drei Monate. Da ich in Englisch eine Ungenügende hatte, musste ich morgens bei der Kaffeeernte helfen. Stets arbeitete ich so schnell wie möglich, um meine vier Kisten mit Kaffeekirschen zu füllen.

Nachdem wir unsere Aufgaben in Haus und Hof verrichtet hatten, war erneut Fussball angesagt ... natürlich mit den Flores, mit denen Helmut und ich daraufhin oft wieder loszogen. Tato war meist nur bis zum sportlichen Teil mit uns zusammen. Manchmal half er mir allerdings noch dabei, unsere „Zutaten" für das „Rüstzeug" zu besorgen. Für ein paar Münzen, die Helmut uns gab, gingen wir zu den Kaffeearbeitern und schauten, wem wir etwas abkaufen konnten. Auch für Tato war es völlig normal, dass Koka, Schnaps und die anderen Dinge zum Jagen dazugehörten.

Als meine Schwester Chumpi wieder einmal zu Besuch war, sass sie eines Abends mit Mutter und mir am Küchentisch. Vater war in die Stadt gefahren, um Kaffee zu verkaufen. Meist kam er stockbetrunken nach Hause und Geld brachte er selten mit. Besorgt schaute meine Schwester in Mutters müdes Gesicht. „Warum lässt du dir das gefallen?", fragte sie. „Vater tut ja nichts! Ständig lässt er sich volllaufen und überlässt dir die ganze Arbeit!" Mama, die gerade ein Huhn rupfte, drehte es auf die andere Seite und zuckte mit den Schultern. Sie hatte Tränen in den Augen. Daraufhin ging Chumpi ins Zimmer, wo Vater sich hinzulegen pflegte, leerte alle Flaschen aus und stapelte sie auf dem Boden. Es waren ganz schön viele. „Ich werde ihm klarmachen, was er mit seiner Trinkerei anrichtet. Er soll endlich damit aufhören!", ereiferte sie sich. Mutter versuchte sie zu beschwichtigen: „Besser nicht! Sonst wird er nur wütend!"

Wie leid tat mir Mama in diesem Augenblick! Ich ging zu ihr hin und schlang meine Arme um sie. Chumpi hatte recht: Meine Mutter stand täglich vor vier Uhr auf, stellte alle Gerätschaften bereit, verteilte den Arbeitern ihre Aufgaben, bereitete das Frühstück zu und war Ansprechperson für alles. Vater stand meist viel später auf, machte einen Rundgang und fand schon bald eine Gelegenheit, um sich einen Schluck zu genehmigen. Während ich sie fragte, womit ich ihr am folgenden Tag helfen konnte, wanderten meine Augen zu den Flaschen, die Chumpi eben erst geleert hatte. Morgen Abend würde ich wieder mit den Flores unterwegs sein, und ich hatte doch versprochen, für den Schnaps zu sorgen. Schnell griff ich nach einer der leeren Flaschen und stahl mich in den Laden, um sie heimlich aus dem grossen Fass dort abzufüllen.

So vergingen die Ferien. Helmut und ich waren nun praktisch jeden zweiten Abend mit den Flores unterwegs. Übrigens blieb es nicht beim „Einstimmen". Bald fingen wir auch an, zwischendurch Pausen einzulegen, um noch ein bisschen „nachzuschieben". Mittlerweile hatte auch ich angefangen, Zigaretten zu rauchen.

Kamen wir zurück, rochen wir ebenso stark nach Koka und Zuckerrohrschnaps, wie wir es von meinem Vater her kannten. Als ich eines Nachts die Küche betrat, sass Mutter noch da und schnitt Gemüse klein. „Chichi", sagte sie, hob den Kopf aber nicht. „Es ist nicht gut, was ihr da tut. Koka kauen und Schnaps trinken, das tun die Einheimischen, um auf die Jagd zu gehen. Euch Siedler-Jungen steht ein solches Verhalten nicht an. Du sollst einmal eine gute Ausbildung und einen Beruf haben." „Ja Mama", sagte ich als gehorsamer 12-Jähriger ... aber insgeheim überlegte ich bereits, was wir bei unserem nächsten „Ausflug" unternehmen könnten.

Auch meinem Vater muss unser Geruch und unser Benehmen aufgefallen sein. Er sagte jedoch kein einziges Mal etwas. Vielmehr trank er seinen Tee mit Rum und streckte sich mit einem Buch auf dem Sofa aus.

In der Schule wurde ich immer schlechter. Ich dachte an unsere Streifzüge und konnte mich kaum konzentrieren. Ungeduldig sehnte ich die nächsten Ferien herbei. Schliesslich wechselten meine Brüder an eine Schule nach Lima, um dort neben der Oberstufe auch eine Berufsausbildung zu machen. Der Einfachheit halber meldeten mich meine Eltern ebenfalls dort an. Wieder handelte es sich um ein Internat desselben Priesterordens, und wieder waren wir nur eine kleine Gruppe von Schülern aus der Urwaldgegend. Irgendwie stand ich den Unterricht durch.

Während Helmut Mechaniker lernte, wählte Tato den Fachbereich Möbelschreiner, hatte er es doch von jeher gemocht, mit Holz zu arbeiten. Er lernte fleissig und gehörte im Gegensatz zu mir stets zu den Klassenbesten. Als ich in die siebte Klasse kam, wählte ich dieselbe Ausbildung. Während die Schulbank für mich zur reinsten Qual geworden war, freute ich mich stets auf die Stunden in der Werkstatt, wo wir sägen, feilen und nageln durften.

Eines Tages haute Helmut ab. Bis heute weiss ich den Grund dafür nicht genau. Hatte es etwas zu tun mit dem Priester, der nachts bestimmte Jungen suchte und sie mit sich hinter den Vorhang zog? Oder wollte man meinen Bruder zwingen, Priester zu werden? Jedenfalls war er auf einmal verschwunden. Später erfuhr ich, dass er sich alleine zurück in den Palomar durchgeschlagen hatte.

In den folgenden Ferien war die Atmosphäre zunehmend angespannt. Mein Vater, der in den vergangenen Jahren den ganzen Erlös der Kaffeeernte vertrunken und verspielt hatte, war mittlerweile auch bei der Bank hoch verschuldet. Ich erinnere mich an einen Herrn im Anzug, der immer wieder bei uns aufkreuzte und Mutter das wenige Geld abnahm, das in der Kasse war. Mama war eine Kämpfernatur. Sie arbeitete unermüdlich und hart, sowohl auf der Kaffeeplantage als auch im Garten und im Haushalt. Entschlossen und unbeirrt mühte sie sich ab, um unser Schulgeld zusammenzusparen. Dazu verkaufte sie die Eier ihrer Hühner und versteckte den Verdienst, damit er von den Gläubigern nicht entdeckt wurde. Doch so stark sie auf dem Hof und den Arbeitern gegenüber war, so hilflos und schwach begegnete sie den Problemen, die sich in unserer Familie anstauten. Nie hörte ich, dass sie meinem Vater etwas entgegengehalten hätte. Nie forderte sie ihn auf, weniger zu trinken. Nie bat sie ihn, eine bestimmte Arbeit endlich anzupacken. Im Gegenteil, sie verhielt sich völlig passiv und bereitete ihm seine alkoholischen Getränke sogar noch zu.

Helmut und ich waren keine Unterstützung für sie, denn wir hatten bloss unsere Abenteuer im Kopf. Nur Tato widersprach Vater manchmal und bot ihm Kontra.

Die Schlinge um unsere finanzielle Situation zog sich enger, sodass Vater nach einem erneuten Besuch des Herrn im Anzug folgenden Entschluss fällte: Meine Eltern, Tato und ich sowie meine jüngeren Schwestern würden wegziehen und auf unserem Grundstück bei Iscozacín eine Vieh- und Forstwirtschaft beginnen. Indessen sollte Helmut, der inzwischen 21 Jahre alt war, auf dem Palomar bleiben, die Plantage betreiben und die Schulden abzahlen. Obwohl ich realisierte, dass mein Vater mit diesem Plan nur vor den Problemen flüchtete, stimmte ich sofort zu. Die tiefer gelegene Urwaldgegend des Palcazú-Tals war wunderschön, und auf die Jagd würde man auch dort gehen können …

Als es Zeit war, mich fürs neue Schuljahr einzuschreiben, weigerte ich mich. Ich hatte keine Lust, hinzugehen. Ausserdem hatte Tato die Schule bereits abgeschlossen, sodass ich nun allein im Internat wäre. Mama weinte, als ich ihr meinen Entschluss mitteilte. Wie hatte sie gekämpft und gespart, um uns wenigstens eine gute Schulbildung zu ermöglichen! Und nun schmiss ich alles hin. Aber noch immer war ich ihr Chichi, dem sie jedes Mal nachgab, wenn er sich stur stellte. Papa hingegen freute sich. „Gut", meinte er, „dann haben wir auf dem neuen Hof eine Arbeitskraft mehr." So kam es, dass ich die Schule drei Jahre vor dem Abschluss abbrach.

Bei unserem Umzug ins Palcazú-Tal bei Isco, wie wir Iscozacín inzwischen nannten, nahmen wir nur das Allernötigste mit. Dennoch dauerte es etwas, bis wir unsere Habseligkeiten vom Palomar nach San Ramón gefahren, nach Isco geflogen und mit dem Boot die zwei Stunden zu unserem Grundstück geschippert hatten. Vater, Tato und ich wollten ein Haus bauen. Wir überlegten, wie wir unseren Viehbestand vermehren konnten. Mutter, Margot und Timpis, wie wir meine jüngste Schwester Inge nannten, kümmerten sich um die Küche, den Garten und die Wäsche.

Meine erste Sorge am neuen Ort bestand darin, wie ich an Koka-Blätter und an Branntwein rankommen konnte. Nervös wartete ich eine Gelegenheit ab, um unseren Aufseher Oscar unter vier Augen zu fragen, wo man hier denn „etwas zum Jagen" auftreiben konnte. Er verstand gleich, was ich meinte. „Auf der anderen Seite des Flusses befindet sich das Indianerdorf Shiringamazú", erklärte er. „Die Bewohner dort bauen für den Eigenbedarf selbst Koka an. Dort kannst du welches kriegen."

Bei nächster Gelegenheit lieh ich mir unter einem Vorwand das Boot meines Vaters, packte ein paar Angelhaken und Batterien ein und fuhr nach Shiringamazú. Ich hatte keine Berührungsängste mit den Indianern, war ich doch von klein auf gewohnt, mit ihnen zusammen zu sein. Sie wiederum freuten sich über den Besuch und die Mitbringsel ihres neuen Nachbarn und luden mich auf eine Runde *Masato* ein. Während wir das alkoholische Getränk zusammen schlürften, fragte ich: „Gibt es hier eigentlich auch Koka?"

„Komm, gib mir deine *Pushaca*", meinte einer der Männer, ging zum Haus und füllte meine Umhängetasche mit den begehrten Blättern. Als ich einige Zeit später wieder nach Hause zurückkehrte, war ich glücklich. Ich hatte sowohl neue Freunde gefunden als auch eine einfache Möglichkeit, an Alkohol und an Koka-Blätter ranzukommen.

Die folgenden Jahre waren von harter Arbeit und vielen Spannungen mit Vater geprägt. Regelmässig meinte ich abends: „Ich gehe noch auf die Jagd", und haute ab in den Dschungel. Dieser war in der flachen Urwaldgegend anders, aber genauso faszinierend wie im Palomar. Hier gab es unter anderem Wildkatzen und Tapire, und ich versuchte immer wieder und mit grosser Geduld, eines dieser seltenen Tiere zu erlegen. Natürlich war ich äusserst stolz, wenn mir dies einmal gelang. Doch im Urwald lauern viele Gefahren. Zwar hatte ich das Interesse an religiösen Dingen längst verloren. Trotzdem bekreuzigte ich mich jedes Mal, bevor ich loszog, und murmelte dazu: „Gott schütze mich!"

Eines Nachts befand ich mich auf dem Heimweg von einem „Jagdausflug". Ich hatte ein Gürteltier erlegt und deshalb ziemlich viel zu tragen: Über den Schultern hingen die Beute und die gesicherte Flinte und in den Händen hielt ich die Taschenlampe und die Machete, ohne die ich den Dschungel nie betrat. Ich befand mich auf einem schmalen Trampelpfad mitten im dichten Regenwald.

Plötzlich ging die Taschenlampe aus. Das war nichts Ungewöhnliches, und so blieb ich stehen und wechselte die Batterie. „Mist!", flüsterte ich, als das Ding noch immer nicht funktionierte. Wahrscheinlich war die Birne kaputtgegangen. Im Urwald ist es nachts stockdunkel, denn das dichte Blätterdach macht es dem Mond und den Sternen unmöglich, dass ihr Schein bis zum Boden durchdringt. Da ich den Weg nicht finden würde, entschied ich mich, erst einmal abzuwarten. Vorsichtig legte ich das Gürteltier und die

Flinte neben mich auf den Boden und setzte mich auf den Weg. Gewohnheitsmässig griff ich in meine *Pushaka*, entnahm ihr einige Koka-Blätter und schob sie in den Mund. Nachdem ich noch einen Schluck Schnaps hinterhergegossen hatte, gab ich mich der Wirkung der Drogen hin und übte mich in Geduld ...

Als ich da so sass, kam mir auf einmal in den Sinn, dass es in der Taschenlampe vielleicht eine Reservebirne gab. Ich drehte den hinteren Teil auf und tastete in die Öffnung. Tatsächlich: Hier befand sich eine Ersatzbirne! Ungeschickt hantierte ich herum, und schliesslich gelang es mir, sie einzusetzen. Endlich funktionierte die Lampe wieder. Doch als ich vor mich auf den Weg leuchtete, erschrak ich so, dass mir das Blut in den Adern stockte. Ich blickte direkt in die Augen einer riesigen *Shushupe*-Viper! In Angriffsstellung aufgerollt lag die Schlange keine zwei Meter direkt vor mir auf dem Weg. Dieses nachtaktive, hochgiftige Reptil lebt eigentlich von kleineren Säugetieren. Es jagt seiner Beute aber nicht hinterher, sondern lauert auf Pfaden, an Schlafstellen und Wasserlöchern. Sobald ein Warmblüter in die Reichweite der Viper kommt, bohrt sie ihm ihre bis zu 35 Millimeter langen Giftzähne ins Fleisch. Hätte ich im Dunkeln nur zwei Schritte mehr getan, wäre ich jetzt wohl nicht mehr am Leben. Vorsichtig stand ich auf, wich einige Schritte zurück und griff nach einem Stecken. Dann schlug ich die Schlange tot, hieb ihr den Kopf ab und vergrub diesen, damit das Gift niemandem schaden konnte. Verstört eilte ich nach Hause.

Abenteuer wie dieses erschreckten mich zwar. Ich war mir bewusst, dass Gott mich bewahrte. Trotzdem hielten sie mich nicht davon ab, abends immer wieder loszuziehen.

Manchmal ging ich mit meinen Indianerfreunden auf die Pirsch. Diese nahmen zwar ebenfalls ihre Rationen an Koka und Feuerwasser, waren aber irritiert über die Mengen, die ich konsumierte. „Das tut ein Siedler eigentlich nicht", pflegten sie vorsichtig zu bemerken. Die älteren von ihnen weigerten sich gelegentlich sogar, wenn ich ein Tauschgeschäft vorschlug.

Auch die Siedler des Tals trafen sich ab und zu, wobei bei diesen Treffen immer viel Bier getrunken wurde. Als Weisser gesellte ich mich zu ihnen, aber unter den Indianern fühlte ich mich wohler.

„Weil du den Zaun nicht kontrolliert hast, sind die Rinder abgehauen!", herrschte mich Vater an. Meine häufige Angetrunkenheit schlug sich auch auf meinen Arbeitsstil nieder. Im Grunde war ich ein sehr kräftiger, geschickter junger Mann, der viel hätte leisten können. Doch auf mich war kein Verlass, was meinen Vater oft in Rage brachte. Er schnauzte mich dann an und überschüttete mich mit Vorwürfen. Doch was konnte er mir schon sagen? „Du trinkst ja auch!", gab ich zurück.

Eines Tages fragte Tato, ob ich in Zukunft auch zu seinen Kühen schauen könne. Man habe ihm eine Stelle bei der Vieh-Genossenschaft des Tals angeboten. Er würde im Dorf Iscozacín stationiert sein und von dort aus das Schlachten der Rinder und das Ausfliegen des Fleisches organisieren. Natürlich sagte ich zu, war aber ein bisschen traurig, dass mein Bruder nicht mehr bei uns wohnte.

Ich traf ihn jedoch immer, wenn ein Fussball-Turnier in Isco mit anschliessendem Tanz organisiert wurde. Dazu kamen die jungen Siedler aus der ganzen Gegend angereist und ich fuhr mit meiner Schwester Timpis hin. Nachdem wir Jungs Fussball gespielt hatten, badeten wir im Fluss und zogen uns danach um. Später tanzten wir mit den Mädchen zur tropischen Cumbia-Musik, die aus dem Lautsprecher eines alten Plattenspielers schepperte. Während die einen tanzten, genehmigten sich die anderen ein Bierchen. Ich tat beides.

Eines Tages nahm Tato mich beiseite: „Bruder, es ist nicht gut, dass du so viel trinkst. Du bringst einen schlechten Ruf über unsere ganze Familie! Kannst du es nicht lassen, dich ständig zu betrinken?"

Traurig senkte ich den Kopf. Doch dann hob ich ihn wieder und sagte trotzig: „Ich kann jederzeit damit aufhören!" „Dann tu das!", meinte Tato und klopfte mir auf die Schulter. „Das ist das Beste für dich und für uns alle ..."

Denen würde ich es beweisen! Mit dem festen Vorsatz, in Zukunft nüchtern zu bleiben, kehrte ich nach Hause zurück. Einige Tage hielt ich durch. Doch kurz darauf hatte ich erneut eine Auseinandersetzung mit meinem Vater. „Das halte ich nicht mehr aus!", schrie ich ausser mir und stürmte mit hochrotem Kopf aus dem Haus. In mir brodelte es. Ich brauchte dringend etwas, um meinen Zorn zu dämpfen. „Ich gehe angeln!", rief ich Mutter zu, griff nach meiner *Pushaka* und eilte zum Fluss. Es war nach Mitternacht, als ich nach Hause torkelte und vollgedröhnt ins Bett sank.

Das war ein einmaliger Ausrutscher, redete ich mir ein. *Ich habe es im Griff.* Immer wieder versuchte ich nun, meinen Süchten beizukommen, wurde aber jedes Mal mit der Tatsache konfrontiert, dass ich es nicht schaffte. *Nur ein Schluck, um mich abzuregen,* pflegte ich mich zu rechtfertigen oder: *Was für ein anstrengender Tag! Da habe ich eine Belohnung verdient!* Im Nachhinein überfiel mich das heulende Elend. *Du Schwächling!,* schalt ich mich. *Du Nichtsnutz!* Die Enttäuschung über mich selbst war so gross, dass ich diesen Frust erneut in Alkohol ertränkte.

Eines Nachts betrat ich das Haus. Mama, Papa und Timpis brachen ihr Gespräch ab, als sie mich erblickten. Doch zu spät! Ich hatte bereits gehört, dass es um mich ging. „Was ist los?", regte ich mich auf. „Was habt ihr wieder an mir auszusetzen?" Mutter und Vater wichen meinem Blick aus, doch Timpis meinte: „Wir sprachen über deine ständigen Eskapaden. Weisst du, was wir denken? Du solltest heiraten! Nur eine Frau wird dich ändern können ..."

2

Ilse

Oktober 1957 – März 1977

Die Besiedelung der Gegend um Iscozacín durch Europäer geht weitgehend auf meinen Urgrossvater Johannes Wilhelm Frantzen zurück. Er war ein Seefahrer und Abenteurer, der mit Kautschuk handelte. Von Hamburg aus fuhr er mit dem Schiff an die brasilianische Küste und von dort über den Amazonas bis in peruanisches Gebiet hinein. In Iquitos stieg er auf kleinere Boote um und fuhr weiter die Flüsse hoch, hinein in Gegenden, wo er mit den Indianern Handel treiben konnte. Da er von den deutsch-österreichischen Siedlern gehört hatte, die Pozuzo gegründet hatten, suchte er auch sie auf. Man sagt, dass er mit einigen von ihnen auf Goldsuche ging.

Wahrscheinlich mit wenig Erfolg, denn bald widmete er sich wieder vorwiegend dem Kautschuk-Handel. Gerade im Palcazú-Tal schien es viele dieser besonderen Bäume zu geben, heisst doch ein Indianerdorf der Gegend Shiringamazú, was auf Deutsch Kautschuk-Fluss bedeutet. In Iquitos lernte „Juan", wie er auf Spanisch genannt wurde, meine Urgrossmutter kennen. Diese kam ursprünglich aus dem Siedlerdorf Pozuzo, war mit ihrem Töchterchen aber von dort weggezogen, nachdem ihr Mann jung gestorben war.

Sie heirateten und bekamen in den folgenden Jahren drei weitere Kinder. Da gerade der Erste Weltkrieg ausgebrochen war, unterbrach Juan seine Reisen nach Europa, und sie lebten im abgeschiedenen Palcazú-Tal, in dem sich auch Iscozacín befindet.

Kaum herrschte wieder Frieden, nahm mein Urgrossvater seine Seefahrertätigkeit erneut auf. Als er einmal von Europa zurückkehrte, brachte er nicht nur Handelsware, sondern auch Männer für die beiden Töchter mit, einen Deutschen mit Nachnamen Kristen und einen Schweizer mit Nachnamen Zehnder. So kam es, dass das Tal von den Kolonisten-Familien Frantzen, Kristen und Zehnder bewohnt war. Später kamen noch Siedler von Pozuzo dazu, unter anderem der Geschlechter Schuler und Egg.

So ist es nicht erstaunlich, dass die meisten Siedler um Iscozacín irgendwie miteinander verwandt sind. Wenn nicht direkt, so doch zweiten oder dritten Grades, was unsere Nachnamen beweisen, denn mein Name ist Ilse Egg Frantzen.

Mit den einheimischen Indianern des Tals standen die hellhäutigen Siedler in gutem Einvernehmen. Die einen lebten auf der einen Seite des Flusses, die anderen auf der gegenüberliegenden. Während die Indianer in kleinen Dörfern zusammenwohnten, lebten die Siedler zerstreut auf ihren mindestens 120 Hektaren grossen Grundstücken. Man besuchte sich gegenseitig, trieb Tauschhandel und oft wurden die Einheimischen für gewisse Arbeiten von den Siedlern angestellt.

Seine Abenteuerlust hat mein Urgrossvater wohl weitervererbt, denn auch meine Mutter, Emma Frantzen, ist eine aussergewöhnliche Frau. Mit nur 18 Jahren gründete sie 1954 die erste Schule im Palcazú-Tal. Das erste Unterrichtsgebäude in Iscozacín bestand nur aus einigen Holzpfosten mit einem Dach aus Palmwedeln. Doch alle, Siedler wie Einheimische, waren begeistert über die Möglichkeit, nun lesen, schreiben und rechnen zu lernen. So unterrichtete Mutter morgens die Kinder und nachmittags interessierte Indianer. Als offene, fröhliche und grossmütige Person hatte sie in kurzer Zeit die Herzen der ganzen Bevölkerung gewonnen. Bald wurde sie von allen liebevoll Doña Emma genannt.

1955 heiratete sie meinen Vater Luis Egg Schuler, der ursprünglich aus Pozuzo kam, aber mit 17 Jahren zu einem Verwandten ins Palcazú-Tal gezogen war. Mein Vater baute auf der gegenüberliegenden Seite des Flusses ein Haus und sie gründeten eine Familie. Das hielt Mutter aber nicht davon ab, ihren Beruf weiterhin auszuüben. Während Papa den Hof bewirtschaftete, fuhr sie jeden Tag mit dem Kanu über den Fluss, um ihre Schüler zu unterrichten.

Da wir am Fluss wohnten, brachte uns Mama das Schwimmen sehr früh bei. Bereits mit fünf Jahren konnte ich in der Trockenzeit mit meinem älteren Bruder Edmundo den Fluss überqueren. Meine jüngeren Schwestern Nelly und Anny waren allerdings noch zu klein dazu. Sie durften nur bis zu den Knien ins Wasser. Wir Grösseren waren dafür verantwortlich, dass sie sich daran hielten.

Spielzeug gab es bei uns nicht. Wir Mädchen spielten mit Puppen aus Maiskolben, die wir selber bastelten. Dazu entfernten wir die Körner und fertigten aus Blättern und bunten Blüten hübsche Kleider an. Die Fäden des Kolbens kämmten wir zu kunstvollen Frisuren. Damit konnten wir uns stundenlang beschäftigen.

„Krebsauge!", rief Nelly. „Tushka!" Tushka ist ein Indianerwort und bedeutet „verdreht", „verschroben". Seit einiger Zeit machten sie und die anderen Kinder sich lustig über mein Schielen und es kam immer wieder zu Zank. „Halt den Mund!", schrie ich, packte meine Schwester an ihren Zöpfen und riss heftig daran, worauf sie in Geheul ausbrach. „Ich bring dich um!", schrie ich gerade, als Mama dazukam und uns auseinanderzerrte. Dann gab es eine Strafe. Bei uns wurden immer beide Streithähne bestraft, „der eine, weil er angefangen, und der andere, weil er zurückgegeben hat", wie Mutter zu sagen pflegte.

Meine Eltern ahnten, dass meine Mitmenschen stets irritiert auf mein starkes Schielen reagieren würden und ich dadurch Probleme bekäme. So beschlossen sie, mich noch vor Schuleintritt für eine Operation nach Lima zu schicken.

Es war aufregend, mit Mama zu ihrer Schwester Martha in die Hauptstadt zu reisen. Zuerst flogen wir in einem kleinen Flugzeug aus dem Tal, dann fuhren wir den ganzen Tag mit dem Bus. Wie anders war das Leben in der grossen, lauten Stadt! Wie viele Menschen es gab! Was sie alles taten! Fasziniert stellte ich tausend Fragen …

Man begann mit den medizinischen Abklärungen. Wie sich aber herausstellte, würde dies längere Zeit in Anspruch nehmen. Deshalb reiste Mama nach Iscozacín zurück und ich blieb unter der Obhut von Tante Martha und ihrem Mann Ricardo. Sie hatten ebenfalls drei Kinder und innert kürzester Zeit fühlte ich mich wie ein Teil der Familie. Nach einigen Monaten wurde die damals seltene Operation durchgeführt. Alle waren ganz gespannt, als der Doktor das Pflaster entfernte. Als Erstes erblickte ich das Gesicht von Tante Martha direkt vor mir. „Sieh sieht!", jubelte sie. Der Genesungsprozess begann und ich bekam eine Brille.

Rund ein Jahr verbrachte ich in Lima, bis ich wieder zu meiner Familie in die Urwaldgegend zurückkehren durfte. Wieder war mein Aussehen ungewöhnlich, trug ich doch nun als Einzige des ganzen Tals eine Brille. „Vierauge!", versuchte Nelly mich zu ärgern. Aber Mama war fest entschlossen, solche Sticheleien nun gleich im Keim zu ersticken.

Endlich durfte ich zur Schule! Mama war eine strenge Lehrerin. Die Vokale brachte sie uns mit dem Sprüchlein „a - e - i - o - u, ein Esel weiss ja mehr als du" bei. Als sie mich beim Examen nach den Vokalen fragte, nannte ich diesen Spruch und sah ihr dabei keck in die Augen. Sie liess mich durchfallen mit der Begründung: „Mangel an Respekt gegenüber der Lehrperson". Trotzdem wollte ich als Kind immer Lehrerin werden und wenn wir spielten, nahm ich ganz selbstverständlich diese Rolle ein.

Mein Vater war ein sehr korrekter, fleissiger Mann, der nur für seine Arbeit lebte. Mit Fussball beispielsweise konnte er gar nichts anfangen. „Was laufen die jungen Burschen ständig einem Ball hinterher?", kritisierte er. „Wenn sie Energie übrighaben, gebe ich ihnen eine Machete und sie können den Dschungel roden. Das ist wenigstens sinnvoll!"

Unser Tagesablauf war immer ähnlich: Morgens gingen wir zur Schule und nach dem Mittagessen verrichteten wir unsere Hofarbeiten. Dazu mussten wir für Hühnerfutter einige Kisten voll Maiskörner von den Kolben lösen und anschliessend die Kälber von der Weide holen. Hatten wir dies erledigt, durften wir am Fluss spielen gehen. Täglich kamen auch unsere Cousinen dazu. Jene, die die Woche über bei uns wohnten, um die Schule besuchen zu können, und auch jene, die unter der Woche bei Grossmutter untergebracht waren. Oma Teresa war streng katholisch. Täglich lief sie eine halbe Stunde, um den Rosenkranz mit uns zu beten. „Wir begleiten dich!", riefen die Kinder, die bei ihr wohnten. So konnten sie im Anschluss mit uns spielen.

Als Lehrerin hatte Mutter wenig Zeit, um sich der Küche zu widmen. Deshalb stellte sie eine einheimische Frau an. Wir assen immer dasselbe: Yuca, Kochbananen, Reis, Fisch oder Hühnersuppe. Für den Nachtisch pflückte mein Vater exotische Früchte, die hier in grosser Menge und Vielfalt wuchsen. Gemüse gab es fast nie, denn in unserer Gegend war es nicht üblich, welches anzupflanzen. Für besondere Anlässe wurde ein Rind geschlachtet.

„Mama, darf ich auch mal?" Fasziniert schaute ich Mama beim Nähen zu. Mit ihrer alten Tretmaschine nähte sie die Kleider der ganzen Familie. Den Stoff besorgte sie bei meinem Grossvater, der in der Nähe einen kleinen Gemischtwarenladen führte. Natürlich wollte ich Achtjährige es ebenfalls probieren. Doch Mutter verbot es mir. „Dazu bist du noch zu klein", erklärte sie. „Du bringst bloss die Fäden und die Einstellungen durcheinander!" Dadurch wurde das Ganze noch interessanter. Als Mama einmal weg war, setzte ich mich an die

Maschine und wagte einen Versuch. „Aua!!!!", schrie ich auf. Die Nadel hatte sich tief durch den Nagel meines rechten Zeigefingers in die Fingerkuppe hineingebohrt. Erschrocken eilte mein Vater herbei und befreite mich, indem er das Rad nach oben drehte. Aber so rasch gab ich nicht auf. Bei nächster Gelegenheit versuchte ich es ein zweites Mal. Diesmal achtete ich sehr gut auf meine rechte Hand, bis auf einmal – „Aua!!!" – die Nadel im linken Zeigefinger steckte. Wieder befreite mich Papa, doch diesmal entging ich meiner Strafe nicht.

„Du willst nähen lernen?", fragte Oma Teresa, als sie von der Geschichte erfuhr. „Komm, ich bringe es dir bei!" Die Zuckerlieferungen für ihren Laden kamen immer in grossen Fünfzig-Kilogramm-Papiersäcken. Sobald sie Zeit dafür fand, leerte meine Oma das weisse Süss in grosse Blecheimer. Dann wusch sie das feste, braune Papier des Sacks, trocknete es und nähte daraus kleinere Beutel. Wieder abgefüllt, konnte sie den Zucker so in 1- oder ½-Kilo Beuteln zum Verkauf anbieten. Sie setzte mich an ihre uralte Tretmaschine und erklärte mir alles ganz genau. Eifrig übte ich nun, gerade Nähte und schöne Kurven zu nähen, nicht ahnend, dass mir diese Fähigkeit mehr als einmal das Überleben sichern würde.

Oma Teresa war in letzter Zeit anders geworden. Auf einmal hörte sie auf, den Rosenkranz zu beten, die Heiligenbilder waren aus ihrem Haus verschwunden. „Das ist gar nicht nötig", erklärte sie uns, „wir können direkt mit Jesus sprechen!" Wie wir alle hörte sie oft Radio, wobei sie nun meist einen Sender wählte, wo aus der Bibel vorgelesen wurde. Meine Cousinen und ich amüsierten uns über diesen ungewohnten Sinneswandel unserer lieben alten Oma.

Tante Martha und Onkel Ricardo führten eine der grössten Wäschereinen Limas. Als sie einmal bei uns zu Besuch waren, meinte Onkel Ricardo zu Papa: „Warum kommt ihr nicht zu uns in die Hauptstadt? Ich brauche eine Vertrauensperson, welche die

Angestellten beaufsichtigt. Auch eine Wohnung könnte ich euch zur Verfügung stellen." Meine Eltern liessen sich die Sache durch den Kopf gehen. In Iscozacín wurde nur bis zur Grundstufe unterrichtet, und mein Bruder Edmundo hatte diese nun abgeschlossen. Vielen Siedlern reichte es, wenn ihre Kinder bloss die ersten sechs Schuljahre besuchten. Mutter aber wollte, dass wir mindestens auch die Oberstufe absolvierten. Dies wäre mit einem Umzug nach Lima möglich, und ausserdem würden wir als Familie zusammenbleiben. Papa und Mama wollten es versuchen. Sie übergaben Onkel Walter unseren Hof und suchten einen Ersatzlehrer für Mutter. Dann siedelten wir über nach Lima.

Ich war zehn Jahre alt, als unser neues Leben in der Grossstadt begann. Zwar gefiel mir die Schule, aber der Weg dorthin war ein reines Martyrium. Täglich um 7.00 Uhr holte uns ein Schulbus ab. Doch kaum setzte sich das Fahrzeug in Bewegung, wurde mir übel und ich musste mich übergeben. Der Arzt sagte, dies sei Gewöhnungssache, ich solle mich positiv darauf einstellen. Leichter gesagt als getan! Aber Mutter nahm seine Worte ernst und ihre Hilfe bestand lediglich darin, mir genügend Tüten mitzugeben. Zwei Jahre lang erbrach ich mich täglich sowohl auf der Hin- als auch auf der Rückfahrt, ab dem dritten Jahr nicht mehr ganz so oft. In dieser Zeit magerte ich sehr ab, denn es gab kaum eine Mahlzeit, die ich lange bei mir hielt.

Am freien Samstagnachmittag mussten wir Mädchen von Hand unsere Kleider waschen. Während wir für die Unterwäsche, die Socken und die weissen Stoffturnschuhe verantwortlich waren, kümmerte sich Mama um die Schuluniform. Nach unserer Wochenarbeit schlenderten wir oft zur Kirche beim Park. Samstags fanden dort immer Hochzeiten statt, und wir Mädchen liebten es, das Brautpaar und die Gäste zu beobachten.

Sonntags fuhren wir gemeinsam mit den Familien von Tante Martha und Tante Guillermina zum Strand oder aufs Land. Wir bekamen Übung darin, uns 16 Personen in die zwei Autos von Onkel José und Onkel Ricardo zu quetschen. Natürlich wurde mir auch bei diesen Fahrten übel. Aber danach war es ein Fest, mit so vielen Kindern herumzutoben.

„Mama, was muss man mit dem Fisch tun, um ihn braten zu können?" Inzwischen war mein Interesse fürs Kochen geweckt und Mama brachte mir einige Gerichte bei. Eines Abends anerbot ich mich, eine Polenta zuzubereiten. Papa sass in der Küche und sah mir beim Rühren zu. „Gut machst du das", ermutigte er mich. Nun galt es nur noch, den Mais in eine flache Form zu leeren und abzuwarten, bis man ihn zuschneiden konnte. Leider hatte ich nicht beachtet, dass meine Mutter dazu immer ein gusseisernes Gefäss benutzte. Ich wählte eine Plastikform und strich die Masse sorgfältig glatt. Die Katastrophe geschah, als ich das Gericht zum Abkühlen aufs Fensterbrett heben wollte. Weil der Boden der Form geschmolzen war, ergoss sich die siedend heisse Masse über mein Kleid und meine Beine. Papa half mir zwar hastig, den Mais zu entfernen – aber zu spät! Die Verbrennungen waren so schwer, dass sogar die Haut sich löste. Ich schrie und schrie vor Schmerzen. Stundenlang fächelten mir meine Geschwister mit Pfannendeckeln kühle Luft zu. Kaum hörten sie damit auf, wurde der Schmerz wieder unerträglich. Eine Woche lang ging ich nicht zur Schule – und die Lust am Kochen war mir vergangen.

Mein Vater konnte sich nicht an die Arbeit in der Wäscherei gewöhnen. Eigentlich hätte er mehr organisatorische Aufgaben erledigen und die anderen Arbeiter beaufsichtigen sollen. Aber als Mann, der gerne praktisch Hand anlegte, wusch er oft mit. Dies wiederum bekam seiner Haut nicht. Die Laugen und Chemikalien der Waschmittel setzten seinen Händen so zu, dass sie ständig gerötet, gereizt und eingerissen waren. Nachdem er es vier Jahre lang versucht hatte, sagte er: „Das Leben in Lima ist nichts für mich. Wir gehen wieder nach Isco!" So zog meine Familie nach Iscozacín zurück.

Da es in diesem Dörfchen nach wie vor keine Oberstufe gab, bedeutete dies für uns Töchter, die letzten Schuljahre an einem von Ordensfrauen geführten Mädcheninternat in San Ramón zu verbringen.

Ich mochte das Leben im Internat. Endlich musste ich keinen Schulbus mehr besteigen! Ausserdem trafen wir drei Schwestern viele unserer Cousinen aus der Urwald-Gegend wieder. Wir bildeten eine fröhliche Gruppe, die fest zusammenhielt.

Einige der Nonnen waren nett, andere sehr streng, besonders wenn man sich nicht an die Regeln hielt. Diese Ordensfrauen mochten es auch nicht, wenn ich sie infrage stellte. „Warum müssen wir jeden Tag in die Messe gehen? Warum heiraten Nonnen nicht? Warum betet man zu den Heiligen?", forderte ich sie heraus. „Das gehört einfach dazu. Das macht man so. Das ist die Tradition", gab man mir zur Antwort. Mir leuchteten diese Erklärungen nicht ein, und insgeheim lehnte ich mich gegen die Ordnungen auf. Wenn wir die Marienstatue küssen mussten, tat ich es nur zum Schein.

Mehr Sinn machte für mich die Regel, die man uns schon früh eintrichterte: „Wenn du jeden Tag etwas Gutes tust, kommst du in den Himmel." Ehrlichen Herzens war ich bemüht, mich daran zu halten.

Für die Ferien flogen wir mit den kleinen Buschflugzeugen nach Iscozacín, wo Vater und Mutter einen Gemischtwarenladen eröffnet hatten. Er befand sich direkt neben der Landebahn der Flugzeuge, dem Campo, wie alle es nannten. Da unser Haus über mehrere leere Zimmer verfügte, beherbergten wir auch Pensionsgäste. Reisende fanden oft zunächst bei uns Unterkunft, bevor sie zu Fuss oder per Boot weiterzogen. Auch der Arzt und die Krankenschwestern, die ihren Dienst in Iscozacín verrichteten, waren hier einquartiert. Ich liebte es, Besuch zu haben, aber durch meine Erfahrungen mit dem Schielen war ich Fremden gegenüber oft gehemmt. Es dauerte eine ganze Weile, bis ich meine Scheu verlor.

So wie meine Mutter las auch ich leidenschaftlich gerne. In Lima hatte ich alles verschlungen, was mir unter die Finger kam. Lag irgendwo eine Zeitung, vergrub ich mich darin; entdeckte ich in einem Haus ein Lexikon, studierte ich es. Selbst medizinische und wissenschaftliche Sachbücher mochte ich. Im Urwald standen uns leider nur Zeitschriften und billige Cowboy-Romane zur Verfügung. Trotzdem fand ich es herrlich, abends nach getaner Arbeit wie Mutter im Bett zu liegen und noch ein bisschen zu schmökern. Meinen Vater ärgerte dies, gehörte Lesen für ihn doch zu den Tätigkeiten, die nichts einbrachten. „Täglich braucht ihr neue Kerzen!", schimpfte er. „Ihr werdet mir eines Tages noch das Haus anzünden!" Vorsichtshalber stellte ich meine Kerzen immer in ein Schälchen mit Wasser.

Ab und zu gab es Feste, und manchmal fand eine Heirat zwischen Siedlern statt. Meist wurden wir dazu eingeladen, denn wie erwähnt, um fünf Ecken sind wir alle miteinander verwandt. Einmal zum Beispiel heiratete mein Onkel Walter eine gewisse Chumpi Noche, die ursprünglich aus dem Kaffeeanbaugebiet von Villa Rica kam.

Drei Jahre verbrachte ich im Internat in San Ramón. Doch wir lebten in unruhigen politischen Verhältnissen, und so befahl die Militärregierung um Juan Velasco eines Tages, alle Internate des Landes zu schliessen.

Für unsere letzte Nacht bei den Klosterfrauen liessen wir grossen Mädchen uns etwas ganz Besonderes einfallen: Eine von uns besorgte zwei Flaschen Wein und versteckte sie in unserem Schlafsaal. Als Bettruhe angesagt war, stopften wir unsere Betten mit Kleidern aus, damit es aussah, als würden wir darin liegen. Dann zwängten wir 19 Mädchen uns kichernd in den Waschraum und schlossen die Tür hinter uns zu. Theatralisch öffnete die Älteste von uns die Flaschen, die wir anschliessend reihum leerten. Dabei prusteten und gackerten wir, wie nur Teenagermädchen es können. Natürlich riefen wir dadurch die Nonnen auf den Plan. Aber obwohl diese streng schauten und uns in die Betten scheuchten, sahen wir an ihren Mienen, dass sie sich über diesen harmlosen Scherz ebenfalls amüsierten.

Mir fehlte noch ein Schuljahr. Deshalb zog ich einmal mehr nach Lima, um dieses dort zu absolvieren. Diesmal lebte ich zusammen mit anderen Cousinen bei Tante Guillermina, die uns gegen ein Entgelt beherbergte. Mit der hübschen blonden Herta verstand ich mich besonders gut.

Tante Guillermina war eine ausgezeichnete Näherin. Mein Interesse daran freute sie und bereitwillig liess sie mich ihre Maschine benutzen und erklärte mir immer wieder Neues. Kein Wunder, bekam ich im Fach „Handarbeiten" die Bestnote. „Wer will heute mit mir einen Kuchen backen?", fragte sie samstags in die Mädchenrunde. Eine gute Freundin von ihr arbeitete in einer Konditorei. Deshalb verfügte sie über viele Rezepte von Kuchen, Cremen und anderen Desserts, die sie uns bereitwillig weitergab.

Der fünfzehnte Geburtstag wird von peruanischen Mädchen ganz besonders gefeiert, gilt er doch von früher her als Einstieg ins Erwachsenenleben. Die meisten Familien organisieren ein riesiges Fest und die jungen Damen dürfen ihr erstes Abendkleid tragen. An Geld und Mühe dafür wird nicht gespart. Als sich mein Geburtstag näherte, fragten meine Eltern, was für ein Kleid ich mir wünschte und wen ich an meine Feier einladen wollte. Ich zögerte. Es war lieb gemeint, aber wenn ich ehrlich war, hatte ich gar keine Lust, einen ganzen Tag lang ein unbequemes Kostüm zu tragen und im Mittelpunkt zu stehen. Vielmehr hegte ich einen anderen, lang ersehnten Wunsch. „Könnte ich stattdessen nicht eine eigene Nähmaschine bekommen?", wagte ich zu bitten. So erhielt ich statt einer rauschenden Party eine praktische Singermaschine, die sowohl mit Elektro- als auch mit Tretantrieb funktionierte.

Bald war das Jahr um, und ich beschloss, weiterhin bei Tante Guillermina zu wohnen und an der Universität San Marcos Administration zu studieren. Zwar schaffte ich die Aufnahmeprüfung und konnte beginnen. Aber nach wie vor wurde unser Land von politischen Unruhen erschüttert, was wochenlange Streiks an der Uni zur Folge hatte. Die Vorlesungen fielen aus und wir Studenten mussten zu Hause bleiben. Ich nutzte die Zeit, um im Restaurantbetrieb von Tante Guillermina und Onkel José die Kasse zu führen. So konnte ich wenigstens etwas Arbeitserfahrung sammeln.

Eines Tages kam Mama nach Lima zu Besuch und liess sich bei dieser Gelegenheit medizinisch untersuchen. Dabei entdeckte man ein Geschwür an der Gebärmutter, das so schnell wie möglich entfernt werden musste. „Könntest du nicht nach Iscozacín fahren und Papa in meiner Abwesenheit im Laden unterstützen?", bat sie mich. Da ein Studium wegen der vielen Streiks ohnehin nicht möglich war, sagte ich zu und reiste nach Isco.

3

Werner

Februar 1974 – Januar 1979

Ich hatte keine Koka-Blätter mehr. Ich wollte Koka. Ich brauchte Koka! Doch mein Vater würde mir das Boot nicht geben, um mir auf der anderen Flussseite bei den Indianern welches zu besorgen. Aber ich brauchte Koka. Ich musste welches beschaffen!

Durch das sumpfige Gras stapfte ich zum Fluss hinunter. Es war Regenzeit und die braune Brühe strömte reissend an mir vorbei. Modriger Geruch lag in der feuchten Luft, am Himmel türmten sich dunkle Wolken. Es würde nicht lange dauern, bis ein weiterer Regenguss herniederging. Ich kontrollierte, ob das Boot gut vertäut war. Durch das viele Treibholz war es selbst damit gefährlich, jetzt zur anderen Seite überzusetzen.

Ich nahm einen Schluck Zuckerrohrschnaps aus der kleinen Flasche, die ich immer bei mir trug. Dann fasste ich einen Entschluss: Ich würde schwimmen! War ich nicht stark? War ich nicht ein ausgezeichneter Schwimmer? Ich hatte schon ganz andere Dinge geschafft! Zielstrebig wanderte ich flussaufwärts, denn in der starken Strömung würde ich abtreiben. Wenn ich weit oben startete, käme ich hoffentlich mehr oder weniger an der gewünschten Stelle des anderen Ufers an.

Endlich hielt ich an. Wie immer war ich barfuss und trug nur ein paar Shorts. Die Flasche steckte ich in ein markantes Astloch eines Kautschukbaumes. Ich würde sie später holen. Noch einmal beobachtete ich die wilden Wassermassen und wartete, bis zwei Baumstämme an mir vorbeigezogen waren. *Es ist zu riskant!*, warnte mich eine innere Stimme. Doch das Verlangen nach Koka war grösser.

Tollkühn sprang ich ins Wasser und begann mit kräftigen Zügen, den Fluss zu überqueren. Doch die Strömung war viel stärker als vermutet. Ich wurde mitgerissen, und eh ich mich versah, verlor ich die Kontrolle und geriet in einen Wirbel. Fieberhaft versuchte ich, mich zu befreien, aber gegen diese Naturgewalt hatte ich keine Chance. Mein Hilfeschrei ging im rauschenden Tosen unter. Jäh wurde ich vom Sog in die Tiefe gezogen. Ich drehte im Kreis, verlor die Orientierung und schluckte Wasser. Wieder und wieder rang ich nach Luft. Von Panik ergriffen ruderte ich mit Armen und Beinen und wurde immer schwächer. „Ich werde ertrinken", dachte ich. „Nun ist es aus!"

Plötzlich gab der Wirbel mich frei. Ich gelangte an die Oberfläche. Irgendwie kriegte ich einen Ast zu fassen, mit dessen Hilfe ich mich ans Ufer rettete. Mit letzter Kraft kroch ich die lehmige Böschung empor. Dort erbrach ich erst einmal alles Wasser und blieb einfach nur liegen. Ich war völlig erschöpft, erschrocken und verstört. Erst nach langer Zeit stand ich auf und orientierte mich. Noch immer befand ich mich auf „unserer" Uferseite. Schwerfällig schleppte ich mich nach Hause, so schwach, dass meine Beine mich kaum tragen konnten. Die Lust nach Koka war mir vergangen. Für heute.

Auf dem Hof gab es viel zu tun. Besonders gerne war ich mit den Indianern unterwegs, die mir halfen, Holz zu schlagen. Dazu marschierten wir weit in den Dschungel hinein und bauten ein einfaches Lager auf. Unsere Aufgabe bestand darin, einige Bäume zu fällen und sie so neben den Bach zu legen, dass sie beim nächsten Hochwasser in den Hauptfluss geschwemmt würden. Dort könnten wir sie holen und weiterverarbeiten. Ich genoss diese Wochen in der freien Natur. Ausserdem konnte ich meinen Süchten nachgehen, ohne ständig Mutters traurigen Blicken ausweichen zu müssen. Da man durch den Koka-Konsum keine Müdigkeit verspürt, kam ich mehrere Tage fast ohne Schlaf aus. Tagsüber leistete ich Schwerstarbeit mit der Motorsäge, nachts ging ich auf die Jagd. „Wie kann dein Körper nur so viel ertragen!", staunten die Indianer. Ich wusste, dass dies nicht als Kompliment gemeint war, und ich schämte mich vor ihnen für meinen selbstzerstörerischen Lebenswandel.

Regen- und Trockenzeit wechselten sich ab. Schon war es Zeit, in die Provinzhauptstadt Oxapampa zu reisen, um dort meinen Stimm- und Dienstausweis abzuholen. Da ich kein Geld für die Fahrt hatte, arbeitete ich zwei Monate lang auf dem Hof von Walter, der mit meiner Schwester Chumpi verheiratet war und flussabwärts wohnte. Endlich konnte ich die Fahrt antreten. Stolz kehrte ich nach vier Tagen zurück: Nun war ich 21 Jahre alt, volljährig und ein stimmberechtigter peruanischer Staatsbürger.

Oft besuchte ich meine Indianerfreunde. Ich brachte ihnen Fischerhaken, Batterien oder Dynamit und bekam dafür Koka-Blätter. Sie pflegten viele interessante Bräuche. Zusammen mit ihnen ass ich Affen, Schildkröten und Maden, und natürlich gab es immer *Masato*, das „Bier des Dschungels".

Eines Tages sassen wir in der Hütte eines Freundes, dessen Grossmutter gerade *Masato* herstellte. Die Alte hockte neben uns am Boden und war gerade dabei, gekochte Yuca mit einem Holzmörser zu einem Mus zu zerstampfen. Dieses gab sie in einen Topf und verdünnte es mit Wasser. Dann biss sie ein Stück rohe Süsskartoffel ab, kaute dieses lange – und spuckte es dann in den Topf mit der Yucaflüssigkeit. Ich traute meinen Augen nicht! Hatte ich richtig gesehen? Schon hatte sie den nächsten Bissen im Mund, den sie wiederum sehr lange kaute. Ich liess sie nicht mehr aus den Augen. Tatsächlich! Wieder spuckte sie den Brei in den Topf mit unserem nächsten *Masato*. Mein Freund, der mich beobachtet hatte, grinste:

„Das muss so sein!", erklärte er. „So gärt das Getränk viel schneller, als wenn man die Süsskartoffel raffelt."

Ekel durchfuhr mich jedes Mal, wenn ich mich an dieses Erlebnis erinnerte. Deshalb versuchte ich von da an möglichst abzuklären, wie ein *Masato* hergestellt worden war, bevor ich davon trank. Doch oft war mein Bedürfnis nach Alkohol so gross, dass ich es vorzog, auf genaue Nachforschungen zu verzichten.

Mit den Siedlern war ich weniger gerne zusammen. Zwar gehörte ich zur Fussball-Mannschaft Santa Rosa, und man schätzte mich als guten Stürmer. Doch manchmal gaben meine Kameraden Kommentare ab wie: „Kannst du überhaupt noch gerade laufen?", oder: „Hast du deine Koka-Kugel schon ausgespuckt?" Das verletzte mich sehr, und ich nahm mir einmal mehr vor, meine Laster zu lassen.

Aber es gelang mir einfach nicht. Immer wieder versuchte ich es, doch so robust und kräftig mein Körper war, so schwach war meine Willenskraft. Ich fühlte mich ohnmächtig und minderwertig. Hatten die Leute nicht recht, mich einen Trunkenbold zu nennen? Was war nur los mit mir? Häufig sass ich traurig am Fluss und grübelte. „Ich will nicht mehr leben!", murmelte ich vor mich hin. Ich war enttäuscht über mich selbst, einsam und hatte jede Hoffnung verloren.

Wie hatten meine Eltern noch gesagt? „Du solltest heiraten! Nur eine Frau wird dich ändern können ..." Also beschloss ich, öfter zu den Tanz-Veranstaltungen zu gehen. Da ich Mädchen gegenüber ziemlich schüchtern war, musste ich mindestens zwei Flaschen Bier getrunken haben, um eines von ihnen zum Tanz aufzufordern. Danach ging es leichter: Ich war gelöst, scherzte und schäkerte mit den jungen Damen. Es kam vor, dass ich im Laufe eines Abends eine von ihnen fragte: „Möchtest du meine Freundin sein?", worauf wir die ganze Nacht tanzten. Wenn ich sie am folgenden Tag wieder traf, wich ich ihrem Blick aus und sagte: „Weisst du was? Ich glaube, aus uns wird nichts. Wir lassen die Sache besser bleiben." Gewiss war es nicht fair, so mit den Mädchen umzugehen. Andererseits konnte und wollte ich mich nicht festlegen.

„Sag mal", fragte meine Schwester Timpis, als wir auf dem Weg zu einem Fest waren. „Warum gehst du eigentlich immer nach Shiringamazú zu den Indianern? Hast du dort eine Freundin?" Ich fiel aus allen Wolken, denn ich merkte, dass sie die Vermutung vieler Siedler aussprach. „Nein", antwortete ich wahrheitsgetreu, „die Mädchen dort interessieren mich nicht." Dass es vor allem meine Süchte waren, die mich dorthin trieben, verschwieg ich.

Meine Not wurde immer grösser. Ich war nun 24 Jahre alt und ich brauchte eine Frau! Meine Brüder hatten ihre Partnerinnen bereits gefunden. Helmut war inzwischen mit Aidee verheiratet und Tato hatte eine Freundin. Sie hiess Herta, ein bildhübsches Mädchen. Tato wohnte nun übrigens bei Doña Emma und Don Luis, die eine Pension gleich neben der Flugpiste betrieben. Zusätzlich führten sie einen Laden, wo wir immer unsere Vorräte einkauften. Wir nannten dieses kleine Zentrum, das der Knotenpunkt für all unsere Reisen, Einkäufe und Gütertransporte war, Campo.

Als mich mein Vater wieder einmal zum Campo schickte, um die monatlichen Einkäufe zu tätigen, erblickte ich eine junge Frau, die gerade einen anderen Kunden bediente. War das nicht Ilse? Ich kannte sie, so wie man jeden im Tal kennt, doch ich hatte sie schon lange nicht mehr gesehen. Als ich an der Reihe war, plauderten wir ein wenig. Sie erzählte, dass sie eigentlich in Lima studierte und nur hier war, um ihrem Vater zur Hand zu gehen. Ilse bediente mich, half mir, meine Einkäufe einzupacken, und zählte gewissenhaft das Wechselgeld. Schüchtern lächelte sie mir zum Abschied zu und widmete sich dem nächsten Kunden.

Auf der Bootsfahrt nach Hause ging sie mir nicht mehr aus dem Kopf. Ilse hatte nicht nur eine gute Figur und ein hübsches Gesicht, sie war auch fleissig und offensichtlich sehr intelligent. Ob das die Frau war, die mein Leben ändern konnte?

Von nun an kostete es mich nicht mehr viel Überwindung, an die Treffen der Siedler zu gehen. Immer hoffte ich, Ilse zu treffen. Wenn sie da war, forderte ich sie zum Tanzen auf und unterhielt mich mit ihr. Sie konnte ausgezeichnet tanzen. Sie war geschmeidig und leicht, ich hingegen etwas ungeschickt. Aber wir lachten viel und hatten es sehr nett miteinander. „Wie lange bleibst du noch in Isco?", fragte ich sie, als wir uns eine Weile ausruhten. „Ich weiss es nicht", erwiderte sie, „das hängt davon ab, wann meine Mutter aus Lima zurückkehrt." Das Zusammensein mit Ilse gab mir ein sehr gutes Gefühl. Ich achtete darauf, an diesen Veranstaltungen nicht viel zu trinken.

Endlich, auf dem Heimweg von einem Fest, nahm ich all meinen Mut zusammen, machte ihr eine Liebeserklärung und fragte: „Willst du meine Freundin sein?" Sie schwieg eine Weile und antwortete dann: „Ich muss meinen Vater fragen." Das schien mir eine gute Antwort. Immerhin hatte sie mich nicht abgelehnt.

Ich zog mein bestes Hemd an und steckte sogar einen Kamm in die Tasche, als ich einen Monat später zur nächsten Tanz-Veranstaltung fuhr. Nervös hielt ich nach Ilse Ausschau. Was würde sie wohl sagen? Endlich drehten wir uns auf dem Holzboden und konnten miteinander sprechen. „Und?", fragte ich und forschte in ihren Augen. Diese strahlten, als sie erklärte, dass ihr Vater einverstanden sei und sie mich gerne zum Freund haben wollte. Mein Herz klopfte vor Aufregung, als ich sie zärtlich umarmte und ins Freie zog. Hand in Hand spazierten wir zum Fluss, setzten uns auf einen Baumstamm und redeten bis tief in die Nacht hinein.

Kaum zu Hause, erzählte ich meinen Eltern, dass Ilse, die Tochter von Don Luis und Doña Emma, nun meine Freundin war. Beide freuten sich sehr über diese Wahl eines Mädchens aus dieser angesehenen Familie. „Diese Frau ist gut für dich", meinte Vater wie immer kurz angebunden, und Mama fügte hinzu: „Wie schön, dass es geklappt hat! Nun musst du dich aber zusammenreissen! Achte auf dein Benehmen und sieh zu, dass du nicht ins Gerede kommst!"

Sie hatte recht. Ich war fest entschlossen, nie mehr Koka zu kauen und Alkohol zu trinken. Zwei Wochen hielt ich durch. Dann ging ich zum Angeln und als ich zur Flasche griff, murmelte ich: „Ich muss doch feiern, eine Frau wie Ilse gefunden zu haben!"

Dennoch besserte ich mich, denn die Verliebtheit verlieh mir Flügel. Ich ging kaum noch zu den Indianern und arbeitete hart, damit ich mir ab und zu die Fahrt zum Campo leisten konnte. Wenn genügend Geld fürs Benzin da war, fuhr ich mit dem Boot die zwei Stunden, ansonsten bedeutete es einen Fussmarsch von vier Stunden durch den Dschungel. Ilses Eltern erlaubten mir, jeweils in ihrem Haus zu übernachten. Auch Tato und andere junge Leute wohnten dort, und so spielten wir abends oft Karten. Dann gingen die anderen zu Bett, während Ilse und ich noch im Wohnzimmer sitzen blieben. „Bis zehn Uhr!", bestimmte ihr Vater und liess uns dann ebenfalls allein. Er war ein sehr strenger Mann, denn er kam von Pozuzo und war vom alten Kaliber. Stets um punkt zehn Uhr stieg er die Treppe hinunter, ging in die Küche und ass eine Banane. Das war das endgültige Zeichen für uns, ebenfalls schlafen zu gehen.

Obwohl ich nun weit weniger konsumierte, hatte ich meine Süchte noch immer nicht ganz im Griff. Das bereitete mir Sorgen und ich beschloss, mich Tato anzuvertrauen. Er war ein wunderbarer Bruder. Nie schrie er mich an oder schimpfte mich aus. Auch bei dieser Gelegenheit sagte er: „Chichi, mit deinem Lebensstil zerstörst du dich selbst und verbaust dir die Zukunft. Komm, raffe dich auf! Beweise, dass du diese Laster lassen kannst! Ich werde immer zu dir stehen und dich unterstützen. Aber streng dich an!"

Inzwischen war auch Helmut in unser Tal gezogen. Da in den vergangenen Jahren die Kaffeepreise in die Höhe geschossen waren, konnte er Vaters Schulden innert kürzester Zeit abzahlen. Er verkaufte die Plantage auf dem Palomar und zog mit seiner Frau in unsere Nähe.

Nach etwa neun Monaten beschlossen Ilse und ich, unsere Hochzeit zu planen. Sie war wirklich eine besondere Frau! Von den anderen Mädchen unterschied sie sich, indem sie ernster und überlegter war und manche modernen Ideen vertrat. Ich war über beide Ohren verliebt und stolz auf meine zukünftige Frau.

Einige Wochen vor unserer Hochzeit zog ich mir eine schwere Krankheit zu. Auf der Fahrt zu Ilse fühlte ich mich völlig matt, und als ich dort ankam, konnte ich mich kaum noch auf den Beinen halten. Von rätselhaften Fieberschüben gepeinigt, lag ich lange im Bett und benötigte viele Tage, um wieder auf die Beine zu kommen. Glücklicherweise war zu jener Zeit ein junger Arzt im Campo untergebracht, der mir Antibiotika verabreichte. Er war ein netter Kerl, aber ich wurde eifersüchtig, wenn er mit Ilse scherzte.

Endlich flogen wir nach San Ramón, um unsere Hochzeit zu feiern. Mein Herz schlug bis zum Hals, als ich meine wunderschöne Braut erblickte. Sie trug ein elegantes weisses Kleid und ihr Haar war kunstvoll frisiert und mit frischen Blumen geschmückt. Nach der kirchlichen Trauung gingen wir in ein Lokal, wo eine Bekannte von uns exzellentes chinesisch-peruanisches Essen zubereitete. Wir tanzten und feierten bis tief in die Nacht hinein.

Eigentlich wollten wir auf die Flitterwochen verzichten, da wir kein Geld hatten und ich noch immer nicht ganz gesund war. Doch meine Schwester Elsa überredete uns, sie für ein paar Tage im Hochland zu besuchen. „Ihr müsst bloss die Busfahrt bezahlen", bettelte sie. „Einige Tage Luftveränderung werden euch guttun! So haben wir auch einmal Besuch!"

Schliesslich willigten wir ein und reisten mit ihr nach Quinua, einem kleinen Dorf hoch in den Anden. Ihr Mann Perci war dort als Geschäftsführer einer Genossenschaft von Schaf-Bauern tätig.

Trotz der klirrenden Temperaturen genossen Ilse und ich das Zusammensein mit Elsa und ihrer Familie. Am ersten Tag lud Perci mich ein, mit ihm auszureiten und die Herden zu besichtigen. Nach der Rückkehr merkte ich, dass ich meinen Ehering verloren hatte. Durch meine Krankheit hatte ich stark abgenommen und irgendwo musste er mir vom Finger gerutscht sein. Aber wo suchen? Ich hatte keine Ahnung! Ich beschloss, es Ilse vorerst nicht zu erzählen, sondern zuerst einmal alleine im Pferdestall nachzusehen.

„Ich gehe noch Zigaretten kaufen", verkündete ich nach dem Abendessen. Eigentlich wollte ich noch im Stall vorbei, aber es war bereits dunkel. Deshalb spazierte ich zum Dorfladen. „Was führt Sie in unsere Gegend?" Der Mann war von kleiner Statur, strahlte aber Autorität aus. Er hatte die typischen hohen Backenknochen und die gegerbte Haut der Hochlandbewohner. Misstrauisch musterte er mich, während er mich ausfragte. Bereitwillig gab ich Auskunft und erzählte vom Grund unseres Besuchs. Als er erfuhr, dass ich Percis Schwager war, entspannten sich seine Gesichtszüge. „Ich bin hier Dorfpolizist", gab er sich zu erkennen. „Nur selten verirren sich Fremdlinge in unsere Gegend und heutzutage ist stets Vorsicht geboten. Allerdings siehst du nicht aus wie ein Bankräuber auf der Flucht." Er brach in schallendes Gelächter aus und klopfte mir freundschaftlich auf die Schulter. „Darf ich dich auf ein Bier einladen?" Dieses Angebot konnte ich unmöglich ausschlagen. Wir setzten uns in die Wirtschaft und genossen ein Bierchen. „Ich bin ja nicht im Dienst", erklärte er und winkte dem Wirt, uns nachzuschenken. Grosszügig bestellte er wieder und wieder – und ich trank und trank und fand einfach nicht die Kraft, aufzustehen und mich zu verabschieden. Es war bereits nach Mitternacht, als ich betrunken nach Hause zurückkehrte – wo meine Frau weinend auf mich wartete.

Ilse war tief gekränkt und ungehalten und ich schämte mich. Es war sehr schwer, sie am nächsten Morgen zu trösten und um Vergebung zu bitten. Ich versprach, es nie wieder zu tun. Schliesslich beschlossen wir, die Sache auf sich beruhen zu lassen. An den folgenden Tagen unternahmen wir alles gemeinsam. Fasziniert beobachteten wir, wie die Bauern die Schafe zusammentrieben und anschliessend geschickt scherten. Wir machten Spaziergänge, assen gut und genossen die Gesellschaft unserer Verwandten. Ab und zu schlich ich mich davon und suchte nach dem Ring. Vergeblich.

Einige Tage später reisten wir nach San Ramón zurück. Im Bus hielt Ilse meine Hand. Auf einmal betrachtete sie diese näher und fragte: „Wo ist denn dein Ehering?" Nun blieb mir nichts anderes übrig, als ihr zu berichten, dass ich ihn verloren haben musste. „Warum hast du mir nichts davon erzählt? Wir hätten gemeinsam suchen können! Du hast damit nicht etwa dein Besäufnis bezahlt?!" „Bestimmt nicht!", versicherte ich ihr. Aber ich sah ihr an, dass sie mir nicht glaubte.

Wir blieben noch ein paar Tage in San Ramón und nutzten die Zeit, um Vorräte einzukaufen. Doch das Strahlen, das ich an Ilses Augen so liebte, war einem bedrückten, mutlosen Ausdruck gewichen. Ihre Lebensfreude war wie weggeblasen. Eines Nachts fragte ich sie nach dem Grund. „Was in Quinua geschehen ist, beschäftigt mich noch immer", antwortete sie nach einigem Zögern. „Ich habe viel nachgedacht und mache mir Sorgen über unsere gemeinsame Zukunft. Da stimmt doch was nicht mit dem verlorenen Ring! Und was wird noch werden, wenn du bereits in der ersten Nacht unserer Ehe wegbleibst und dich betrinkst …?" Ich wusste nicht, was ich ihr antworten sollte. Was geschehen war, tat mir von Herzen leid. Lange blieb ich ruhig und wagte nicht, etwas zu sagen.

Nach einer Weile umarmte ich Ilse zärtlich und schwor ihr noch einmal, dass dies nie wieder vorkommen würde. „Ich möchte nur eines", flüsterte ich, „gemeinsam mit dir ein neues, glückliches Leben beginnen. Willst du mir dabei helfen?" „Ja", meinte sie zuerst zögernd, dann wiederholte sie entschlossen: „Ja!"

Noch lange lag ich wach. Ich bereute über alle Massen, was ich getan hatte. Nie wieder durfte so etwas geschehen. Nie wieder wollte ich meine Frau enttäuschen. Diesmal musste ich meine Süchte besiegen! Und ich würde es schaffen! Mit Ilse an meiner Seite würde es möglich sein.

4

Ilse

April 1977 – Januar 1983

Natürlich kannte ich Werner. Seine Schwester Timpis war ja mit meinem Bruder Edmundo verheiratet und seine Schwester Chumpi mit Onkel Walter. Ausserdem wohnte sein Bruder Tato bei uns, der mit meiner Cousine Herta befreundet war. Alle paar Wochen fand eine Tanzveranstaltung statt. Manchmal ging ich hin und sah Chichi auch dort.

Es war an einem Dorffest, als ich merkte, dass Werner ein Auge auf mich geworfen hatte. Edmundo war gerade zu Besuch, und als er und seine Frau nachmittags zur Tanzveranstaltung aufbrachen, drängte er mich, sie zu begleiten. „Was sitzt du ständig zu Hause, arbeitest und steckst deine Nase in die Bücher!", neckte er mich. „Komm mit! Du musst ein bisschen unter die Leute!" Eigentlich hatte er recht. Schnell schlüpfte ich in ein hübsches Kleid, kontrollierte meine Frisur und lief mit ihnen zum Dorf. Es war ein geselliges Miteinander und ich merkte, wie Werner mich nicht nur ständig zum Tanz aufforderte, sondern auch sonst meine Nähe suchte.

Auch auf dem Heimweg ging er an meiner Seite. Ich glaube, Edmundo und Timpis blieben absichtlich etwas zurück, damit wir alleine waren. Unvermittelt griff Werner nach meiner Hand, gestand mir seine Liebe und fragte, ob ich seine Freundin sein wolle. Ehrlich gesagt war ich etwas überrumpelt. „Ich muss meinen Vater fragen", antwortete ich deshalb, um Zeit zu gewinnen. Werner war einverstanden und wollte die Antwort abwarten.

Nachts lag ich in meinem Bett und liess mir die Sache durch den Kopf gehen. Werner war ein gut aussehender Bursche, stets fröhlich und hilfsbereit. Obwohl ein bisschen ungeschickt, hatte er doch charmant um mich geworben. Ausserdem war er der Bruder von Tato, den ich wegen seines Fleisses und seiner Geradlinigkeit sehr schätzte. Und schliesslich – wenn ich einen Mann hier im Tal heiratete, müsste ich nicht in die hässliche, kalte Millionenstadt Lima zurück, sondern könnte in der Schönheit des Urwalds Hausfrau und Mutter werden. Die Idee begann mir zu gefallen …

Später ging ich zu Vater und erzählte ihm von Werners Antrag. Papa zog seine Stirn in Falten und fragte: „Bist du sicher, dass er der richtige Mann für dich ist?" Doch er gab mir stets die Freiheit, meine Entscheidungen selbständig zu fällen. „Meinetwegen", willigte er ein, „aber lernt euch erst einmal richtig kennen! Wenn du diese Beziehung wirklich willst, von mir aus. Aber ja keine Eile! Lass es langsam angehen – und überleg es dir gut!" Nach einer kleinen Pause fügte er hinzu: „Ausserdem muss deine Mutter der Verbindung zustimmen. Wenn sie dagegen ist, werdet ihr die Beziehung auflösen. Einverstanden?" Ich nickte und fieberte zwei Momenten entgegen: meiner nächsten Begegnung mit Werner und dem Zeitpunkt, wo Mama nach ihrer Genesung aus Lima zurückkehren würde.

Werner strahlte, als er vom Einverständnis meines Vaters erfuhr. Nun waren wir ein Paar und er kam mich alle paar Wochen besuchen.

Endlich kehrte Mama aus Lima zurück. Als sie von unserer Beziehung hörte, wurde sie ebenfalls ernst und empfahl mir, mir Zeit zu lassen. Ich war zuversichtlich. Wenn sie Werner nur richtig kennenlernte, würde sie ebenso begeistert sein von ihm wie ich. Trotzdem fragte sie ihn bei seinem nächsten Besuch in ihrer direkten Art: „Und was ist mit dem Koka? Ich habe gehört, dass du welches kaust …" Alkohol gehörte zu jedem Fest und die meisten Siedler betranken sich dann. Daran hatten wir uns alle schon gewöhnt. Aber offenbar hatte Mutter von einer anderen Schwäche Werners Wind bekommen und machte sich Sorgen. Werner lachte. „Ja", gab er zu, „das habe ich früher mal probiert. Aber jetzt nehme ich es schon lange nicht mehr. Die Gerüchte müssen sich auf meinen Bruder Helmut beziehen!"

Durch seine anständige, unbekümmerte und grosszügige Art schaffte es Werner bald, auch die Herzen meiner Eltern zu erobern. Ein paar Monate später beschlossen wir, uns zu verloben und die Hochzeit vorzubereiten.

Da wir beide über nur wenig Geld verfügten, beschlossen wir, in San Ramón zu heiraten. In Isco wären die Einwohner des ganzen Tals zum Fest erschienen. In der Abgeschiedenheit des Dschungels wartete man keine Einladung ab. Jede Person, die sich mit dem Brautpaar freute, gesellte sich einfach dazu. Dabei war es selbstverständlich, auch zum Essen zu bleiben. Wir hätten mehrere Rinder schlachten müssen und die Kosten wären immens gewesen. Da es im Tal noch keine Kirche gab, hätten wir zusätzlich einem Priester den Flug nach Iscozacín bezahlen müssen. Aus diesen Gründen beschlossen wir, in San Ramón im „engen Familienkreis" zu heiraten. Dort würden nur etwa 80 Personen am Fest teilnehmen.

Ich freute mich stets auf Werners Besuche, besonders auf die Abende, wo wir zusammensassen und Pläne schmiedeten. An einem Samstag schaute er kurz vorbei, um mich zu grüssen. „Heute Nachmittag werden wir mit unserer Mannschaft Santa Rosa ein Fussballturnier bestreiten. Danach komme ich zu dir", versprach er, küsste mich auf die Wange und lief in Richtung Dorf. An jenem Abend wartete und wartete ich, aber Werner kam nicht. Um zehn Uhr ging ich zu Bett. Ich war irritiert und enttäuscht.

„Wo hast du gesteckt?", forschte ich, als er am folgenden Tag zum Frühstück erschien. „Ich habe mit einigen Freunden noch etwas getrunken und es wurde später", erklärte er. „Es tut mir leid. Ich wollte euch zu so vorgerückter Stunde nicht mehr stören. Das hätte deinen Vater bestimmt verärgert." Werner wollte mich umarmen, aber ich stiess ihn zurück. „Das ist das erste und letzte Mal, wo du mich versetzt hast!", schimpfte ich.

Manchmal machten andere Mädchen Andeutungen, wenn sie im Laden waren. „Gewisse Männer kippen nur zu gerne eins hinter die Schippe …", bemerkten sie beispielsweise und blickten zu Werner hinüber. Oder sie fragten: „Weshalb geht dein Chichi so oft zu den Indianern?" Eigentlich hätte ich aufhorchen und diese Warnungen ernst nehmen sollen. Aber verliebt wie ich war, kümmerte ich mich nicht um solche Kommentare. Die waren doch bloss neidisch!

Kurz vor unserer Heirat bekam Werner mehrere Tage sehr hohes Fieber. An der Hochzeit hatte er die Krankheit zwar überwunden, aber noch immer fühlte er sich etwas schwach. Der Anzug, den wir für ihn anfertigen liessen, schlotterte ihm jetzt um den mageren Körper. Aber das war egal. Wir feierten ein wunderschönes Fest! Nachdem wir uns in der Kirche das Ja-Wort gegeben hatten, liessen wir einige Fotos machen. Dann begaben wir uns zum Restaurant. Da mein Vater nicht tanzte, begann mein Bruder Edmundo den Brauttanz mit mir und übergab mich dann meinem Mann. Unsere Hochzeitsnacht verbrachten wir im besten Hotel von San Ramón.

Für die Hochzeitsreise fuhren wir ins kleine Bergdorf Quinua, das auf etwa 5000 Meter über Meer liegt. Dort besuchten wir Werners Schwester Elsa mit ihrer Familie. Sie lebten in einem schmucken Häuschen – doch welch eine Kälte herrschte dort oben! Wir waren an das heisse, feuchte Klima der flachen Urwaldgegend gewöhnt. Nun benötigten wir nachts acht Decken, um schlafen zu können. Tagsüber an der Sonne waren die Temperaturen glücklicherweise erträglich.

Am ersten Tag lud Elsas Mann Perci Werner ein, mit ihm auszureiten. Dieser sagte zu und ich leistete meiner Schwägerin Gesellschaft. „Heute bereite ich für euch eine Schafskopfsuppe zu!", erklärte sie. „Das ist eine Spezialität der Gegend." Aufmerksam schaute ich ihr zu und half mit, denn bald würden auch meine Kochkünste gefragt sein.

Gegen Abend kehrten die Männer zurück und wir liessen uns die dampfende Suppe schmecken. Es war wunderbar, etwas Heisses zu schlürfen, denn bereits machte uns wieder die durchdringende Kälte zu schaffen. Sobald wie möglich wollte ich mich gemütlich unter meine Decken kuscheln! Als wir Frauen das Geschirr spülten, meinte Werner, er mache noch einen Abstecher ins Dorf, um Zigaretten zu besorgen. Er zog Poncho, Mütze und Handschuhe von Percy über und verschwand in der Dunkelheit.

Als er nicht zurückkehrte, begann ich mir Sorgen zu machen. „Ich will nachsehen, wo mein Mann bleibt", sagte ich zu Elsa. „Aber das können doch auch die Kinder tun!", erwiderte sie und schickte ihre Söhne los. Kurz darauf waren diese zurück und meldeten: „Onkel Werner sitzt mit dem Dorfpolizisten in der Wirtschaft. Er lässt ausrichten, dass er in einer halben Stunde da ist."

Werner kam nicht. Wieder wollte ich los, um ihn zu holen. Und wieder hielt Elsa mich zurück. „Der wird schon kommen", versuchte sie mich zu beruhigen. Inzwischen war die Nacht vorgerückt. Ich zitterte vor Kälte und war so angespannt, dass ich keine gute Gesprächspartnerin abgab. „Ich gehe ins Bett", verkündete ich und zog mich in unser Zimmer zurück. Doch in meinem Herzen wollte sich keine Ruhe einstellen. Ich weinte vor Kummer, Enttäuschung und Wut.

Es war drei Uhr nachts, als Werner ins Zimmer torkelte. Eine widerliche Alkoholfahne schlug mir entgegen. Trotzdem war ich froh, ihn endlich hier zu wissen. Ich sorgte dafür, dass er bemerkte, dass ich wach war und geweint hatte. Dann drehte ich ihm den Rücken zu und schnaubte: „Lass mich in Ruhe!"

Am folgenden Morgen sprachen wir uns aus. Werner tat es offensichtlich sehr leid, was geschehen war. Er entschuldigte sich und versprach, dies würde nie wieder vorkommen. In den nächsten Tagen bewies er, wie ernst er es damit meinte. Er war wieder sehr fürsorglich und zuvorkommend und wir verbrachten viele schöne Stunden.

Doch ein neuer Rückschlag folgte. Auf der Rückreise im Bus nach San Ramón entdeckte ich, dass Werner seinen Ehering nicht trug. Als ich mich danach erkundigte, wich er meinem Blick aus und erklärte, er habe ihn wohl auf seinem Ausritt verloren. Das war der Tag, an dem er sich betrunken hatte! Überhaupt hatte ich mich gefragt, womit er den ganzen Alkohol wohl finanziert hatte. „Du hast damit nicht etwa dein Besäufnis bezahlt?!", forschte ich. Er versicherte mir, dass dies nicht der Fall war. „Warum hast du mir nichts davon erzählt?", tadelte ich. „Wir hätten gemeinsam suchen können!" Werner gab keine Antwort und schaute den Rest der Fahrt zum Fenster hinaus. Das gefiel mir nicht. Gar nicht.

In San Ramón kauften wir ein, aber ich stand bloss unentschlossen vor den Regalen. Mein Enthusiasmus und meine Energie waren wie weggeblasen. Werners Ausrutscher und seine Lüge hingen wie dunkle Wolken über unserer gemeinsamen Zukunft.

Mein Mann bemerkte den Wandel in mir und es kam zu einer weiteren Aussprache. Noch einmal beteuerte Werner, er habe den Ring tatsächlich verloren. Es tue ihm unendlich leid, dass er sich betrunken habe. Erneut schwor er, dass so etwas nie wieder vorkommen würde. „Ich möchte nur eines", betonte er „gemeinsam mit dir ein neues, glückliches Leben beginnen. Willst du mir dabei helfen?" „Ja", antwortete ich, doch nur, um etwas zu sagen. Dann gab ich mir einen Ruck und beschloss, seine Entschuldigung anzunehmen. Er liebte mich offenkundig. Gewiss würde er so etwas nie wieder tun, jetzt wo er wusste, wie sehr es mich verletzte. Ausserdem hatte er mich um Unterstützung gebeten. Ich fasste wieder Mut: Gemeinsam würden wir es schaffen! „Ja!", wiederholte ich und küsste ihn.

Von San Ramón aus flogen wir nach Isco. Nach einem kurzen Besuch bei meinen Eltern bepackten wir das Boot mit unseren Habseligkeiten und fuhren flussaufwärts. Wir durften den Hof von Werners Eltern übernehmen. Nach unserer Ankunft zogen die beiden zu Tato, wo sie für sich ein Haus bauen wollten. Tato hatte mittlerweile seine Stelle bei der Genossenschaft aufgegeben und sein eigenes Stück Land erworben. Er, der schon immer gerne mit Holz gearbeitet hatte, hatte zusätzlich zum Hof mit einer Schreinerei begonnen.

Frisch verliebt und motiviert starteten wir in unser gemeinsames Leben. Das Haus war zwar relativ alt und äusserst dürftig eingerichtet. Aber das machte mir nichts aus. Mir gefiel das einfache Leben. Ich war dankbar, dass wir einige Haustiere und den Garten von meinen Schwiegereltern übernehmen durften. Werner, der ja bereits hier gelebt hatte, würde weiterhin zum Vieh schauen. Zusätzlich wollte er etwas Holz schlagen und verkaufen.

Am ersten Tag verabschiedeten wir die Schwiegereltern, verstauten unsere Sachen und gingen im Fluss baden. Auf einmal sagte Werner: „Es ist Zeit, die Kuh zu melken!" „Ich begleite dich", gab ich zur Antwort, und wir stiegen zum Haus empor. Dort griff ich nach dem Eimer, lief los und rief: „Du holst mich nicht ein!" Natürlich war er schneller als ich. Bei der Kuh angekommen, reichte ich ihm den Eimer und erwartete, dass er – wie mein Vater zu tun pflegte – die Kuh melkte. „Mach du das!", meinte er, gab mir den Eimer zurück und erklärte: „Das hat immer meine Mutter getan!" So standen wir vor der Kuh und keiner konnte sie melken. „Versuch du es besser!", lachte Werner und argumentierte: „Meine Hände sind so grob und rau, das Rindvieh wird mich treten!" Als kleines Mädchen hatte ich meinen Papa manchmal begleitet und wissbegierig, wie ich war, wollte ich auch melken lernen. Nun rief ich mir seine Worte in Erinnerung. Beruhigend redete ich auf die Kuh ein und machte mich an ihrem Euter zu schaffen. Es brauchte Zeit und Geduld, aber ich kriegte es hin.

Es war paradiesisch! Wie liebte ich das Leben auf diesem wunderschönen Fleck Erde. Täglich standen wir früh auf, und während Werner die Tiere versorgte, bereitete ich das Frühstück zu. Anschliessend ging er den Arbeiten auf dem Hof nach und ich erledigte den Haushalt. Alles machte mir Spass, wobei mir das Waschen unserer Kleider am Fluss besonderes Vergnügen bereitete. Denn dabei wurde nicht nur die Wäsche sauber – gleichzeitig konnte ich baden, mich sonnen und vielleicht sogar noch einen Fisch fürs Abendessen fangen.

Anfangs unternahmen wir vieles gemeinsam: Wir gingen Papaya pflücken, die Tiere füttern oder wir leerten die Asche meines Holzherdes. Nach getaner Arbeit spielten wir gerne Karten.

Endlich lernte ich kochen! Die Rezepte entnahm ich alten Zeitschriften oder fragte meine Schwiegermutter, wenn wir sie besuchten. Nicht alles glückte, aber Werner war ein dankbarer Esser und beschwerte sich nie. „Es fehlt ein bisschen Salz", pflegte er zu bemerken, oder: „In diese Fischsuppe würden auch Zwiebeln, Knoblauch und Gemüse passen." Seine Mutter war eine ausgezeichnete Köchin und als Kind hatte er ihr oft geholfen. So konnte er mir manch einen Tipp geben.

Eines Tages bereitete ich ihm eine leckere Fruchtcreme zu. „Nein danke", lehnte er ab, „Süssspeisen mag ich nicht." Ich war überrascht. „Wie kommt das?", wunderte ich mich. „Wenn ich dir diesen Nachtisch bei uns zu Hause auftischte, hat es dir stets geschmeckt!" „Eigentlich nicht", gab er zu, „aber ich wollte dich nicht vor den Kopf stossen ..."

So lernten wir einander mit all unseren Stärken und Grenzen besser kennen. Geld benötigten wir höchst selten. Brauchten wir welches, brachten wir ein Rind oder ein Schwein zur Schlachterei nach Isco, oder Werner verkaufte vom Holz, das er geschlagen hatte. Alle paar Wochen fuhren wir zum Campo und besorgten im Laden meiner Eltern Vorräte wie Salz, Zucker, Batterien oder Benzin. Die meisten Lebensmittel pflanzten wir selber an, denn Yuca, Kochbananen sowie eine Vielfalt an exotischen Früchten wuchsen bei uns im Überfluss. Fleisch und Fisch räucherten wir, um es aufzubewahren. Das Wasser sammelten wir in Regentonnen oder holten es vom Fluss. Über elektrischen Strom verfügten wir nicht. Ich kochte mit Holz, und wenn wir nachts Licht benötigten, zündeten wir Kerzen oder eine Kerosinlampe an. Für den Notfall gab es Taschenlampen, die mit Batterien funktionierten, ebenso wie das Radio, das uns über das Leben in der Aussenwelt auf dem Laufenden hielt. Das Klohäuschen befand sich 20 Meter von unserem Haus entfernt.

Manchmal kamen Indianerfrauen, die mir eine Ananas anboten und Zucker oder Brot dafür wollten. Sie waren stets freundlich und hilfsbereit. Das Dorf Shiringamazú befand sich auf der gegenüberliegenden Seite des Flusses und Werner hatte Freunde dort. Manchmal fuhr er hin, um mit ihnen auf die Jagd zu gehen oder um sie für einen bestimmten Auftrag anzustellen.

Auf unserer Seite des Flusses waren Werners Bruder Helmut und seine Frau Aidee unsere nächsten Nachbarn. Um zu ihnen zu gelangen, musste man knapp eine halbe Stunde über Weideland marschieren. Ab und zu besuchten wir uns, oder die Brüder halfen sich gegenseitig bei einer Arbeit aus. Aber normalerweise waren beide Ehepaare mit ihrem eigenen Alltag beschäftigt.

„Ich gehe noch ein bisschen angeln", meinte Werner von Zeit zu Zeit. Ich wusste, dass er dies gerne tat, und hatte nichts dagegen. Ab und zu begleitete ich ihn, aber ich hatte das Gefühl, dass er die Ruhe und das Alleinsein nötig hatte. So blieb ich zu Hause und genoss es, währenddessen gemütlich in einem Roman zu schmökern.

Obwohl wir sehr abgeschieden lebten, fühlte ich mich nie allein. Trotzdem freute ich mich jedes Mal, wenn wir zum Campo fuhren und meine Eltern trafen. Dafür stellte ich köstliche Backwaren her, die Mutter im Laden verkaufte. Bei einem solchen Besuch erzählte ich ihr von den Ratten, die sich an unseren Vorräten zu schaffen machten. „Nimm doch eines unserer Kätzchen mit!", schlug sie vor. „Das wird sie bestimmt verjagen." So kam es, dass uns neben unserem grossen schwarzen Hund Kim auch noch der gefleckte Kater Jinks Gesellschaft leistete.

In diesen ersten Wochen und Monaten unserer Ehe war ich sehr glücklich. Wir lebten an einem idyllischen Ort, hatten genug zum Leben – und wir liebten uns! Während ich gerne las, waren Werners Hobbys die Jagd und das Fischen. Wenn er angeln ging und es dunkel wurde, ging ich bereits zu Bett. Meistens schlief ich dann ein und bekam nur am Rande mit, wie mein Mann leise das Zimmer betrat und sich zu mir ins Bett legte. Ich war zufrieden.

Bis ich eines Morgens vom Krähen des Hahns aufwachte und Werner nicht neben mir lag. Merkwürdig! War er bereits aufgestanden? Nein, das hätte ich mitbekommen! Tags zuvor hatte er mir beim Mittagessen mitgeteilt, er fahre noch kurz nach Shiringamazú. Dort wolle er einige Einheimische anheuern, um die Büsche auf dem Weideland zurückzustutzen. Deshalb war ich nicht beunruhigt, als er nicht zum Abendessen erschien. Wie gewohnt legte ich mich schlafen in der sicheren Annahme, dass er bald eintreffen würde. Doch nun war es Morgen und sein Platz in unserem Bett unberührt. Wo mochte er bloss sein? Wenn ihm nur nichts zugestossen war! Rasch versorgte ich die Tiere und machte mich dann auf den Weg zu Helmut. Sicher wusste dieser, was zu tun war. Helmut beruhigte mich: „Ich habe gesehen, wie Chichi gestern Abend mit dem Siedler Crisanto in dessen Boot den Fluss hinaufgefahren ist", berichtete er. „Bestimmt hat er ihm bei der Arbeit geholfen. Es kann gut sein, dass sie von der Dunkelheit überrascht wurden und beschlossen, erst heute zurückzukehren." „Na also!", dachte ich und machte mich erleichtert auf den Heimweg.

Ich beschloss, Werner mit einem seiner Lieblingsessen zu empfangen, und schlachtete extra ein Huhn. Vergnügt summte ich vor mich hin, während ich es rupfte, und gab mir Mühe, einen besonders leckeren Eintopf zuzubereiten. Das Gericht kochte und kochte, und Werner kam immer noch nicht. „Zum Nachtessen wird er bestimmt hier sein!", dachte ich. Werner kam nicht! Was sollte ich tun? Wieder begann ich mir grosse Sorgen zu machen. Bereits brach die Nacht herein, und im Finsteren konnte ich nichts unternehmen. So blieb mir nichts anderes übrig, als erneut den Morgen abzuwarten. Natürlich fand ich keinen Schlaf. Kaum begann es zu dämmern, lief ich erneut zu Helmut.

Aidee, seine Frau, empfing mich. „Ich habe solche Angst um Werner!", klagte ich. „Ich möchte, dass Helmut mit mir kommt, um ihn zu suchen!" „Heeeelmuuuut!", rief Aidee ihren Mann, wandte sich dann aber an mich. „Was sorgst du dich eigentlich so?", fragte sie. „Werner hat sich bloss wieder einmal betrunken und schläft nun seinen Rausch aus!" „Das glaube ich nicht!", erwiderte ich. „Damit hat er schon lange aufgehört!" Meine Schwägerin konterte: „Stellst du dich so naiv oder bist du es? Mach dir doch nichts vor! Alkohol und Koka! Er tut es regelmässig! Unsere Männer …" Sie wurde von Helmut unterbrochen, der das Haus betreten hatte und nun in der Küche laut mit dem Wassereimer schepperte. Ich stammelte: „Ich verstehe nicht … Was sagst du?" Aidee wollte gerade zur Antwort ansetzen, da betrat Helmut das Wohnzimmer und befahl ihr:

„Schweig, wir wollen keine Scherereien!" Dann führte er mich zu seinem Boot und wir machten uns auf den Weg zu Crisanto.

Auf der Fahrt überschlugen sich meine Gedanken. Hatte Aidee recht? Hatte Werner die ganze Zeit über Koka gekaut und Alkohol konsumiert? Auf einmal sah ich seine Aktivitäten in einem anderen Licht. War das der Grund, warum er immer alleine angeln gehen wollte? Musste er deshalb so oft etwas über den Fluss „erledigen" gehen? Ich konnte es einfach nicht fassen! Ich versuchte, Helmut auszufragen, doch der wich aus und hüllte sich in Schweigen. Als wir ankamen, trafen wir nur Crisantos Schwiegermutter an. „Da ist doch ein Fest in einem entfernten Indianerdorf", sagte sie. „Vielleicht sind sie dort …" Ich merkte, dass sie nicht die Wahrheit sagte, und ahnte, dass sich Werner irgendwo in diesem Haus versteckt hielt. Aber ich war machtlos. Logen mich denn alle an? Behandelten mich alle heuchlerisch nett, fanden mich aber eine einfältige Närrin? Ich fühlte mich betrogen und hintergangen! Was sollte ich tun? „Bring mich nach Hause!", bat ich Helmut, der den Ahnungslosen spielte und mich damit noch wütender machte.

Erst am Nachmittag des dritten Tages hörte ich das Boot. Kurz darauf betrat Werner die Küche. Seine Kleider waren schmutzig und er verströmte einen üblen Geruch. „Ilse …", begann er. Aber ich liess ihn nicht zu Wort kommen. „Du hast es die ganze Zeit über getan!", schrie ich ihn an. „Du hast mich angelogen! Wo hast du gesteckt?" Niedergeschlagen liess er sich auf die Küchenbank sinken. Ich riss mich zusammen und setzte mich ebenfalls an den Tisch. Ich würde nicht lockerlassen. Jetzt wollte ich die Wahrheit erfahren. „Was ist?", wiederholte ich. Geknickt gab mein Mann schliesslich zu, dass er süchtig nach Koka und Alkohol war und auch ständig Zigaretten rauchte. Bereits in seiner Kindheit habe er damit angefangen. Er bot ein jämmerliches Bild, wie er da vor mir sass und die Wahrheit gestand. Offenkundig tat es ihm äusserst leid. Aus Verzweiflung kamen ihm sogar die Tränen. „Ich will ja aufhören", jammerte er. „Aber ich schaffe es einfach nicht! Ich brauche deine Hilfe!"

„Gut", sagte ich, froh darüber, etwas tun zu können. Ich überlegte, worin meine Unterstützung bestehen könnte, und erklärte: „Ich werde dich fortan nicht alleine lassen und dich überallhin begleiten. So kommst du nicht mehr in Versuchung." Gesagt, getan. Von nun an folgte ich meinem Mann auf Schritt und Tritt: zum Holzsägen, zum Zusammentreiben des Viehs und auch zum Angeln. Doch bald stiessen wir mit dieser Lebensform an unsere Grenzen. Einerseits fingen wir an, uns durch das ständige Miteinander auf die Nerven zu gehen. Andererseits hatte auch ich meine Aufgaben, die erledigt werden mussten. So kam es immer häufiger vor, dass Werner, gerade wenn ich die Yuca ins heisse Fett gegeben hatte, rief: „Ich sehe nur kurz nach dem neugeborenen Kalb ...", oder: „Ich laufe schnell zu Helmut und bringe ihm seine Säge zurück!" Wohl oder übel musste ich ihn ziehen lassen und konnte nur hoffen ...

Bei der nächstbesten Gelegenheit konfrontierte ich Werners Eltern. „Warum habt ihr mir nie etwas von Werners Problem gesagt?", wollte ich wissen. „Das war nicht fair! Ihr hättet mir davon erzählen müssen, bevor ich ihm das Ja-Wort gab! So hätte ich wenigstens gewusst, worauf ich mich einlasse." Sie liessen die Köpfe hängen und sagten nicht viel. Mein Schwiegervater murmelte: „Am besten wäre es, ihr würdet in eine andere Gegend ziehen. Sonst wird er kaum davon loskommen."

Einige Wochen ging es gut, aber mein Misstrauen war geweckt. Eines Tages beobachtete ich aus dem Fenster, wie Werner, bevor er ins Haus kam, vorsichtig um sich blickte und dann etwas in das hohle Astloch eines Baumes steckte. Kaum bot sich die Gelegenheit, eilte ich hin. Ich griff hinein – und holte einen grossen Beutel mit getrockneten Koka-Blättern heraus! „Ach so ist das!", flüsterte ich. Von nun an begann unser Versteckspiel. Ohne je darüber zu reden, verbarg Werner sein Koka, die Zigaretten und seine kleinen Schnapsflaschen rund ums Haus. Ich wiederum spürte die Verstecke auf und zerstörte die Suchtmittel. Die Verfolgungsjagd fand ein jähes Ende, als die „Ware" einmal genau neben einem Nest gefährlicher Urwaldwespen platziert war. Ahnungslos griff ich nach der Flasche, die zwischen den Zweigen eines grossen Baums klemmte – und scheuchte damit einen ganzen Schwarm dieser Insekten auf, deren Stiche äusserst schmerzhaft sind. Aggressiv verteidigten sie ihre Brutstätte und verstachen meinen Arm und meine Hand dermassen, dass ich sie während Tagen nicht mehr bewegen konnte. Hatte mir mein Mann diese Falle absichtlich gestellt? Auf alle Fälle hörte ich von diesem Zeitpunkt an auf, ihm nachzuspionieren.

Manchmal hörte ich Werner erst in den Morgenstunden das Haus betreten. Wenn ich mich nach dem Grund erkundigte, wich er meinen Blicken aus und gab Antworten wie: „Meine Taschenlampe ist kaputtgegangen und ich hatte keine Ersatzbatterie dabei." Ich glaubte ihm nicht.

Die Situation war verfahren und ich wusste nicht, wie reagieren. Manchmal flüsterte ich meinem Mann nachts zu: „Lass es doch! Es tut dir nicht gut! Du zerstörst dich damit selbst!"

Plötzlich fühlte ich mich einsam. Der abgelegene Hof hatte seine Romantik verloren. Ich hatte keine Sinne mehr für die bunten Farben der Blumen und das fröhliche Gezwitscher der Vögel. Jetzt ärgerte ich mich über das Unkraut in den Beeten und ekelte mich vor den Kröten, die manchmal durch unser Wohnzimmer hüpften. Gelegentlich setzte ich mich auf die Bank vor dem Haus, streichelte meinen Kater Jinks und meinte zu ihm: „Wie brav hast du die Ratten verjagt! Wenn wir bloss etwas finden könnten, das Werners schlechte Gewohnheiten genauso vertreibt …"

Dann entdeckte ich, dass ich schwanger war. Wir freuten uns riesig und fieberten erneut hoffnungsvoll einem Neuanfang entgegen.

„Ein Kind wird Werners Verantwortungsbewusstsein wecken", hoffte ich. Ich hörte auf zu rauchen, nähte Kleidchen und überlegte, wie wir unser Kind nennen wollten. Nach wie vor blieb Werner manchmal lange weg und frönte bestimmt wieder seiner Sucht. Aber ich war so mit meinem heranwachsenden Baby beschäftigt, dass ich dies verdrängte …

Als ich im achten Monat schwanger war, reiste ich auf Mutters Drängen hin nach Lima. „Dort ist die medizinische Betreuung gewährleistet", erklärte sie, „und Tante Guillermina wird sich nach der Geburt um dich kümmern." Ostern stand vor der Tür, und eine katholische Tradition besagt, dass Gott jedem eine Bitte gewährt, der in Lima am Gründonnerstag sieben Kirchen besucht. „Ich werde die Wallfahrt machen", kündigte Guillermina an. „Willst du mich nicht begleiten?" „Warum nicht?", willigte ich ein. So drängten wir uns durch die Menschenmenge, wobei mein dicker Bauch uns half, stets vorgelassen zu werden. In jeder einzelnen Kirche kniete ich nieder und sprach dasselbe Gebet: „Herr, ich bitte dich, dass Werner sich ändert und von seinen Süchten loskommt. Als Gegenzug will ich dir unser Baby weihen." Als ich später Oma Teresa davon erzählte, fand sie mein Gebet merkwürdig. „Wie willst du Gott etwas schenken, was ohnehin ihm gehört?", fragte sie.

Einen Monat später brachte ich Heinz zur Welt. Er war gesund, stramm, hatte eine kräftige Stimme und verfügte über einen gesunden Appetit. Kurz darauf kam Werner, um seinen Sohn zu sehen und uns nach Hause zu holen. Der stolze Vater konnte sich an unserem hübschen Baby kaum sattsehen.

Nach zwei Tagen bei meinen Eltern fuhren wir mit dem Boot wieder zu unserem Hof. Wie schön war es, Mutter zu sein! Ich genoss es in vollen Zügen. Täglich machte unser Sohn Fortschritte, wuchs und lernte etwas dazu. Völlig auf das Baby fixiert, schenkte ich Werners häufiger werdendem Fernbleiben keine grosse Beachtung.

Bald musste Heinz nachts nicht mehr gestillt werden. Nun verlangte ich von meinem Mann, dass er ebenfalls aufstand und nach dem Kleinen schaute, wenn dieser brüllte. „Das ist doch Frauensache!", entrüstete sich meine Schwiegermutter, als sie davon erfuhr. Ich entgegnete: „Es braucht zwei, damit ein Baby zustande kommt – und so braucht es auch zwei, um es zu versorgen!" Sie schüttelte nur den Kopf und murmelte: „Ilse mit ihren modernen Ideen!"

Erneut blieb Werner ganze Nächte weg. Er zog sich immer mehr von mir zurück, interessierte sich weniger für Heinz und fing an, den Hof zu vernachlässigen. Da er die Zäune nicht reparierte, trampelte das Vieh in unseren Garten und frass die Maispflanzen. Dies wiederum hatte zur Folge, dass die Hühner weniger zu fressen hatten und eingingen. Anfangs versuchte ich verzweifelt, der Verwahrlosung des Hofs entgegenzuwirken. Aber ich konnte und wollte nicht alles alleine machen. So konnte es nicht weitergehen. Wir brauchten dringend Hilfe!

Bei unserem nächsten Besuch bei Werners Eltern sprach ich das Thema an: „Wir beide schaffen es alleine nicht! Von mir lässt sich Werner nicht helfen. Manchmal versucht er zwar, von seinen Süchten loszukommen. Aber er wird immer wieder rückfällig", berichtete ich. Werner sass mit hängenden Schultern neben mir. Resigniert fügte er hinzu: „Wenn ich unterwegs bin, treffe ich halt manchmal einen Freund …" Wir alle wussten, dass er nur die halbe Wahrheit sagte. Heinz wurde unruhig und begann zu schreien.

Nachdem ich das Baby beruhigt hatte, verkündete ich: „So kann es nicht weitergehen! Wenn sich nichts ändert, werde ich mich scheiden lassen!" „Auf keinen Fall! Das tut man doch nicht!", ereiferte sich meine Schwiegermutter. „Noch nie hat sich die Frau eines Siedlers von ihrem Mann getrennt!" Sie gehörte zu der Generation, die der Ansicht waren, dass Frauen ihre Ehemänner ertragen müssen, was immer diese auch tun. Doch ich war anderer Meinung. Und alle realisierten, wie ernst mir damit war.

„Ihr müsst weg von hier!", brach mein Schwiegervater schliesslich das Schweigen. Er kaute mittlerweile selten Koka, kannte das Problem seines Sohnes aber nur zu gut. „Werner braucht eine total neue Umgebung. Nur das wird ihm helfen, seine Gewohnheiten zu lassen. Ich werde nach Lima fahren, mit Verwandten und Bekannten sprechen und schauen, ob ich dort eine Arbeit für ihn finde", versprach er.

Tatsächlich reiste Werners Vater nach Lima, kehrte aber unverrichteter Dinge zurück. „Es ist schwierig", erklärte er, als die Familie wieder einmal versammelt war. „Chichi hat die Schule vorzeitig abgebrochen und er verfügt über keine Berufsausbildung …" Meine Schwiegermutter hatte Kaffee gekocht und schenkte allen ein. „Danke", sagte Tato, der dieses Mal ebenfalls dabei war. Dann wandte er sich an uns: „Ich glaube auch nicht, dass es gut ist, wenn ihr beide so abgeschieden wohnt. Weshalb zieht ihr nicht in unsere Nähe? So könnte Werner mit mir zusammenarbeiten und wäre nicht allein. Nicht wahr, Herta?" Seine Frau nickte und lächelte mir zu. Wir Cousinen waren wie Schwestern. Wir kannten uns von klein auf und hatten im Internat und anschliessend bei Tante Guillermina viel miteinander erlebt. Meine beste Freundin, Tato und meine Schwiegereltern in der Nähe zu haben, wäre wunderbar! Sie alle würden uns beistehen im Kampf gegen Werners Sucht. Ich schöpfte Mut.

Pläne wurden geschmiedet und wenige Wochen später wohnten wir bei Ingo, einem Cousin von Werner, der etwa eine halbe Stunde von Tato entfernt wohnte. Da Ingo nicht verheiratet war, führte ich den Haushalt für uns drei und versorgte das Baby. Werner marschierte täglich zu Tato und arbeitete mit ihm zusammen. Zu unserem verlassenen Hof schaute ein Aufseher.

Endlich ging es besser! Wir hatten die Lösung gefunden. Wie genoss ich es, meine liebe Cousine Herta in der Nähe zu haben! Wir besuchten uns gegenseitig, und oft machten wir Handarbeiten oder kochten zusammen, während ihr Töchterchen Carla und Heinz miteinander spielten.

In Werners Verhalten war eine deutliche Verbesserung zu erkennen und ich merkte, wie er sich ebenfalls darüber freute. Bevor wir Heinz zu Bett brachten, hatten die beiden meistens ihre besondere Zeit, wo sie miteinander spielten und herumtobten. Fasziniert verfolgten wir die Fortschritte des Kleinen und waren entzückt, als er „Mama" und „Papa" sagte und anfing zu plappern.

Etwa ein Jahr später überraschte uns Chumpi, Werners Schwester, mit einer Bitte. Sie und Walter wollten nach Lima ziehen und suchten jemanden, der sich um ihren Hof kümmerte. „Wir haben dabei an euch gedacht", kam sie zum Punkt. „Kommt gar nicht in Frage!", stellte ich klar. „Uns geht es hier gut und wir haben nicht die Absicht, wieder wegzuziehen." Chumpi beachtete mich nicht. „Chichi, könnt ihr uns diesen Gefallen nicht tun? Du bist doch mein Bruder! Ausserdem werden wir dir etwas dafür bezahlen." Werner antwortete nicht und ich blieb hart. Nein, auf keinen Fall wollte ich wieder alleine mit ihm auf einen einsamen Hof ziehen. Dafür würde ich kämpfen!

Doch es nützte nichts. Chumpi und Walter besprachen sich auch in meiner Abwesenheit mit Werner, und irgendwann schafften sie es, ihn zu überreden. Mein Mann versuchte meine Bedenken zu zerstreuen. „Es wird gut gehen", beteuerte er. „Ich verspreche dir, meinen neuen Lebensstil beizubehalten." Mir blieb nichts anderes übrig, als zu hoffen, dass er seine Zusicherungen in die Tat umsetzte. Wieder zogen wir um.

Leider trafen nicht seine Versprechen, sondern meine Befürchtungen ein. Nach kurzer Zeit begann Werner aufs Neue, wegzubleiben. Wieder beobachtete ich, wie er seine „Ware" in der Umgebung des Hauses versteckte. Die Wiederholung der Geschichte machte mich gleichzeitig mutlos und wütend. Aber anstatt alles in mich hineinzufressen, ging ich jetzt auf Konfrontation. Kaum betrat Werner das Haus, schmetterte ich ihm meine Enttäuschung und meinen Zorn entgegen. Dann redete ich nicht mehr mit ihm, bis er ausgenüchtert war und um Entschuldigung bat. Er reagierte mal trotzig, mal verärgert, mal deprimiert – aber zuletzt versprach er jedes Mal, es nie wieder zu tun ... bis er einige Tage später erneut verschwand.

Dass Heinz grösser wurde, machte es nicht leichter. Er war nun fast drei Jahre alt. „Wo ist Papa?", fragte er abends, denn er vermisste die frohen Stunden mit seinem Vater. Jedes Mal log ich ihm etwas anderes vor: „Er muss nach dem Kälbchen schauen", schwindelte ich, oder: „Er ist auf der Jagd und bringt uns bestimmt einen leckeren Braten!" Noch konnte ich dem Kind etwas vormachen. Aber wie lange noch?

Wie hatte ich es satt! Jegliche Hoffnung war verschwunden. Aus meinem Mann, den ich so geliebt und bewundert hatte, war ein Fremder geworden, der sein Wort nie hielt, der mir Lügengeschichten auftischte und mit dem ich nicht mehr rechnen konnte.

Auch von Gott war ich enttäuscht. Von Herzen hatte ich ihn auf unserer Wallfahrt angefleht – aber es hatte offensichtlich nichts genützt!

Was hat Werner bloss zu einem offenbar unheilbar Süchtigen gemacht?, grübelte ich in den langen, einsamen Nächten. Ich vermutete den Grund darin, dass er – ob bewusst oder unbewusst – dem Beispiel seines Vaters gefolgt war. Selbstverständlich hatte er seine eigenen Entscheidungen getroffen! Schliesslich war Tato in derselben Familie aufgewachsen und hatte keine Suchtprobleme.

Trotzdem wurde mir immer unwohler beim Gedanken an das Vorbild, das er nun seinerseits Heinz gegenüber abgab.

Meine Ohnmacht und mein Zorn wuchsen und wir stritten immer häufiger. Manchmal gab Werner zurück, schimpfte oder tobte, aber handgreiflich wurde er nie. In mir jedoch brodelte es gefährlich. Als er eines Abends betrunken das Wohnzimmer betrat und mich umarmen wollte, ertrug ich es nicht mehr. „Lass mich!", schrie ich, packte die Kerosinlampe und schleuderte sie ihm entgegen. Beide erschraken gleichermassen über meinen Ausbruch und wir löschten hastig die Flammen, die auf dem Holzboden loderten. Dann verliess Werner das Haus und ich las die Scherben auf, froh, mit meiner Kurzschlussreaktion nicht das ganze Haus in Brand gesetzt zu haben. In diesem Moment wurde mir bewusst, dass nicht nur mein Mann, sondern auch ich dringend Hilfe benötigte.

„Ich werde dich verlassen", verkündete ich, als Werner am folgenden Morgen wieder aufkreuzte. Dieser schüttelte bloss den Kopf, brummte etwas und legte sich schlafen.

Doch mein Entschluss stand fest. Ich hatte jegliche Hoffnung auf Besserung verloren. Ausserdem wollte ich meinen Sohn davor bewahren, seinen Vater ständig in betrunkenem Zustand zu erleben. Und zu guter Letzt hatte ich auch Angst vor meinen eigenen Reaktionen.

Ich würde mich von Werner trennen. Dazu wollte ich mich meinen Eltern anvertrauen und sie um Hilfe bitten. Bis zu jenem Zeitpunkt hatte ich ihnen nie von unseren Schwierigkeiten erzählt. Ich schämte mich. Zudem hinderte mein Stolz mich daran, sie in unsere Probleme einzuweihen. Nun blieb mir nichts anderes übrig, als auf ihren Beistand zu hoffen.

Mittwoch war der Tag, an dem Vater sich um sein Vieh flussaufwärts kümmerte. Dann fuhr er mit seinem Boot an unserem

Hof vorbei, und oft legte er kurz an. Er brachte uns etwas vorbei, spielte mit Heinz oder genoss einfach ein kühles Glas Fruchtsaft.

Heimlich packte ich die wichtigsten Habseligkeiten von Heinz und mir zusammen und trug sie am folgenden Mittwoch zum Ufer. Auch in dieser Nacht war mein Mann weggeblieben und bis jetzt nicht zurückgekehrt. Vielleicht war es besser so. Denn ich würde gehen. Endgültig.

5

Werner

Januar 1983

Als ich nach Hause kam, lag ein Zettel auf dem Tischchen vor der Tür. Er war mit einem Stein beschwert. Da ich die Schrift meiner Frau erkannte, machte ich mir nicht die Mühe, die Nachricht zu lesen. Unwirsch schob ich den schnurrenden Jinks beiseite und betrat die Küche. Wie immer war der Boden gefegt und das Geschirr ordentlich ins Gestell über der Spüle gestapelt. „Ilse?", rief ich. Keine Antwort. Ich hatte mich bereits auf ein Donnerwetter meiner Frau gefasst gemacht und stellte erleichtert fest, dass sie sich nicht im Haus befand. Bestimmt schaute sie mit Heinz die Kühe an oder pflückte Papayas. Ich legte mich hin. Der Konflikt war unausweichlich, aber bis dahin konnte ich mich noch etwas ausruhen. Erst als es dämmerte, beschlich mich eine dunkle Ahnung. Normalerweise bereitete Ilse um diese Zeit das Abendessen zu. Wo sie bloss steckte? „Hör mal!", rief ich einem Einheimischen zu, der am Flussufer arbeitete. „Hast du meine Frau gesehen?" „Die ist gegangen", antwortete er, „ihr Vater hat sie abgeholt."

Was hatte er da gesagt? Nur langsam begriff ich seine Worte. Aber hatte ich den Indianer auch richtig verstanden? Ich betrat unsere Schlafstube und sah, dass Ilses Kleider fehlten. Dann schaute ich ins Kinderzimmer, wo ebenfalls alles leer war. Sie waren tatsächlich weg!

Ich hatte keine Ahnung, was ich tun sollte. Ich war völlig übermüdet und immer noch alkoholisiert, hatte ich die letzte Nacht doch auf der Jagd verbracht. So legte ich mich aufs Bett, um zu überlegen.

Erst als ich aus dem Rausch erwachte, sackte die Bedeutung dessen, was geschehen war, in mein Bewusstsein. Meine Frau hatte mich verlassen! Sie hatte mich sitzen lassen! Zugegeben – Ilse hatte mich mehr als einmal gewarnt. Aber ich hatte ihr nicht geglaubt. Sich trennen, das tat man nicht. Das tat niemand. Nicht so meine Frau. Sie hatte ihre Drohung wahr gemacht.

Plötzlich übermannte mich eine unbeschreibliche Traurigkeit. Laut schluchzend lief ich durch unser ausgestorbenes Haus. Fassungslos starrte ich ins leere Bettchen von Heinz. Aus der Küche vernahm ich weder Geschirrklappern noch Radiomusik. Es stand auch kein reichhaltiges Essen für mich bereit. Kim stiess mich mit seiner Schnauze an, und auch draussen verlangten die Tiere muhend, grunzend und gackernd, dass man sie versorgte. Ilse würde es nicht tun. Sie war gegangen.

Später sass ich am Fluss und brütete vor mich hin. Wild gurgelte und schäumte der Strom an mir vorbei. Unbarmherzig riss er alles mit, was ihm in den Weg kam. Nur gut, war mein Boot gut vertäut! Aber Ilse, Ilse war weg. Ärger über sie wollte aufflammen, doch sogleich fiel er wieder in sich zusammen. Ich wusste: Die Schuld an dieser Situation trug alleine ich. Ich war es, der meinen Lastern frönte. Ich war es, der meine Versprechen nicht einhielt. Ich war es, der keine Hilfe suchte. Ich hatte das Fass zum Überlaufen gebracht.

Dabei wollte ich meine schlechten Angewohnheiten lassen. Wirklich! Jedes Mal, wenn ich getrunken hatte, bereute ich es am folgenden Tag. Ich dachte: „So kann es nicht weitergehen! Was wird aus uns werden? Ilse ist so traurig und bedrückt! Ich sollte mich um sie, mein Kind und den Hof kümmern! Nun werde ich ein für alle Mal aufhören!" Aber zwei, drei Tage später tat ich es wieder. Es war die Sucht. Mein ganzes Wesen verlangte nach den Substanzen. Und ich gab nach … wieder und wieder und wieder!

Am Anfang unserer Ehe hatte ich mich zusammengerissen und meine „Ausflüge" immer geschickt vertuscht. Es dauerte eine ganze Weile, bis Ilse mir auf die Schliche kam. Von da an ging es bergab. Erst nachdem wir in die Nähe von Tato zogen, konsumierte ich weniger. Durch die Zusammenarbeit mit meinem Bruder fand ich fast keine Gelegenheiten mehr, zu den Indianern zu entwischen oder unter einem Vorwand im Urwald herumzustreifen. Ja, in jenem Jahr war alles besser. Ilse blühte auf und Heinz liebte mich ebenso sehr wie ich ihn. Warum hatte ich Chumpi und Walter bloss nachgegeben und war hierhergezogen! Ich hätte wissen müssen, dass ich nicht stark genug war.

Nun hatte meine Frau die Konsequenzen gezogen. Was würden bloss meine Verwandten sagen? Wie würden meine Eltern reagieren … und erst die Schwiegereltern?

Stundenlang hängte ich meinen dunklen Gedanken nach, unfähig, etwas zu unternehmen. Plötzlich hatte ich eine Idee: Ich würde Ilse zurückerobern! Ich würde zu ihr gehen, ihr sagen, wie sehr ich alles bereute, und sie inständig bitten, zu mir zurückzukehren. Bestimmt wollte sie mich nicht wirklich verlassen, sondern mir lediglich einen Denkzettel verpassen. Wahrscheinlich wartete sie bloss darauf, dass ich sie zurückholte.

Endlich wusste ich, was zu tun war! Ich wusch mich, zog ein sauberes Hemd an und machte mich auf den Weg zum Campo.

Dort angekommen, betrat ich den Laden und liess ausrichten, dass ich Ilse zu sprechen wünsche. Nervös setzte ich mich auf die Bank im Garten und wartete. Auf dem Boden versuchte ein kleiner Tukan, den harten Kern einer Aguajefrucht aufzupicken. Es wollte und wollte ihm nicht gelingen. Einige Minuten später trat meine Frau aus dem Haus, Heinz an der Hand. „Papa!", rief dieser und wollte auf mich zustürmen. Ilse liess ihn mich umarmen, zog ihn dann aber zu sich zurück. Ihr Gruss war kühl und distanziert. „Komm zurück …", stammelte ich, „vergib mir …" Ich wollte ihr meine guten Vorsätze vorbringen, aber sie unterbrach mich. „Es ist vorbei. Ich vergebe dir, aber zurückkehren werde ich nicht." Abrupt drehte sie mir den Rücken zu und verschwand mit Heinz im Haus. Wieder sass ich alleine im Garten. Der bunte Tukan war davongeflogen. Der Kern lag noch da.

Ich versuchte es bei Ilses Eltern. Aber auch da war nichts zu machen. Auf ihren Gesichtern lag tiefer Schmerz und ich spürte, wie leid ihnen diese Situation tat. Doch sie stellten sich fest hinter den Entscheid ihrer Tochter. „Ilse wird nach Lima gehen", eröffnete mir Doña Emma. „Und was immer sie dort anfangen wird – wir werden sie unterstützen."

Als ich zum Boot zurücklief, konnte ich die Tränen nicht länger zurückhalten. Was für ein miserabler Ehemann und Vater war ich doch, und was für ein Feigling! Unzählige Chancen hatte ich verstreichen lassen, um für meine Ehe und meinen Sohn zu kämpfen – jetzt hatte ich beides verloren.

Zu Hause angekommen, besorgte ich zuerst sehr viel Koka und sehr viel Schnaps. Dann ging ich in den Urwald, wo ich mich sinnlos berauschte und besoff. Nach langer Zeit kehrte ich nach Hause zurück. Ich heulte, trank weiter und sank ab und zu in einen unruhigen Schlaf. Manchmal erwachte ich, aber sobald ich mich an das Geschehene erinnerte, griff ich erneut zur Flasche.

Jemand schüttelte mich. „Bruder!" Ich erkannte Tato, der mit besorgter Miene die vielen Flaschen aus dem Weg räumte. Mühsam erhob ich mich und wir setzten uns auf die Bank vor dem Haus. „Ich habe erfahren, was geschehen ist!", brach er das Schweigen. Würde er mich jetzt anschreien oder ausschimpfen? Ich schloss die Augen. Ich würde es nicht ertragen, von jemandem zu hören, was ich mir selbst pausenlos vorwarf. Wieder konnte ich meine Tränen nicht zurückhalten. „Sie hat mich verlassen", wimmerte ich. Ohne etwas zu sagen, legte Tato seinen Arm um meine Schultern und weinte mit mir. Schliesslich stand er auf und schüttete das Glas Rum weg, das noch auf dem Tisch stand. „Hier kannst du nicht bleiben", meinte er. „Komm, wir gehen zu mir nach Hause." „Und der Hof?", zögerte ich. „Ich werde mich darum kümmern", versicherte er. „Komm jetzt."

6

Ilse

Januar 1983 – Dezember 1985

Meine Eltern reagierten sehr betrübt, als sie erfuhren, was ich in den vier Jahren unserer Ehe erlebt hatte. Sie mochten Werner sehr, und dass wir bereits ein Kind hatten, machte die Situation noch komplizierter. Papa, äusserlich ein sehr strenger, nüchterner Mann, kämpfte mit den Tränen. Mama ging es wie immer praktisch an: „Gut", meinte sie, „wir stehen hinter deinem Entschluss. Aber wenn du dich von Werner trennen willst, kannst du unmöglich hier im Tal bleiben. Die Siedler werden dir das Leben zur Hölle machen. Alle werden dich kritisieren, verpönen und ächten. Und keiner wird dir Arbeit geben." Das hatte ich mir auch schon überlegt. „Ich will mit Heinz nach Lima", erklärte ich, „dort finde ich hoffentlich einen Job."

Etwa zehn Tage blieb ich bei meinen Eltern. Einmal fuhr ich mit meinem Vater zu unserem Hof zurück, um meine Nähmaschine und einige andere persönliche Dinge zu holen, die ich in der Aufregung vergessen hatte. Ich war froh, dass Werner nicht da war und uns eine Begegnung erspart blieb. Später kam er bei uns vorbei, um mich zur Rückkehr zu bewegen, ein andermal versuchte es meine Schwiegermutter. Aber meine Entscheidung stand fest.

Die Reise nach Lima bezahlten meine Eltern. Ich war ihnen dankbar, aber es war mir wichtig, so schnell wie möglich selbst Geld zu verdienen. Sie sollten nicht für mich aufkommen müssen. Und nie würde ich Werner um Geld bitten! Das liess mein Stolz nicht zu. Ich wollte selbständig und unabhängig sein.

In Lima wurde ich einmal mehr liebevoll von Tante Guillermina und Onkel José aufgenommen. Ich begab mich sofort auf Arbeitssuche. Obwohl ich meine kaufmännische Ausbildung noch nicht abgeschlossen hatte, suchte ich eine Stelle auf dem Büro. Endlich schien es bei einer Versicherungsgesellschaft zu klappen.

Doch ausgerechnet am Morgen des Vorstellungsgesprächs hatte ich Fieber und musste mich übergeben. „Du bist ja ganz gelb im Gesicht!", meinte Guillermina. Alle meine Hoffnungen und Pläne schwanden, als der Arzt Hepatitis A diagnostizierte. Wie er mir erklärte, ist diese Leberentzündung zwar nicht lebensbedrohlich, aber der Genesungsprozess währt Wochen, wenn nicht gar Monate. Von Arbeit konnte vorerst also nicht die Rede sein. Niedergeschlagen hütete ich das Bett. Wenigstens hatten Heinz und ich ein Dach über dem Kopf!

Dann erfuhr ich, dass Werners Verwandtschaft mir meinen Sohn wegnehmen wollte. Da unsere Familien eng miteinander verwoben sind, vernahm ich über meine Tanten die Gerüchte, die über mich im Umlauf waren. „Ilse mag das einfache Leben im Urwald nicht", wurde gesagt, und: „Sie ist nach Lima gegangen, um dort ein leichtes Leben zu führen!" Man wollte mich für „bösartiges Verlassen des Heims" verklagen und mir damit das Sorgerecht für Heinz entziehen. Ich weiss nicht, was mehr wehtat: die Bauchschmerzen, die finanziellen Sorgen oder diese bösartigen Unterstellungen und die Befürchtung, meinen Sohn zu verlieren. Trotz Schwäche und Kraftlosigkeit suchte ich einen Anwalt auf, um die Scheidung einzureichen. Ich musste Werner zuvorkommen! Denn wenn feststand, weshalb es zur Trennung gekommen war, würde das Sorgerecht hoffentlich mir übertragen werden.

Nach zwei Monaten kam Werner nach Lima. Er rief an und sagte, er wolle uns treffen. Zwar hatte ich keine Lust, ihn zu sehen, aber immerhin konnten wir gleich einige Dinge beim Anwalt regeln. Ich merkte, wie nervös er war, und bald stellte sich heraus, dass er im Grunde gar nicht die Absicht hatte, mir Heinz wegzunehmen. Er war sich seiner Schuld voll bewusst und versprach, alle Papiere zu unterschreiben, die der Anwalt ihm vorlegen würde. Offenbar wurde er von seinen Geschwistern beeinflusst, die auf diese Weise Druck auf mich ausüben wollten. Auf wen würde er letztlich hören? Wie handeln? Ich traute der Sache nicht.

Als Werner mich bat, mit Heinz spielen zu dürfen, erlaubte ich es deshalb nur zögernd und unter der Bedingung, dass er zu Tante Guillermina kam. Der kleine Junge war überglücklich, seinen Papa zu sehen. Strahlend untersuchte er das grosse Spielzeugauto, das dieser ihm mitgebracht hatte. „Papa, wann sind wir wieder zusammen?", hörte ich Heinz fragen. „Bald mein Sohn, bald!", antwortete dieser. Doch das würde nicht eintreffen. Dafür wollte ich sorgen. Ich war froh, als er endlich wieder weg war.

Heinz fiel die Umstellung in die Stadt sehr schwer. Im Gegensatz zum satten Grün des Urwalds war in Lima alles grau in grau. Statt fröhlichem Vogelgezwitscher hörte man ständigen Verkehrslärm, der frischen Brise war Abgasgestank und Smog gewichen. Vorbei war es mit der Freiheit, am Fluss, im Garten oder mit den Tieren zu spielen. Stattdessen musste sich mein Sohn fast immer in den engen Räumen von Häusern aufhalten. Heinz vermisste die Natur, seine gewohnte Umgebung – und seinen Vater! Immer und immer wieder fragte er nach ihm. Was sollte ich dem Kleinen nur sagen? „Papa will ein Haus für uns bauen", log ich schliesslich. „Wenn er damit fertig ist, werden wir zurückkehren." Mit dieser Antwort gab sich der Dreijährige zufrieden. Damit war erst mal Zeit gewonnen. Die Wahrheit würde ich ihm später erklären.

Nach etwa drei Monaten hatte ich mich genügend erholt, um einer Arbeit nachgehen zu können. Wieder machte ich mich auf Stellensuche, aber ohne Beziehungen war es fast unmöglich, etwas zu finden. Schliesslich erklärte sich ein Cousin bereit, mich zu beschäftigen. Er führte ein kleines Geschäft, das Stoffe für Tapezierarbeiten verkaufte. Ich sollte den administrativen Bereich übernehmen. Erleichtert, überhaupt etwas zu haben, nahm ich das Angebot an, obwohl das Gehalt äusserst gering und die Arbeitszeiten sehr lang waren. Viele Stunden verbrachte ich im Geschäft, dankbar, dass Tante Guillermina zu meinem Sohn schaute. Langfristig war das aber keine Lösung. Oft plagten mich Unruhe und Unsicherheit, wie Heinz und ich über die Runden kommen würden.

An den Wochenenden kam Tante Martha manchmal vorbei. „Ilse, wir besuchen sonntags immer einen Gottesdienst. Willst du uns nicht begleiten?", lud sie mich ein. „Leider geht es nicht ..." Geschickt schob ich Ausreden und Entschuldigungen vor. Mit Gott wollte ich nichts mehr zu tun haben. Ich verstand ihn nicht. Wofür bestrafte er mich? Ausserdem war ich wütend auf Werner und seine Sippschaft, die mich so hinterhältig behandelte und Lügengeschichten über mich erzählte. Ich hatte keine Lust, in der Kirche zu sitzen und zu heucheln ...

Mein Leben war zu einer schweren Bürde geworden. Da mein Einkommen nur ganz knapp reichte, bot mir Onkel José an, *Alfajores*-Kekse für sein Restaurant zu backen. So stand ich jeden Morgen vor 5.00 Uhr auf und stellte mich in die Küche. Dann versorgte ich Heinz, ging zur Arbeit und kehrte erst spätabends nach Hause zurück. „Ich will zu Papa!", quengelte der Kleine oft. „Wann gehen wir endlich wieder zu ihm?" Ihn ständig anzuschwindeln, belastete mich zusätzlich.

„Wir beginnen mit einem Bibelkurs über das Matthäus-Evangelium", berichtete Tante Martha bei einem ihrer nächsten Besuche. „Hast du nicht Lust, mitzumachen?" Widerstrebend willigte ich ein. Mein Alltag war so anstrengend, dass ich jeden Abend erschöpft ins Bett sank. Ich hatte weder Kraft noch Energie für zusätzliche Aktivitäten. Andererseits hatte ich seit jeher gerne dazugelernt. Allerdings – die Heilige Schrift selbst einmal zu erforschen, wäre bestimmt interessant. „Okay", willigte ich schliesslich ein und besuchte zusammen mit einigen Teilnehmern donnerstagabends den Unterricht bei Pastor Steven. Von Anfang an war ich fasziniert von Jesus Christus, der mich mit seiner praktisch gelebten Weisheit und Güte immer wieder überraschte. Mir wurde bewusst, dass es sich bei ihm nicht bloss um das niedliche Baby auf Marias Schoss handelte, das ich von den Bildern und Statuen her kannte. Nein, weder Maria noch die Heiligen – Jesus war die Hauptperson der Bibel! Mit ihm musste man sich auseinandersetzen! Ich schmunzelte: Hatte ich als Jugendliche also recht gehabt mit meiner Skepsis den Heiligenbildern gegenüber?

Ganz neu war jedoch ein anderer Gedanke für mich: Die Nonnen hatten uns beigebracht, dass wir jeden Tag eine gute Tat vollbringen mussten, um in den Himmel zu kommen. „Ihr müsst brav sein und gute Werke tun!", pflegten sie zu sagen. Bis anhin hatte ich immer versucht, mich so gut wie möglich an diese Regel zu halten. Im Gegensatz dazu stand in der Bibel, dass für die Errettung allein der Glaube an Jesus Christus galt. Konnte es so einfach sein? Als ich Pastor Steven einmal danach fragte, erklärte er: „Wir Menschen irren, wenn wir meinen, das ewige Leben aus eigener Kraft verdienen zu können. Dazu sind wir Sünder gar nicht in der Lage. Die wahre Erlösung ist nur deshalb möglich, weil Christus unsere Schuld stellvertretend auf sich genommen hat. Als er am Kreuz starb, hat Er das ‚Werk‘ getan!" Immer wieder gingen mir diese Worte durch den Kopf.

„Werner hat angerufen", berichtete mir Tante Guillermina eines Abends. „Er ist in der Stadt und möchte euch besuchen." O weh! Aber natürlich konnte ich ihm nicht verweigern, seinen Sohn zu sehen. Ausserdem wünschte Heinz nichts sehnlicher, als mit seinem Papa zusammen zu sein. Als Werner schliesslich kam, brachte er das modernste Spielzeugflugzeug mit, das in Lima wohl erhältlich war. Mir gab er nichts. Nachdem er gegangen war, bemerkte Tante Guillermina sarkastisch: „Was für ein Benehmen: Seinem Sohn schenkt er unnötig teures Spielzeug – aber für die Milch, die der Junge wirklich braucht, musst du ganz alleine aufkommen!" Auch ich war verletzt, und in meinem Stolz nahm ich mir einmal mehr vor: Nie würde ich Werner um Unterhalt bitten! Lieber wollte ich Tag und Nacht arbeiten! Als er ein paar Tage später mit einem bunten Set von Bauklötzen aufkreuzte, stieg erneut die Wut in mir empor. Da ich es kaum aushielt, mich im selben Raum wie Werner aufzuhalten, suchte ich einen Vorwand und liess Vater und Sohn allein. Ich fand es einfach abstossend, wie er Heinz mit seinen Geschenken „kaufen" wollte. Endlich fuhr Werner in den Urwald zurück. Ich war erleichtert. Die Begegnung hatte mich in meinem Vorsatz bestärkt, die Trennung so rasch wie möglich voranzutreiben.

Erneut wurde ich krank. Heinz hatte im Kinderhort die Windpocken aufgelesen und mich damit angesteckt. Als ich die ersten roten Flecken entdeckte, erzählte ich meinem Cousin davon. „Geh sofort nach Hause und bleib dort, nicht dass du das auch noch auf mich überträgst!", schimpfte er und fuhr fort: „Und jetzt? Wer macht deine Arbeit? Ich muss wohl jemand anderen finden!" Damals hatte ich, wie die meisten Angestellten in Lima, keinen festen Arbeitsvertrag, geschweige denn Urlaubs- oder Krankengeld. Zu Hause im Bett bedrückten mich deshalb zusätzliche Befürchtungen: Nicht nur würde ich eine Weile lang nichts verdienen. Ich war auch nicht sicher, ob mich mein Cousin in der Zwischenzeit durch eine andere Person ersetzen würde. Sorge und Unruhe waren zu meinen ständigen Begleitern geworden.

Endlich kam ich auf die Beine und war dankbar, dass ich die Tätigkeit im Tapeziergeschäft wieder aufnehmen durfte. Einige

Wochen später kam Tato zu Besuch. Der gute Tato! Er hatte Werner bei sich aufgenommen und arbeitete mit ihm zusammen. „Wie geht es ihm?", erkundigte ich mich, ohne es wirklich wissen zu wollen. „Er vermisst euch sehr", berichtete er. „Er arbeitet hart und strengt sich sehr an, um seinen Süchten Herr zu werden. Er geht auf fast kein Fest mehr und auch die Indianer besucht er selten ..."

An einem Kursabend lud Pastor Steven zu einer besonderen Veranstaltung am kommenden Sonntag ein. „Warum nicht?", dachte ich und ging mit Tante Martha hin. Im Kreise dieser Christen fühlte ich mich angenommen und wohl. Sie waren sehr freundlich und einige kannte ich bereits vom Bibelkurs. Als der Pastor zur Bibel griff und über Gottes Wort zu reden begann, freute ich mich. Je mehr ich von Jesus lernte, desto beeindruckter war ich von ihm. Mit wie viel Weisheit, Feingefühl und Liebe war er den Menschen seiner Zeit begegnet! Ich zweifelte nicht daran, dass er Gottes Sohn war ...

„Kommet her zu mir alle, die ihr mühselig und beladen seid. Ich will euch erquicken", riss mich der Redner aus meinen Gedanken. Er forderte uns auf, diese Stelle im Matthäusevangelium aufzuschlagen. Schnell blätterte ich zu besagtem Kapitel elf, suchte den Vers 28 und tatsächlich: Das hatte Jesus gesagt! In diesem Augenblick realisierte ich, dass seine Worte nicht nur den Leuten vor zweitausend Jahren galten. Sie waren auch an mich gerichtet, heute, ganz persönlich. „Jesus lebt, und er lädt dich zu sich ein! Er will deine Schuld vergeben und dir ewiges Leben schenken. Er will deine Last abnehmen", fuhr der Pastor fort. Wie sehnte ich mich danach, meine ganze Not abgeben zu dürfen! Wie schön wäre es, mich nicht mehr so einsam zu fühlen! Gleichzeitig wusste ich, dass dieser Schritt auch bedeutete, Jesus meine Wut, meinen Stolz und all meinen Eigensinn als Sünde zu bekennen und loszulassen. Schliesslich richtete ich mich auf. Doch, das wollte ich tun! Als der Pastor am Ende seiner Botschaft fragte, ob sich jemand entschieden habe, Jesus als seinen Herrn und Erlöser anzunehmen, hob ich die Hand.

Bei nächster Gelegenheit suchte Pastor Steven das Gespräch mit mir. Er beantwortete alle meine Fragen und ermutigte mich, die neu begonnene Beziehung zu Jesus täglich zu pflegen. „Du wirst im Glauben wachsen, wenn du Gottes Wort liest, umsetzt und im Gebet mit ihm sprichst", erklärte er. Anschliessend stellte er mir seine Frau Nancy vor, die wie er aus Amerika kam. Sie war ebenfalls sehr freundlich, aber viel ruhiger und zurückhaltender als ihr leutseliger Gemahl. „Und was ist eigentlich mit deinem Mann?", erkundigte sich Steven und warf einen Blick auf Heinz, der gerade mit seinen Buben Freundschaft schloss. Dankbar für das Interesse erzählte ich dem Pastor die ganze Geschichte. Als ich geendet hatte, nickte er und sagte: „Jetzt verstehe ich, weshalb du alleine hier bist! Ich kann dir nachfühlen und glaube, dass dein entschlossenes Verhalten Werner zum Nachdenken bringt. Nun wollen wir beten, dass auch er Christus in sein Leben aufnimmt. Dann ist Veränderung möglich. Ilse, es gibt Hoffnung!"

Die neue Beziehung zu Jesus veränderte mein Leben von Grund auf. Ein nie gekannter, tiefer Friede kehrte in mein Herz ein. Langsam wichen die ständigen Sorgen, ob mein kleiner Verdienst wohl reichen würde. Sie machten dem festen Vertrauen Platz, dass Gott Heinz und mich mit allem Nötigen versorgen würde. Auch der ständige Groll und die Bitterkeit gegenüber Werners Verwandtschaft verschwanden. Ich wunderte mich selbst, als ich eines Tages sogar Verständnis für ihr Verhalten aufbrachte. Bestimmt wollten sie ihrem „Chichi" bloss helfen – und hatten sich in ihrer Unwissenheit ein völlig falsches Bild unserer Situation gemacht. Selbst die verzweifelte Hoffnungslosigkeit, was Werner betraf, liess mit der Zeit nach. So wie ich Christus erlebte, wusste ich: Dieser Jesus konnte auch Werners Leben ändern!

Selbstverständlich gab es noch immer viele Schwierigkeiten. Mittlerweile war ich mit meinen Schwestern Nelly und Anny in das leere Haus einer Cousine gezogen. Jeden Morgen brachte ich Heinz sehr früh in den Kinderhort und Anny holte ihn wieder ab. Wenn ich spätabends von der Arbeit nach Hause kam, weinte der Kleine regelmässig und jammerte: „Mama, du bist nie da! Ich will, dass du mich abholst!" Er hatte ja recht. Ich hatte wirklich wenig Zeit für ihn, und das war nicht gut.

Schon seit einiger Zeit hatte ich mit dem Gedanken gespielt, zu Hause eine kleine Nähwerkstatt einzurichten. So wäre ich tagsüber zu Hause und könnte mich selbst um meinen Sohn kümmern. Aber ob ich genug Geld erwirtschaften würde? Ich betete um Gottes Hilfe und Führung. Schliesslich wagte ich den Schritt. Ich kündigte bei meinem Cousin und richtete im Erdgeschoss unseres Hauses eine kleine Werkstatt ein. Kurz darauf begann ich, mit meiner Nähmaschine Kinderkleider zu produzieren: Ich nähte kleine Hemden, Höschen und Röckchen, die ich anschliessend im Bekanntenkreis verkaufte. Da ich mich schon immer fürs Nähen interessiert hatte, besass ich eine ganze Sammlung von guten Schnittmustern. Tante Guillermina half mir, wenn ich nicht mehr weiterwusste. Sie zeigte mir auch, wie man die Vorlagen auf andere Grössen anpasste, und brachte mir viele Tricks und Handgriffe bei. Ich arbeitete pausenlos. Der Verdienst reichte nur gerade fürs Nötigste, aber wenigstens war ich zu Hause und konnte zu meinem Kind schauen.

Inzwischen lebten wir schon über ein Jahr in Lima. Etwa alle fünf Monate kam Werner, um uns zu besuchen. Wie mir zu Ohren gekommen war, hatte er sich tatsächlich gebessert. Ich betete nun regelmässig für ihn, und wenn Heinz wieder einmal drängte, wann wir denn zu Papa zurückkehren würden, sagte ich: „Wenn unser Haus fertig ist ..." und fügte in Gedanken hinzu: „... und wenn Gott sein Herz verändert hat." Nun überkamen mich nicht mehr Zorn und

Bitterkeit, sobald ich an Werner dachte. Ich sah ihn nicht mehr als meinen gescheiterten Ehemann, sondern als einen Menschen, der unter Suchtproblemen litt und dringend Gottes Hilfe benötigte.

Trotzdem war ich überrascht, sogar Freude zu verspüren, als seine Stimme am Telefon wieder einmal verkündete, er befände sich in Lima und würde uns gerne besuchen. Diesmal erlaubte ich ihm, Heinz tagsüber mit sich zu nehmen. Als ich den Kleinen abends im Haus von Chumpi abholte, fasste ich mir ein Herz und lud Werner zum Sonntagsgottesdienst ein. Erstaunt sah er mich an, lächelte und sagte spontan zu.

Der kleine Heinz war überglücklich, Zeit mit seinem Papa zu verbringen. Ich wiederum fand kaum Schlaf vor Aufregung darüber, dass Werner unsere evangelikale Kirchengemeinde besuchen würde. Endlich war es so weit. Gemeinsam betraten wir das Lokal und ich stellte ihn Pastor Steven vor. Bereitwillig nahm Werner die Bibel, die ihm der Pastor entgegenstreckte. Wir setzten uns in eine der hinteren Reihen. Heinz machte es sich auf Werners Schoss bequem und verkündete seinen Freunden stolz, dass dies sein Papa aus dem Urwald sei. Als die Kinder in die Sonntagschule gingen, schloss er sich ihnen nur widerstrebend an.

Inzwischen hatte die Predigt begonnen. Ich bekam nichts von deren Inhalt mit, war ich doch völlig damit beschäftigt, Werner aus den Augenwinkeln heraus zu beobachten. Wie kam das Gesagte bei ihm an? War er interessiert? Jedenfalls schien er aufmerksam zuzuhören. Meine Gedanken überschlugen sich: Wie schön wäre es, wenn Werner ebenfalls sein Leben Jesus übergeben würde! Bestimmt könnte er dann seine Sucht besiegen! Und dann wäre vielleicht sogar ein Neuanfang mit uns beiden möglich …

Schon war die Predigt zu Ende und Steven fragte wie üblich, ob jemand den Entscheid gefällt habe, sein Leben Jesus zu übergeben. Als mein Mann sich meldete, konnte ich es kaum glauben. Ich hatte damit gerechnet, dass er sich wie ich einige Zeit mit der Botschaft der Bibel auseinandersetzen würde. Aber er wollte offensichtlich gleich jetzt einen Anfang mit Jesus machen. Mein Herz jubelte. Während der Pastor noch einige Informationen zum Wochenprogramm der Gemeinde weitergab, ergriff ich Werners Hand und flüsterte ihm ins Ohr, wie sehr ich mich freute. Er strahlte.

Nach dem Gottesdienst ging Steven auf Werner zu. Diskret begann ich ein Gespräch mit einer Freundin, beobachtete aber, wie der Pastor ihm auf die Schulter klopfte und ihn zu einem Gespräch einlud. „Wie gut!", dachte ich. „Nun wird mein Mann Hilfe kriegen." Kurz darauf verabschiedeten Heinz und ich uns von Werner. Wir würden ihn eine Weile nicht mehr sehen, stand seine Rückreise nach Isco doch kurz bevor. „Ich besuche euch bald wieder!", versicherte er, während er Heinz ein letztes Mal fest an sich drückte.

Ich brannte darauf, Steven zu treffen und zu erfahren, wie seine Begegnung mit Werner verlaufen war. „Du hast einen grossartigen Mann", meinte dieser. „Er bemüht sich sehr, euch zurückzugewinnen. Ich glaube, er ist als Jugendlicher in diese Alkoholgeschichte hineingeraten und hatte einfach nicht die Kraft, davon loszukommen ..." Die Worte des Pastors waren Balsam für meine Seele. Er fuhr fort: „Werner hat nun einen ersten Schritt getan. Aber hab Geduld! Warte ab, bis du klare Anzeichen einer wahren Veränderung siehst. Kehre auf keinen Fall zu früh zu ihm zurück!"

Wie versprochen kam Werner bald danach erneut nach Lima. Er besuchte den Gottesdienst und ich sah, wie Pastor Steven sich um ihn kümmerte. Als er Heinz und mich besuchte, wartete er mit einer neuen Überraschung auf: Tato hatte vorgeschlagen, dass wir auf seinem Grundstück unser eigenes Haus bauten. Damit wäre ein für alle Mal gewährleistet, dass unsere beiden Familien zusammenbleiben würden. Ich konnte mein Glück kaum fassen. Meine kühnsten Träume wurden wahr: Mein Mann hatte seine alten

Gewohnheiten aufgegeben, und gemeinsam würden wir in einem positiven Umfeld ein neues Leben beginnen. In Gedanken malte ich mir unsere Zukunft bereits aus. Werner schien meine Gedanken zu erraten: „Zeichne Pläne für die Raumeinteilung des Hauses!", forderte er mich auf, „dann kann ich schon bald damit beginnen!"

Als er weg war, rief ich den Scheidungsanwalt an und bat ihn, das Verfahren einzustellen. „Wir haben uns versöhnt", teilte ich ihm mit. Heinz blühte auf bei der Aussicht, dass Papa unser Haus nun tatsächlich baute. „Gott hat unser Gebet erhört. Nicht wahr, Mama?", meinte er eines Abends, als ich ihn zu Bett brachte. Ich strich über sein blondes Haar. „Ja, mein Junge", flüsterte ich und drückte ihm einen dicken Gute-Nacht-Kuss auf die Stirn.

„Wann kommst du zurück?", erkundigte sich Werner vorsichtig bei einem seiner nächsten Besuche. Natürlich hatte ich mir auch schon Gedanken darüber gemacht. „Ich glaube, Heinz sollte das Schuljahr hier noch beenden", erklärte ich. „Danach könnten wir reisen." Werners Augen leuchteten. „Ich freue mich", meinte er und umarmte mich.

7

Werner

Januar 1983 – Dezember 1985

In den ersten Tagen bei Tato ging es mir hundsmiserabel. Ich war wie betäubt und es fiel mir äusserst schwer, mich zur Arbeit aufzuraffen. Ständig sah ich Ilse vor mir, wie sie mir erklärte, sie wolle Heinz nicht bei einem betrunkenen Vater aufwachsen lassen. „Ich werde dich verlassen", hatte sie angekündigt, „und wenn du dich nicht änderst, komme ich nicht zurück." Dann wieder liefen unsere glücklichen Momente vor meinem inneren Auge ab. Ich vermisste Ilse und meinen Sohn so sehr! Sollte dies wirklich alles vorbei sein? Mein Kummer, meine Trostlosigkeit und meine Pein lähmten mich dermassen, dass ich nicht einmal die Kraft aufbrachte, Suchtmittel zu beschaffen.

Tato und Herta waren sehr gut zu mir. „Werner, du hast eine wunderbare Frau verloren. Ich verstehe, dass du dich nach Ilse und Heinz sehnst", meinte Tato einmal, als wir zu dritt am Tisch sassen. Lustlos stocherte ich im Reisgericht herum, das seine Frau liebevoll zubereitet hatte. Er wartete, bis ich ihn ansah, und lächelte mir aufmunternd zu: „Du bist mein Bruder und du kannst immer mit unserer Unterstützung rechnen!"

Einige Tage später hielt ich es nicht mehr aus. Ich fuhr zum Campo, um mich bei meinen Schwiegereltern nach Ilse zu erkundigen. „Sie ist in Lima und sucht Arbeit", berichtete Doña Emma, „Heinz ist wohlauf, aber er fragt oft nach dir."

Von nun an arbeitete ich mit meinem Bruder zusammen. Ich berauschte mich kaum noch, aber mein Herz war beherrscht von

Trübsinn, Wehmut und Bitterkeit. Ständig machte ich mir Vorwürfe und schalt mich über meine Unfähigkeit, meine Laster zu besiegen. Unablässig kreisten meine Gedanken um Frau und Kind. Wie sehr sehnte ich mich nach ihnen!

Nur wenige Wochen nach Ilses Weggang vernahm ich über Edmundo, meine Frau wolle die Scheidung einreichen. Ich erstarrte. Ilse beabsichtigte die Scheidung?! Das hatte ich nicht erwartet. Was hatte sie bloss dazu veranlasst? Ich erzählte Tato davon: „Ich möchte mich nicht von Ilse scheiden lassen!", klagte ich. „Ich weiss, ich war ein schlechter Ehemann. Aber ich möchte sie nicht verlieren!" Tato spornte mich an: „Schau zu, dass du dich besserst! Dann gibt sie dir vielleicht noch eine Chance ..."

Ich musste sie sehen! Ich wollte mit meinem Sohn zusammen sein und mit meiner Frau reden. Deshalb reiste ich bei nächster Gelegenheit nach Lima.

Meine Schwester Chumpi gewährte mir Unterkunft. „Was hat Ilse bloss getan!", fing sie an und schimpfte und nörgelte an meiner Frau herum. Ich merkte, dass sich meine Verwandten in ein völlig falsches Bild von unserem Problem hineingesteigert hatten. Ihrer Meinung nach war Ilse grundlos davongelaufen. „Kann eine solche Person überhaupt für ein Kind sorgen?", monierte sie. Ich sagte nicht viel, denn ich hatte keine Lust, Chumpi meine Schuld an der Situation einzugestehen. Ausserdem tat mir ihr Mitleid gut – und hatte sie ein Stückweit vielleicht sogar recht? Ich war verwirrt und unternahm nicht viel, um ihre Irrtümer zu berichtigen.

Am darauffolgenden Tag beschaffte ich mir die Telefonnummer von Guillermina und José. Meine Hand zitterte vor Nervosität, als ich die Nummer wählte. Wie würde Ilse wohl reagieren? Während es klingelte, begann ich zu schwitzen. Fieberhaft überlegte ich, was ich sagen sollte. Endlich meldete sich jemand. Es war Don José. Ich erklärte ihm, dass ich der Mann von Ilse und der Vater von Heinz sei und dass ich sie gerne besuchen würde. Er war sehr nett. „Von mir aus gerne", meinte er. „Aber das ist Ilses Angelegenheit. Am besten hole ich sie ans Telefon." Ungeduldig zeichnete ich mit dem Fuss Kreise auf den Boden, und doch zuckte ich zusammen, als am anderen Ende Ilses Stimme erklang. Sie grüsste mich mit abweisendem Tonfall und erkundigte sich frostig, was ich wolle. Eingeschüchtert brachte ich mein Anliegen vor. Sie überlegte kurz und sagte: „Ich kann dir nicht verbieten, deinen Sohn zu sehen. Aber ich erlaube es nur in meiner Anwesenheit. Mir ist nämlich zu Ohren gekommen, dass du ihn mir wegnehmen willst …" „Was?! Das stimmt nicht!", versicherte ich, „ich will euch nur sehen und mit euch reden!" Widerstrebend willigte sie ein.

Kaum hatte ich geklingelt, öffnete sich die Tür und Heinz flog mir in die Arme. Er führte mich an der Hand ins Wohnzimmer, stellte tausend Fragen und packte begeistert sein ferngesteuertes Spielzeugauto aus. Wie gut taten mir seine Zuneigung und seine Herzlichkeit! Ilse hingegen reagierte völlig anders: Kühl reichte sie mir die Hand und zog sich auf einen Stuhl zurück, während ich mit Heinz das Auto ausprobierte. Sie hatte dunkle Ringe unter den Augen, war sehr schweigsam und sehr ernst.

Schliesslich fasste ich mir ein Herz, trat zu ihr und erklärte, dass ich gerne mit ihr sprechen wolle. „Besser ein andermal", meinte sie, und so verabredeten wir uns für einen anderen Tag.

Äusserst besorgt kehrte ich zu meiner Schwester zurück. „Die Angelegenheit macht dich ja völlig fertig", bedauerte sie mich. „Du tust mir so leid! Wir müssen dein Kind vor dieser Frau schützen." Ich war so besetzt von meinen Gedanken, dass ich ihr nicht einmal antwortete.

Ein paar Tage später konnte ich endlich mit Ilse reden. Wieder begegnete sie mir verschlossen und abweisend. „Ich war bei einem Anwalt", erklärte sie. „Wie ich erfahren habe, willst du mir Heinz wegnehmen. Deshalb habe ich die Scheidung eingereicht. Ich werde alles in meiner Macht Stehende tun, um das Sorgerecht zu bekommen. Ich werde kämpfen!" Erschrocken über die Heftigkeit in ihrer Stimme versprach ich, alles zu unterschreiben, was der Anwalt mir vorlegte. Ich wollte keinen Streit. „Gut", meinte Ilse, „ich auch nicht." Damit war auch dieses Treffen zu Ende.

Nach dem Termin beim Anwalt war es bereits Zeit, in den Urwald zurückzureisen. Es war sehr hart, mich von meinem weinenden Sohn loszureissen. Der Bub konnte einfach nicht verstehen, weshalb ich wieder wegmusste. Um ihn zu beruhigen, machte ich ihm vor, bald wiederzukommen. Mein Gott, wie hässlich war es doch, ihm etwas vorzuschwindeln! Ilse hatte die Szene kühl und reserviert beobachtet. Ich wandte mich ihr zu. Was sollte ich tun? Ihr zum Abschied die Hand geben oder sie auf die Wange küssen? Ich entschied mich für den Kuss auf die Wange und eine leichte Umarmung. Doch meine Frau war so steif, dass mein Herz sich zusammenzog. Die Kluft zwischen uns tat unendlich weh. „Bitte schreib mir, damit ich erfahre, wie es euch geht", bat ich. Sie antwortete nicht.

Wieder zurück bei meinem Bruder gab ich mich völlig der Arbeit hin. Ich musste meine Süchte besiegen und meine Familie zurückgewinnen!

Nervös stand ich einige Monate später erneut vor Guillerminas Tür. Hoffentlich hatte Ilse von meinem guten Benehmen gehört und zeigte sich umgänglicher. Oder würde sie ebenso ablehnend reagieren wie bei meinem ersten Aufenthalt in Lima? Hatte sie unseren Sohn in der Zwischenzeit negativ beeinflusst? Sobald Heinz mir in die Arme stürzte und mich mit Liebkosungen überschüttete, wusste ich, dass dem nicht so war. „Danke, dass du Heinz so fair erziehst", sagte ich deshalb, nachdem wir uns begrüsst hatten. Wortlos nickte sie, zog sich dann aber zurück und liess mich alleine mit Heinz spielen. Er stellte mir viele Fragen, die ich ihm mit ebenso vielen Lügen beantwortete.

Nach geraumer Zeit betrat Ilse erneut den Raum. „Die Scheidungspapiere sind in Bearbeitung", informierte sie mich. Dann blickte sie auf Heinz, der das Spielzeugflugzeug untersuchte, das ich ihm mitgebracht hatte. „Ich bin es so satt, ihn ständig anzuschwindeln." Mir ging es genauso. Und ich war bereit, weiterzukämpfen.

Tato bot mir bereitwillig an, weiterhin bei ihm zu wohnen und für ihn zu arbeiten. „So kannst du für das Schulgeld von Heinz sparen", sagte er. Manchmal verbrachten wir mehrere Tage im Dschungel, um Bäume zu fällen. Ich freute mich immer darauf, hatte ich mich doch schon immer gerne in der Natur aufgehalten. Für Tato war es mehr ein notwendiges Übel. Wenn unsere Motorsägen nicht zu viel Krach machten, hörten wir Radio. Wir hatten einen kleinen Apparat, den wir überallhin mitnahmen. Wir hörten Fussball, Nachrichten oder Musik, manchmal auch einen ecuadorianischen Sender mit Predigten. Vor allem Tato hörte gerne zu. „Dieser Mann spricht gute Worte", meinte er.

Ein paar Monate später fuhr ich erneut nach Lima. Diesmal erlebte ich Ilse zugänglicher, und zu meinem Erstaunen erkundigte sie sich sogar nach meinem Ergehen. „Nicht sehr gut. Ich vermisse Heinz. Und ich denke immerzu an dich", sagte ich und suchte ihre Augen. Obwohl sie meinem Blick auswich, fügte ich hinzu: „Ich habe mich gebessert. Wirklich!" Irrte ich mich oder hatte ich den Anflug eines Lächelns um ihren Mundwinkel entdeckt? Weil sie nichts sagte, nutzte ich die Gunst der Stunde und bat, Heinz bis zum nächsten Tag mit zu Chumpi nehmen zu dürfen. Ilse zögerte, dann meinte sie: „Übernachten soll er hier, aber den Tag über darf er bei dir bleiben. Ich werde ihn morgen vorbeibringen."

Meine Verwandtschaft hatte Ilse in den vergangenen Monaten sehr ungerecht behandelt. Deshalb fand ich es erstaunlich, dass sie die Begegnung mit ihnen nicht scheute. Tatsächlich kam sie zu Chumpi und Walter, um Heinz bei mir abzuliefern. Alles ging gut und ich war dankbar, dass kein Streit ausbrach.

Ich verbrachte einen wunderbaren Tag mit Heinz. Viel zu schnell brach die Dämmerung herein und Ilse stand an der Tür, um ihn abzuholen. Während der Junge seine Spielsachen zusammensuchte, fragte sie auf einmal: „Wir besuchen sonntags immer den Gottesdienst einer christlichen Kirchengemeinde. Hättest du nicht Lust, ebenfalls zu kommen?" Ich fiel aus allen Wolken. Bisher hatte sich Ilse mir gegenüber stets abweisend verhalten. Eine Einladung?! Das war der Beweis, dass sie auch ein bisschen an mich dachte! Mein Herz frohlockte. Ohne zu zögern sagte ich zu.

Wir trafen uns vor dem Lokal. Sofort fasste Heinz meine Hand und zog mich ins Gebäude. Ich lächelte unsicher, hatte ich doch noch nie eine evangelikale Gemeinde betreten. Ich kannte nur die Messen und Traditionen der katholischen Kirche. Hier aber gab es weder einen Altar noch Heiligenfiguren, und auch von Messdienern war keine Spur. Stattdessen schmückten einige Pflanzen und Bilder mit Bibelversen den hellen, freundlichen Saal. Vorne im Raum befand sich ein Stehpult mit Hellraumprojektor, eine junge Frau verteilte Liederbücher auf die Stühle. Auf einmal trat ein Mann auf mich zu, ebenso gross wie ich, und mit einem aufrichtigen, gewinnenden Lächeln. „Herzlich willkommen! Ich bin Pastor Steven", begrüsste er mich mit englischem Akzent. Ich mochte ihn auf Anhieb. „In dieser Bibel können Sie die Stellen nachschlagen, die ich während der Predigt erwähne", erklärte er und drückte mir ein Buch in die Hand.

Heinz wollte mich auf die vorderen Stühle ziehen, aber ich zog es vor, mich in die hinterste Reihe zu verdrücken. Auch Ilse setzte sich zu uns. Sie schien hier alle zu kennen. Es hatte Familien mit Kindern, ältere Personen und auch Jugendliche. Alle plauderten ungezwungen miteinander, bevor der Gottesdienst begann. Es herrschte eine herzliche Atmosphäre.

Nun wurden einige Lieder gesungen und anschliessend hielt Pastor Steven die Predigt. Ich bekam nur am Rande mit, wovon sie handelte. Weit mehr berührte mich, wie Ilse sich bemühte, die erwähnten Bibelstellen für mich aufzuschlagen. So viel Aufmerksamkeit und Wohlwollen hatte sie mir schon seit Jahren nicht mehr entgegengebracht. Ich nickte jeweils und richtete den Blick auf die Buchstaben. Aber ich war viel zu aufgeregt, als dass ich deren Sinn verstanden hätte. „Jesus will deinem Leben eine neue Richtung geben", hörte ich Steven sagen. „Du kannst heute ein neues Leben mit ihm beginnen. Willst du das?" Gewiss! Ein neues Leben mit Ilse, Heinz und meinetwegen auch mit Jesus. Mir würde schon noch klar werden, was genau es damit auf sich hatte. Wenn es bedeutete, jeweils diesen Gottesdienst mit all den netten Leuten zu besuchen – kein Problem!

Ich spürte, wie Ilse mich beobachtete. Meine Reaktion war offensichtlich sehr wichtig für sie. Bestimmt würde sie sich sehr freuen, wenn ich ja sagte. Als ich schliesslich die Hand hob, war ich ganz aufgewühlt und konnte die Tränen kaum zurückhalten. Ich wusste, dass soeben ein neuer Lebensabschnitt begonnen hatte.

Die folgenden Monate waren voller Hoffnung. Pastor Steven und ich wurden Freunde. Nach jenem Gottesdienst hatte er mich gefragt, ob ich einmal zum Kaffee vorbeikommen wolle. Zögernd sagte ich zu. Was hatte ihm Ilse wohl schon alles über mich erzählt? Aber falls Steven von meiner Vergangenheit wusste, liess er es mich auf jeden Fall nicht spüren. „Deine Entscheidung für Christus beweist, dass du dein altes Leben hinter dir lassen und ein neues Leben als Kind Gottes beginnen willst", meinte er. Dann gab er mir einige hilfreiche Ratschläge fürs Glaubensleben und betete mit mir. Ganz am Schluss sagte er: „Weisst du was, Werner? Ich mag dich!" Nie werde ich diese Worte vergessen. Hatte das überhaupt schon jemand zu mir gesagt?

Von nun an besuchte ich regelmässig die Gottesdienste und ging beim Pastor vorbei, wenn ich Ilse und Heinz in Lima besuchte. Falls ich in einer Sache praktisch Hand anlegen konnte, konnte er auf mich zählen. Dieser Mann hatte etwas ganz Besonderes an sich. Ich schätzte diese gütige, freundliche Persönlichkeit, die den tiefen Wunsch hegte, anderen Menschen zu helfen. Immer, wenn er mich sah, klopfte er mir auf die Schulter und sagte: „Du weisst, dass ich für dich bete?!"

Mit neuer Energie packte ich auch in Isco die Arbeit wieder an. Als Tato vorschlug, auf seinem Land ein Häuschen für meine Familie zu bauen, war ich Feuer und Flamme. Nun musste ich nur noch Ilse überzeugen …

Auch mit meinen Süchten ging es viel besser, wenn auch nicht ganz gut. Ein bisschen war ich enttäuscht, denn in der christlichen Gemeinde wurde immer gesagt, Jesus würde alles verändern. Ich hatte erwartet, dass all mein Verlangen nach Alkohol und Koka von heute auf morgen verschwinden würde. Aber das war nicht geschehen. Ich spürte, wie es tief in mir drin noch immer schlummerte. Zurzeit gelang es mir zwar recht gut, die Sucht in meiner Aufbruchsstimmung und Vorfreude zu kontrollieren. Aber würde ich es durchhalten?

So schnell ich konnte, fuhr ich erneut nach Lima. Noch hatte ich nicht mit Ilse über eine Versöhnung gesprochen, und es drängte mich, dies zu tun. Nachdem ich die Klingel gedrückt hatte, erschien als Erstes Heinz' Blondschopf am Fenster: „Mama, Mama, Papa ist da!" Die Tür ging auf und der Junge sprang in meine Arme. Ich hob ihn auf, drückte ihn fest an mich und stellte ihn wieder auf den Boden. Danach wandte ich mich Ilse zu, ging zu ihr hin – und schloss sie fest in meine Arme. Tausend Gedanken jagten durch meinen

Kopf, unendlich viele Dinge wollte ich ihr sagen. Ich zog es vor, sie einfach festzuhalten. Nun endlich wusste ich, es würde alles gut. Denn was ich mir sehnlichst gewünscht hatte, war eingetroffen: Ilse erwiderte meine Umarmung …

8

Ilse

Januar 1986 – Oktober 1989

Nach zwei Jahren und acht Monaten Trennung kehrte ich zu meinem Mann in den Urwald zurück. Es war wunderbar! Da unser Haus noch nicht fertig war, lebten wir zunächst bei Tato und Herta, was wir alle sehr genossen. Während Werner weiterhin mit Tato auf dem Hof und in der Schreinerwerkstatt tätig war, ging ich meiner Cousine im Haushalt zur Hand.

Etwas vom Schönsten war es, Heinz so glücklich zu erleben. „Endlich sind wir wieder zusammen!", strahlte er. Unser Sohn war inzwischen fast sechs Jahre alt und hatte in seiner drei Jahre jüngeren Cousine Carla eine treue Spielgefährtin gefunden. Unermüdlich waren die beiden miteinander unterwegs und brachten uns mit ihren Ideen oft zum Lachen. „Wo ist denn meine grosse Schöpfkelle?", wunderte sich Herta eines Tages, als wir am grossen Holztisch sassen und sie die Suppe austeilen wollte. „Ich hol sie gleich!", rief Heinz, glitt vom Stuhl und rannte zum grossen Sägemehlhaufen vor der Schreinerei. Flink kam er zurück, reichte seiner Tante den verklebten, schmutzigen Löffel und meinte ernst: „Wir brauchen sie unbedingt, um unseren Tunnel zu graben! Aber du kannst sie kurz benutzen!"

Eines Tages, Herta hatte gerade ihr Baby Alexander in sein Bettchen gelegt, herrschte eine verdächtige Stille. Wo Heinz und Carla sich bloss aufhielten? Besorgt riefen wir nach ihnen und suchten, bis … „Da!", ich hatte die beiden am Fluss entdeckt, der gerade wieder einmal gefährliches Hochwasser führte. Wir liefen hin und schrien, aber durch das Getöse und Rauschen des Stroms konnten sie uns nicht hören. Mit Schrecken sahen wir, wie Heinz Tatos Boot ans Ufer zog und Carla ritterlich beim Einsteigen half. Endlich entdeckte er uns, winkte und rief: „Ich bin der Kapitän!" Glücklicherweise waren wir bei den Kindern, bevor sie weitere abenteuerliche Ideen in die Tat umsetzten …

Etwa 200 Meter von Tatos Haus entfernt flussabwärts wohnten meine Schwiegereltern. Auch sie arbeiteten mit Holz, unter anderem, indem sie Holzkisten für den Früchtetransport herstellten. Ausserdem hatte Josefa mit einer Hühnerzucht begonnen, wobei sie über 200 Stück von dem Federvieh versorgte. Immer samstags war der grosse Schlachttag. Dann stand sie um 5.00 Uhr auf und hieb etwa 20 Tieren die Köpfe ab. Anschliessend waren wir alle gefragt: Herta und ich, aber auch Tato, Werner und mein Schwiegervater packten an, um die Vögel so rasch als möglich zu rupfen. Denn um Punkt 8.00 Uhr lud Werner sie in sein Boot und fuhr zum Campo, wo der Käufer auf die kostbare Fracht wartete.

Wann immer möglich bauten Werner und Tato an unserem Haus. Die beiden Männer hatten dafür etwa fünfhundert Meter flussaufwärts einen malerischen Platz zwischen dem Fluss und dem Waldrand ausgesucht. Zwischen Tatos Hof und unserem neuen Heim lag Weideland, sodass ich Herta gerade noch erkennen konnte, wenn sie in ihrem Garten arbeitete. Zusammen mit Werner besichtigte ich die Baustelle, erklärte ihm meine Ideen und half mit, wo immer ich konnte. Es war schön, unser zukünftiges Heim gemeinsam zu gestalten.

Auf der gegenüberliegenden Seite des Flusses wohnten Hertas Eltern, Onkel Emilio und Tante Maria mit ihren erwachsenen, noch unverheirateten Kindern Johnny und Ruth.

Ich war gerne mit Herta zusammen. Wie früher im Internat teilten wir bald unsere grossen und kleinen Geheimnisse. Natürlich erzählte ich ihr gleich vom Bibelkurs in Lima und wie ich mich entschieden hatte, mein Leben mit Jesus Christus zu führen. Begeistert berichtete ich, wie Er mein Leben verändert hatte. Meine Cousine hörte aufmerksam zu, sagte aber nicht viel. Mit ihren blauen Augen und blonden Haaren war ihre deutsche Abstammung unübersehbar. Hertas Haus war immer einwandfrei sauber und gemütlich aufgeräumt. Damals in Lima musste sie in der Schule eine Nähausbildung machen, dabei hätte sie sich weit mehr fürs Kochen interessiert. „Gib her", lachte ich, wenn sie Tatos Hose ausbessern sollte und lustlos vor ihrer Nähmaschine sass. Dafür brachte sie mir neue Rezepte von schmackhaften Gerichten bei. Herta und ich glichen uns in vielem. Wenn wir abends bei Gesellschaftsspielen zusammensassen, überlegten wir beide immer sehr lange, welchen Zug wir als Nächstes tun sollten. „Da sind sie wieder, die beiden Schnecklein!", neckten uns die anderen. „Macht endlich vorwärts!"

Herta war äusserst ungern alleine. Ihr Vater, Onkel Emilio, beschäftigte sich mit okkulten Dingen und meinte immer, bei ihnen spuke es. Ausserdem argwöhnte er, dass ein indianischer Schamane ihn mit einem Fluch belegt habe. So bestellte er einmal einen Geisterbeschwörer, der von weither anreiste, um den Zauber aufzuheben. Dieser soll mit einem Koffer mit allerlei rätselhaften Knochen, seltsamen Tinkturen und ausgefallenen Kräutern angereist sein. Nachdem er ein seltsames Ritual vollzogen und vor der Haustür etwas vergraben hatte, zog er wieder ab. Zwar lebte Herta längst nicht mehr bei ihren Eltern, aber der Horror vor der Geisterwelt war geblieben. Ein fallender Ast oder ein Knarren im Gebälk konnte sie zu Tode erschrecken. Sie fürchtete jeden Schatten, ganz zu schweigen die Dunkelheit, die ihr Grauen einflösste. Als Werner und ich in unser Häuschen zogen, meinte sie zu mir: „Wenn die Männer in ihr Dschungelcamp aufbrechen, kommst du wieder zu mir. Nicht wahr?"

Bald waren die grossen Ferien vorüber und Heinz musste nach San Ramón, wo wir ihn für die Schule angemeldet hatten. Er durfte bei der Familie unseres Freundes Agustín und seiner Frau Sonia wohnen. Unserem Sohn fiel die Trennung von uns sehr schwer. Aber er fand Trost darin, dass Mama und Papa gemeinsam im Urwald auf ihn warteten.

Mit seinem Fleiss hatte es Tato zu einem florierenden Geschäft gebracht. „Koka-Handel?", pflegte er zu spotten. „Ja, die Drogenbarone machen damit viel Geld. Aber ich kann beweisen, dass man es mit Fleiss und Ehrlichkeit genauso weit bringt." Seit ein paar Jahren gab es einen holperigen Fahrweg, über den man während beschwerlichen sieben Stunden von Villa Rica nach Iscozacín gelangen konnte. Damit waren die Bewohner der Gegend nicht mehr auf die Klein-Flugzeuge angewiesen. Zwar gab es dadurch viele Erleichterungen, aber das Tal war auch für kriminelle Machenschaften zugänglich geworden. Ab und zu kamen uns Geschichten von benachbarten Regionen zu Ohren. Dort wurden mitten im unwegsamen Dschungel Koka-Plantagen angelegt, wo in verbotenen Labors Kokain hergestellt und ins Ausland geschmuggelt wurde. Wir hofften, dass dies bei uns am Palcazú nie der Fall sein würde.

Tato war in jeder Beziehung tüchtig, hartnäckig, konsequent. Er leistete stundenlang Schwerstarbeit und erwartete auch von seinen Mitarbeitern vollen Einsatz. Als sie einmal einige Einheimische angeheuert hatten, um Baumstämme aus dem Urwald zur Schreinerei zu transportieren, hörte ich Werner zu ihm sagen: „Du musst den Männern auch mal eine Pause gönnen. Die laufen uns sonst davon …"

Meist beschäftigte Tato zusätzlich einen festen Mitarbeiter, der ebenfalls bei ihm wohnte. Vor einigen Monaten hatte er Tala eingestellt, einen eifrigen jungen Mann, der die Motorsäge geschickt bediente. Tala war klein, drahtig und hatte die markanten Gesichtszüge der Hochlandbewohner. Seine Eltern wohnten in einem

Dorf der Provinz Ayacucho. Doch dort machte die Terrororganisation Leuchtender Pfad der Bevölkerung das Leben schwer, sodass der Bursche es vorzog, in der abgelegenen Urwaldregion eine Arbeit zu suchen.

Mit der Zeit bauten Tato und seine Männer eine Zufahrtsstrasse zu seinem Hof und er kaufte einen kleinen Lieferwagen. Damit konnte er das Holz wenn nötig auch auf dem Landweg transportieren.

Tatos Haus war für die Urwaldgegend sehr modern eingerichtet. Ihm war wichtig, es seiner Familie an nichts mangeln zu lassen. So schaffte er einen riesigen Generator an, mit dessen Strom er sein Haus, die Sägerei und das Haus seiner Eltern versorgte. Danach kaufte er Staubsauger, Mixer und Videogerät. Seine Frau war die Einzige im ganzen Tal, welche sich der Annehmlichkeiten einer Waschmaschine erfreute.

Doch so sehr er Herta verwöhnte, so zurückhaltend war er damit, ihr seine Zärtlichkeit öffentlich zu bekunden. „Umarme mich doch auch einmal und gib mir ein Küsschen!", drängte sie ihn und streckte ihm ihren Mund entgegen. Wir sassen auf der Eckbank der Veranda und bewunderten den farbenprächtigen Abendhimmel in seinen rosa und lila Tönen. Bald würde die Dunkelheit hereinbrechen, aber in dieser lauen Sommernacht hatte niemand Eile, sich schlafen zu legen. Werner hatte den Arm um mich gelegt und ich lehnte an seiner Schulter. „Was liegst du mir dauernd in den Ohren?", schimpfte Tato, schmunzelte aber dabei. „Was willst du – dass ich hier mit dir schmuse oder dass ich gut zu dir schaue?" „Beides!", lachte Herta. Tato grinste und gab ihr endlich den gewünschten Kuss.

Je nach Modeströmung trug Tato sein Haar lang oder kurz. Er liebte es zu tanzen, doch bei den Zusammenkünften und Festen der Siedler waren er und mein Vater die Einzigen, die nie einen Tropfen Alkohol anrührten. Wir alle fanden es chic, ab und zu eine Zigarette zu rauchen, doch selbst damit konnte Werners Bruder nichts anfangen. Die wichtigsten Dinge für ihn waren der Sport und das gesellige Zusammensein mit Verwandten und Freunden. Deshalb verbrachten wir sonntags viele Stunden damit, am Flussufer miteinander zu essen, zu spielen und zu plaudern.

„Habt ihr gehört? In den Nachrichten wurde gemeldet, dass die Terroristen in Lima wieder einen Hochspannungsmasten in die Luft gesprengt haben", schnitt Tante Maria bei einer solchen Gelegenheit das Thema an, das uns alle beschäftigte „Ja, und letzte Woche haben sie eine Polizeistation überfallen und mehrere Beamte getötet", fügte Herta hinzu. Seit einiger Zeit machte die Organisation Leuchtender Pfad unser Land unsicher. Zeitweise wurde sogar der Ausnahmezustand verhängt. Was als Studentenbewegung in der Provinz Ayacucho begonnen hatte, griff immer mehr um sich. Mittlerweile gab es in der Hauptstadt regelmässig Anschläge und Übergriffe. „Wer ist eigentlich ihr Anführer und was will er mit den brutalen Aktionen bewirken?", fragte meine Schwiegermutter. „Ihr Anführer ist der Philosophieprofessor Abimael Guzmán, den sie auch Presidente Gonzalo nennen", erklärte Onkel Emilio, und Tato ergänzte: „Die Terroristen sind gegen die parlamentarische Demokratie, die zurzeit unter Alán García herrscht. Ihr Ziel ist es, die bestehende Gesellschaftsordnung mit Gewalt zu zerstören." Talas Gesicht verdüsterte sich. „Von meinen Verwandten in der Gegend von Ayacucho höre ich schlimme Geschichten", berichtete er. „Die Guerilla-Rebellen zwingen die Landbevölkerung, sie zu unterstützen und zu beherbergen. Die jungen Burschen müssen ihnen beitreten. Wer sich widersetzt, wird gefoltert oder ermordet." „Es ist einfach schrecklich!" ereiferte sich Tante Maria. „Kommen die auch zu uns?" „Das kann ich mir nicht vorstellen", beruhigte Johnny seine Mutter. „Hier lebt niemand auf Kosten von anderen. Und ausserdem gibt es bei uns nichts zu holen."

Tatos sportliche Leidenschaft ging so weit, dass er auf seinem Grundstück sogar einen Sportplatz errichtete. Geplant war, einmal Reis anzupflanzen und ihn dort zum Trocknen auszulegen. Inzwischen diente uns die Fläche als Spielfeld. Jeden Tag um fünf Uhr versammelten wir uns nach getaner Arbeit, um uns mit Ballspielen zu vergnügen. Da Herta, ich und Josefas indianisches Hausmädchen die einzigen Frauen waren, spielten wir immer nur kurz Volleyball. Anschliessend setzten sich die Männer mit ihrem Lieblingssport Fussball durch. Natürlich protestierten wir lauthals, kickten dann aber doch eifrig mit. Bald wussten alle in der Gegend von dieser Gewohnheit, und oft kamen Siedler und Einheimische vorbei, um sich ebenfalls zu beteiligen. Meist war es eine frohe, lustige Gesellschaft, die dem Ball nachjagte. Nur manchmal kam es zu Streitigkeiten, wenn man sich im Feuer des Gefechts uneinig war, ob ein Tor nun galt oder nicht. Tato und Johnny konnten sich besonders ereifern und gerieten sich dabei manchmal in die Haare …

Im Anschluss daran oder wenn es regnete, spielten wir Karten. Hier waren auch die älteren Leute wie meine Schwiegereltern und Onkel Emilio mit von der Partie.

Tato übte einen positiven Einfluss auf Werner aus, und ich war dankbar, dass die beiden so gut miteinander auskamen. Nicht alle verstanden sich mit dem konsequenten, manchmal sturen Bruder meines Mannes. „Der sieht alles schwarz-weiss!", kritisierten sie. Wir aber wussten Tatos Geradlinigkeit und Aufrichtigkeit zu schätzen.

Endlich war unser Haus fertig und wir konnten uns definitiv dort einrichten. Nun führte ich meinen eigenen Haushalt, und obwohl wir immer noch häufig mit den anderen Verwandten zusammen waren, freute ich mich auf etwas mehr Privatsphäre. Seit Langem hegte ich den Wunsch, gemeinsam mit Werner in der Heiligen Schrift zu lesen und zu beten. Bisher hatte er seine Bibel höchst selten aufgeschlagen. Ein bisschen konnte ich es verstehen, war er im Gegensatz zu mir doch nie ein begeisterter Leser gewesen. Wenn wir sie von nun an gemeinsam erforschten, würde uns das bestimmt weiter zusammenschweissen. Doch leider kam immer etwas dazwischen, wenn wir eine Andachtszeit halten wollten, und unser einziges gemeinsames Gebet beschränkte sich auf ein kurzes Dankgebet vor dem Essen.

Eines Tages flog mein Bruder Edmundo, welcher als Pilot zwischen San Ramón und Iscozacín verkehrte, mit seiner kleinen Maschine eine Kurve über unserem Haus. Dies bedeutete, dass wir schnellstmöglich zum Campo fahren sollten, weil dort eine wichtige Nachricht oder eine Lieferung auf uns wartete. „Hast du etwas bestellt?", rief Werner mir zu. Er reparierte gerade die Tür, und ich arbeitete im Garten. Ich schüttelte den Kopf. Merkwürdig! Meine Eltern wussten, dass wir sie am folgenden Tag ohnehin besuchen würden. Weshalb diese Eile? Was mochte so wichtig sein? Mein Mann dachte offensichtlich ähnlich. Rasch räumte er das Werkzeug zusammen und lief zum Boot. „Grüss Mama und Papa!", rief ich ihm nach und erwartete gespannt seine Rückkehr.

Ich hatte das Beet bereits fertig gejätet, als Motorengeknatter das Herannahen unseres Bootes ankündigte. Als ich es erblickte, sah ich zu meiner Überraschung zwei Personen darin sitzen. Wir bekamen Besuch! Neugierig spähte ich genauer – und traute meinen Augen kaum. Vorne im Bug sass – ich konnte es noch immer nicht fassen – Pastor Steven!

Ich erreichte das Ufer gerade, als Steven unbeholfen aus dem Boot kletterte. „Geschafft!", strahlte er, als er sicheren Boden unter den Füssen hatte. „Was für eine Reise! Aber nun bin ich endlich bei euch! Ilse! Wie geht es dir?" Während wir uns begrüssten und zum Haus liefen, band Werner das Boot fest und brachte Stevens Gepäck nach. Dieser hatte spontan beschlossen, die Osterwoche bei uns zu verbringen. Mein Mann und ich freuten uns riesig! Wir beide mochten den warmherzigen Pastor sehr, und es ehrte uns, dass er den beschwerlichen und kostspieligen Weg zu uns in den Urwald auf sich genommen hatte.

Nachdem sich unser Gast bequeme Shorts und ein T-Shirt angezogen hatte, setzten wir uns auf die Terrasse und genossen einen kühlen Saft aus frischen Limonen, den ich eilig zubereitet hatte. „Hier also seid ihr zu Hause", staunte er, während er seinen Blick über den Garten zum Fluss gleiten liess. „Und wer wohnt dort drüben?", erkundigte er sich und zeigte auf Tatos Haus. „Dort ist mein Bruder zu Hause", erklärte Werner. „Leider ist er genau in diesen Tagen nicht da, weil er geschäftlich in San Ramón zu tun hat." „Schade", bedauerte Steven, „ihr habt mir so viel von ihm erzählt! Ich hätte ihn gerne persönlich kennengelernt ..." Dann deutete er mit dem Finger auf mein Gartenbeet. „Sind das Yuca-Pflanzen? Ich wusste gar nicht, dass hier auch Mais wächst! Guckt mal, diesen schönen, bunten Kolibri! Gibt es hier eigentlich auch Schlangen? Und Vogelspinnen? Sind die gefährlich? Wie spannend ist es hier! Werner, du musst mir alles zeigen!"

An den folgenden Tagen lernte der amerikanische Pastor unser Leben im Urwald kennen. Wir führten ihn durch Haus und Hof, unternahmen Bootsfahrten, gingen fischen und erkundeten den Dschungel. Steven begleitete Werner auch bei der Arbeit. „Wow, ist das anstrengend!", stöhnte Steven, als er einmal beim Sägen mitgeholfen hatte. Erschöpft liess er sich auf unserer Küchenbank nieder. Ich schenkte ihm ein Glas Wasser ein und servierte das Essen. Steven hatte gesagt, dass er auch die „Urwaldküche" kennenlernen wollte. Nun beugte er sich über den Fisch, der auf seinem Teller lag, und fragte zaghaft: „Aber den Kopf, den muss man nicht essen, oder?"

„Wie ist die Stimmung in der Stadt?", erkundigte ich mich, als ich zum Nachtisch Bananenstrudel auftischte. Obwohl wir die

Nachrichten aus dem Radio hörten, brannten wir darauf, Neuigkeiten aus erster Hand zu bekommen. Stevens Lachfältchen um die Augen verschwanden und wichen einem besorgten Ausdruck. „Nicht gut", berichtete er. „Nie weiss man, wann und wo die Terroristen das nächste Mal zuschlagen. Da sie ein dichtes Netz von Spitzeln haben, traut keiner mehr dem anderen. Die Bevölkerung ist eingeschüchtert und verängstigt. Zum Glück seid wenigstens ihr nicht davon betroffen!", versuchte er dem Thema abschliessend eine positive Note zu verleihen.

Bald hatte unser Besucher auch mit unseren Nachbarn Bekanntschaft geschlossen und nach der Arbeit kickte er fröhlich beim Fussball mit. Während sich im Anschluss daran alle müde und abgekämpft auf Hertas Veranda niederliessen, erholte er sich erstaunlich schnell. „Ich dachte, wir könnten jeden Abend miteinander singen und etwas aus der Bibel lesen", schlug er vor. Alle waren dabei, waren sie doch neugierig und wollten wissen, was dieser fremde Pastor zu erzählen hatte. Nachdem er seine Sachen geholt hatte, teilte er die Liederheftchen aus und wandte sich an Herta: „Ich habe bei euch im Wohnzimmer eine Gitarre gesehen. Darf ich sie benutzen?" Geschickt stimmte er die Saiten und stimmte mit seiner tiefen, kräftigen Stimme das erste Lied an: „Wir danken Gott und loben ihn …" Im Nu hatten alle die eingängige Melodie gelernt und sangen so gut sie konnten mit. Nach ein paar weiteren Liedern nahm Steven seine Bibel zur Hand und hielt eine kurze Andacht. Wie genoss ich es! Jedes einzelne Wort sog ich in mir auf. Wie sehr hatte ich die sonntäglichen Predigten vermisst. Werner strahlte ebenfalls und auch die anderen hingen an Stevens Lippen. Nachdem er viele Fragen beantwortet hatte, schloss der Pastor mit einem Gebet und wir entschieden, uns auch am folgenden Tag zu treffen.

Bei uns zu Hause setzten wir uns noch zu einem weiteren Kurs zusammen. Steven wollte mit Werner und mir das Thema Taufe behandeln. „Wie wir in der Bibel gesehen haben, liessen sich die Menschen immer taufen, nachdem sie Jesus Christus ihr Leben übergeben hatten", erklärte er. „Aber Achtung! Die Taufe ist keine Handlung, um gerettet zu werden. Vielmehr ist es ein Ausdruck davon, dass eine Person bereits gerettet ist. Wisst ihr noch, wofür die symbolische Handlung des Niedertauchens ins Wasser steht?" Ich erinnerte mich. „Bedeutet es nicht, dass dadurch der Tod unseres ‚alten Menschen' und die Geburt unseres ‚neuen Menschen' versinnbildlicht wird?" „Genau!", erwiderte Steven. Dann blickte er Werner und mich forschend an: „Möchtet ihr auch getauft werden?" Ich nickte, denn an diesem Abend hatte sich mein Wunsch gefestigt, diesen Schritt zu tun. Ich gehörte zu Jesus, ich liebte ihn und er war mein Herr und Erlöser. Das wollte ich durch die Taufe gerne öffentlich bezeugen. Werner schloss sich an und so planten wir, dies am Ostersonntag vor Stevens Abreise feierlich zu tun.

Es war ein herrlicher Sommertag, als wir mit Pastor Steven ins Wasser stiegen und er zuerst mich und dann Werner unter das Wasser tauchte und uns im Namen des Vaters, des Sohnes und des Heiligen Geistes taufte. Alle unsere Nachbarn und einige Verwandte, die gerade zu Besuch waren, standen am Ufer und schauten zu. Schade nur, dass Tato nicht dabei sein konnte! Anschliessend luden wir alle zu einem leckeren Essen ein.

Schon war der letzte Abend gekommen. Zu dritt sassen wir bis tief in die Nacht in unserer Küche und unterhielten uns bei einer Tasse Tee. Auf einmal sah ich weit entfernt auf dem Feld ein Licht, das sich uns näherte. Was war das? Ich stand auf und trat ans Fenster. Es sah aus wie eine Person mit einer Petroleumlampe. „Das kann nicht Herta sein", meinte Werner, der neben mir in die Dunkelheit starrte. „Nie würde sie allein eine so weite Strecke im Dunkeln laufen. „Hallo?!" „Hallo?!", kam es zurück. Die Stimme gehörte eindeutig zu Herta! War etwas passiert? Mussten wir zu Hilfe eilen?

Doch sie rief uns nichts weiter zu, sondern stapfte tapfer den ganzen Weg bis zu unserem Haus. Endlich betrat sie die Küche, und nachdem sie sich einen Stuhl genommen und ich ihr einen Becher Tee eingeschenkt hatte, erzählte sie: „Ich musste einfach kommen! Es ist so seltsam! Aber eine innere Stimme hat mich deutlich gedrängt, euch aufzusuchen. Pastor, bitte erzählen Sie mir mehr von Jesus!" Das musste man Steven nicht zweimal sagen. Er griff nach seiner Bibel und las ihr vor, wie alle Menschen vor Gott schuldig sind und Erlösung brauchen. Dann berichtete er von Jesus, der diese Erlösung möglich machte, indem er als Sohn Gottes die Schuld der Menschen auf sich nahm. „Jeder, der an ihn glaubt, wird nicht verloren gehen, sondern hat das ewige Leben", zitierte er aus dem Johannesevangelium. „Glaubst du das? Möchtest du Jesus auch um Vergebung von deinen Sünden bitten und von nun an dein Leben mit ihm führen?" „Ja", sagte Herta bestimmt. „Das will ich von ganzem Herzen." Nachdem wir gebetet hatten, stand ich auf und schloss Herta in meine Arme. Wir beide weinten vor Freude. Jetzt war sie nicht nur meine beste Freundin, sondern auch meine Glaubensschwester.

Bereits war es Zeit für Steven, seine Sachen zusammenzupacken. Er liess uns die Liederheftchen, einen ganzen Stapel Büchlein und Tonbandkassetten mit Predigten da. „Die könnt ihr euch gemeinsam anhören", schlug er vor. „Am besten trefft ihr euch regelmässig. Dann könnt ihr miteinander singen, beten, in der Bibel lesen und eure Erfahrungen austauschen." Als er mit Werner ins Boot stieg und davonfuhr, winkten Herta und ich ihm noch lange nach.

Am folgenden Tag kehrte Tato von seiner Reise zurück. Herta und ich begrüssten ihn stürmisch und begannen wild durcheinander auf ihn einzureden. „Wir hatten Besuch von Steven!", „Ilse und Werner liessen sich taufen!", „Wir haben Lieder gelernt!", „Ich folge nun auch Jesus nach!" „Da habe ich ja ganz schön was verpasst", meinte Tato schliesslich. „Darüber müsst ihr mir mehr erzählen. Aber nun muss ich zuerst meine Sachen ausräumen."

Am meisten erstaunt war Tato über die Veränderung seiner Frau, die auf einmal absolut keine Angst mehr hatte. „Willst du nicht Ilse einladen, bei dir zu übernachten?", fragte er, als er ein paar Tage später mit Werner weg musste. „Das ist nicht nötig", entgegnete Herta. „Ich fürchte mich nicht mehr! Ich bin nicht mehr allein. Nun gehöre ich zu Jesus! Er ist der Sohn Gottes und hat alle Mächte des Bösen besiegt. Mit ihm an der Seite muss ich keine Angst mehr haben." Wir alle waren verblüfft über diesen Wandel, den wir bei ihr nie für möglich gehalten hätten. Von da an fing Tato an, auf seinen langen Autofahrten die Predigtkassetten von Pastor Steven zu hören.

Herta und ich wollten gleich umsetzen, wozu Steven uns ermutigt hatte, und uns regelmässig treffen. Warum Werner nie mitmachen wollte, wusste ich auch nicht. Ich vermutete, dass ihn die Begeisterung von uns beiden Frauen daran hinderte und er sich als Mann in der Minderheit fühlte. So waren es vor allem Herta und ich, die regelmässig miteinander in der Bibel lasen, unsere Gedanken darüber austauschten und beteten.

In dieser Zeit stellte ich fest, dass ich wieder schwanger war. Nicht nur wir Eltern, auch Heinz war überglücklich, als er in seinen nächsten Ferien erfuhr, dass er ein Geschwisterchen bekommen würde. Doch würde dieses so hübsch sein wie sein Cousinchen Claudia, das erst vor Kurzem zur Welt gekommen war? Das war kaum möglich, und so begann mein Bub, schon mal vorsichtig mit seinem Onkel zu verhandeln, zu welchen Bedingungen man die Babys eventuell austauschen könnte …

Unser Glück hätte perfekt sein können – und doch gab es etwas, was meine Vorfreude trübte. Ein düsterer Verdacht liess mich vermuten, dass Werner wieder angefangen hatte, seinen Süchten nachzugehen. In letzter Zeit blieb er erneut übermässig lange weg, wenn er etwas im Urwald erledigen musste.

Mein Verdacht erhärtete sich, als ich bei meinen Gartenarbeiten auf ein Versteck mit getrockneten Koka-Blättern stiess. Ich warf sie weg und lud Werner nun vermehrt ein, mit mir in der Bibel zu lesen. Er machte mit, doch wenn ich ihn aufforderte, auch einmal zu beten, meinte er: „Ich kann das nicht. Sprich besser du!"

Das tat ich, denn ich war überzeugt, dass Gott mich benutzen wollte, um Werner zu helfen. Immer wieder suchte ich ermutigende und ermahnende Bibelstellen für ihn heraus. Über die Sucht sprachen wir lange nicht, bis ich mich eines Tages vorsichtig danach erkundigte. Geknickt gestand mein Mann es ein. „Ja, ab und zu konsumiere ich wieder", gab er zu. „Ich bin manchmal einfach zu schwach, um mich gegen die Versuchung zu wehren." Ich tröstete ihn: „Bitte den Herrn um Kraft! Er hat seine Hilfe versprochen …"

Wir alle erschraken, als Werners Vater Helmut einen Hirninfarkt erlitt. Fast gleichzeitig wurde bei seiner Frau Bauchspeicheldrüsenkrebs diagnostiziert. Mit den Krankheiten ging es auf und ab, und wenn intensivere Pflege nötig war, lösten Herta und ich uns darin ab. Im Juli 1988 starb Helmut, Josefa einige Monate später. Es war eine harte, traurige Zeit für Werner und für Tato, die immer sehr an ihren Eltern gehangen hatten. Wenn sich Werner manchmal betrank, hatte ich Nachsicht mit ihm. Er wusste keinen anderen Weg, um mit Schmerz und Trauer umzugehen.

Zwei Monate bevor Josefa starb, reiste ich nach Lima, um unseren zweiten Sohn, Max, zu gebären. Werner holte mich gemeinsam mit Heinz ab. Als dieser sein Brüderchen erblickte, war er ganz entzückt. „Nun – willst du Max nicht gegen Claudia eintauschen?", neckten wir ihn. „Auf gar keinen Fall!", protestierte der Kleine, der die winzigen Fingerchen des Babys bewunderte. „Mäxchen ist das schönste Baby der ganzen Welt!"

Bald kehrten wir in den Urwald zurück und nahmen die Alltagsroutine wieder auf. Zu meinem Leidwesen stellte ich fest, dass sich Werners Verhalten erneut verschlechtert hatte. Ich konnte meinen Mann einfach nicht verstehen. Warum liess er das Zeug nicht? Warum erlebte er Gottes Hilfe nicht, so wie ich es tat? In meiner Ratlosigkeit bedrängte ich ihn oft, hielt ihm Bibelworte vor und wehe, ich fand von seinen Suchtmitteln! Die liess ich umgehend verschwinden. Ich wollte alles tun, um ihm zu helfen. Hatte Gott mich nicht dafür zu meinem Mann zurückkehren lassen?

9

Werner

Januar 1986 – April 1987

Endlich, endlich hatte ich Ilse und Heinz wieder bei mir! Vor lauter Glück tat ich alles, um den beiden meine Liebe zu beweisen. Motiviert arbeitete ich an unserem zukünftigen Zuhause, wobei ich mich bemühte, alle Wünsche von Ilse zu berücksichtigen. Daneben war es mir auch wichtig, viel Zeit mit meinem Sohn zu verbringen, bevor er nach San Ramón zur Schule gehen musste.

Selbstbewusst blickte ich den Talbewohnern in die Augen, wenn ich ihnen begegnete. Hatte ich es nicht bewiesen? Ich hatte mich verändert und Ilse zurückerobert! Nun war ich nicht mehr der, dem die Frau davongelaufen war, sondern der, der sie zurückgewonnen hatte. Ich war stolz.

Tief in meinem Innern herrschte aber eine grosse Unsicherheit. Ich spürte, dass meine Sucht nicht ganz verschwunden war. Vielmehr war sie da, momentan zum Glück mehr oder weniger unter Kontrolle. Aber sie kam mir vor wie das faultierähnliche Urwaldmonster Mapinguari, von dem die Legenden der Dschungelindianer erzählten. Zurzeit schlummerte es und schien harmlos. Aber was geschah, wenn dieses Monster erwachte und erneut nach mir schnappte? Ich konnte nur hoffen, dass es nie so weit kam …

Ilse und die anderen Christen sprachen immer davon, wie Jesus das Leben von Grund auf verändern könne. Das irritierte mich: Ich hatte ihn doch auch gebeten, mir zu helfen! Warum tat er es denn nicht? Um Diskussionen zu vermeiden, stimmte ich ihnen zu. Doch wenn ich ehrlich war, entsprach es nicht der Wirklichkeit, die ich erlebte …

Meist verdrängte ich diese unangenehmen Gedanken und konzentrierte mich auf das frohe Zusammensein, welches wir nun alle miteinander genossen. Ich arbeitete hart, verwöhnte Ilse und Heinz und erfreute mich an meiner zurückgewonnenen Selbstachtung.

Nur einige Monate später überraschte uns Pastor Steven mit seinem Besuch. Ahnungslos war ich zum Campo gefahren, nachdem Edmundo mit seinem Flugzeug über unserem Haus gekreist war. Ich traute meinen Augen kaum, als ich Doña Emmas Laden betrat und Steven antraf, der dort eine kühle Coca-Cola genoss und sich angeregt mit ihr unterhielt. „Du hast mich doch eingeladen", grinste er, „hier bin ich!"

Natürlich hatte ich ihn eingeladen, aber nie und nimmer mit seinem Besuch gerechnet. Ausserhalb der Verwandtschaft war niemand bereit, den beschwerlichen Weg in den Urwald auf sich zu nehmen. Hier aber stand Steven in seiner vollen Grösse, strahlte mich an und sagte mit seinem englischen Akzent: „Ich musste doch herkommen und sehen, wie es meinem Freund hier geht!"

Meine Gedanken überschlugen sich. Natürlich freute ich mich riesig über den Besuch des Pastors. Aber ich machte mir auch ein bisschen Sorgen. Wie würde der „Gringo" mit unserem einfachen Leben zurechtkommen? Was sollten wir ihm zu essen servieren? Zum Glück war meine Frau so praktisch veranlagt! Bestimmt würde sie wissen, wie wir seinen Aufenthalt bei uns zu einem unvergesslichen Erlebnis für ihn machten.

Ilse war nicht weniger verblüfft über unseren überraschenden Gast als ich. Aber wie vermutet schaffte sie es problemlos, mit der unerwarteten Situation umzugehen. Im Nu hatte sie Heinz' Schlafgemach in ein Gästezimmer umgewandelt. Anschliessend besorgte sie Eier, um dem Pastor zuerst einmal Pancakes zuzubereiten. Die kannte er wenigstens.

Steven war an allem interessiert. In den folgenden Tagen begleitete er mich überall hin, half mit, wo er zur Hand gehen konnte, oder staunte über das Leben, das wir Siedler hier in der Abgeschiedenheit des peruanischen Urwalds führten.

Eines Tages mussten wir etwas hinter dem Haus erledigen, und mit Schrecken stellte ich fest, dass dort immer noch einige leere Bierkisten herumlagen. Ich fühlte mich ertappt. Würde der Pastor nun schlecht von mir denken? Das wollte ich auf keinen Fall! „Die sind von früher", beeilte ich mich deshalb, so beiläufig wie möglich zu bemerken. Er sagte nichts und schien ohnehin mehr damit beschäftigt zu sein, vor der grossen Mutterkuh zurückzuweichen, die ihn neugierig beäugte und gerade einen Schritt auf ihn zumachte.

An den Sing- und Bibelabenden anerbot ich mich stets, wenn Steven jemanden von uns bat, einen Bibeltext laut vorzulesen. Das tat ich gerne, ebenso wie ich ihm das Liederheftchen hielt, damit er die Hände frei hatte zum Gitarrenspiel.

Beim anschliessenden Taufkurs konnte ich mich aber nie konzentrieren. Das war in Ordnung für Ilse, die immer gerne dazulernte. Aber für mich hielt ich es nicht für nötig. Ich war doch nun bereits Christ! Meine Gedanken schweiften ab und ich überlegte, mit welchen Unternehmungen ich Steven noch überraschen konnte. Ob er Interesse daran hatte, ein Indianerdorf aufzusuchen? Oder sollten wir einen Abstecher zu einem schönen Wasserfall machen? Jäh wurde ich aus meinen Überlegungen gerissen, als der Pastor mich anschaute und fragte: „Und, Werner, willst du dich auch taufen lassen?" Schnell hatte ich mich gefangen. „Natürlich!", antwortete ich und lächelte Ilse zu, die offenbar gerade eben dasselbe gesagt hatte.

In den nachfolgenden Tagen schöpfte ich Hoffnung: Vielleicht würde diese religiöse Handlung bewirken, meine Abhängigkeit ganz hinter mir zu lassen?

Der Tag unserer Taufe war sehr schön. Doch als wir nachmittags Brathähnchen assen und meine Eltern sich ein Bierchen dazu genehmigten, spürte ich, wie auch ich Verlangen danach bekam. Das Monster in mir rührte sich, und nur mit grösster Anstrengung hielt ich mich an den Früchtetee, den Ilse zubereitet hatte. Obwohl ich gegen aussen hin den Fröhlichen spielte und munter scherzte, war ich enttäuscht. Eine dunkle Vorahnung machte mir zu schaffen: Das mit dem Glauben funktionierte bei mir nicht. Auch in Zukunft würde ich viel Kraft aufbringen müssen, um mich dem Ungeheuer meiner Sucht zu stellen.

§

*Das Gut „El Palomar", wo Werner auf-
gewachsen ist und später von den Terroristen gefangengehalten wurde, liegt bis heute
sehr abgelegen (ca. 1500 m ü. M). Bild 2014.*

Peru

Wichtigste Strassen der Provinz Oxapampa

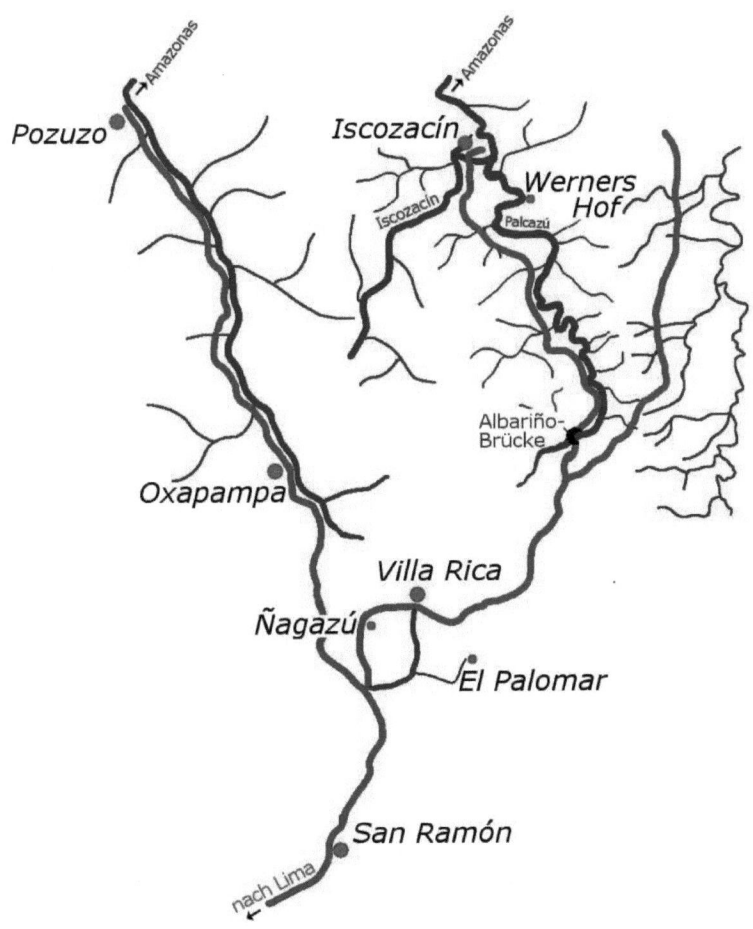

Werner (ganz rechts) mit (von links nach rechts) seinen Schwestern Herta, Margot, Elsa und Inge. In der Mitte Mutter Josefa.

Tato (links) und Werner (rechts) geniessen ihre Ferien vom Internat in Huancayo.

v. l. n. r.: Edmundo, eine Cousine, Mutter Emma, Nelly und Ilse.

Ilse (links) mit ihren Geschwistern Edmundo, Anny und Nelly, in der Zeit, in der die Familie in Lima lebte. Alle tragen ihre Schuluniform.

Seine Kindheit und Jugend verbrachte Werner auf dem Palomar.
Der Hof liegt im Kaffeeanbaugebiet von Villa Rica. Bild 2014.

Einheimische Arbeiter der Kaffeeplantage von Werners Eltern. Für
sie war es üblich, Koka zu kauen. Bei einigen von ihnen ist die Koka-
Kugel in der Backe gut zu erkennen.

Das Haus von Ilses Eltern am Campo, in dem sich der Laden befand, steht noch. Ilses Schwester Anny und ihr Mann Javier leben heute darin.

Um Kühe zu transportieren, wurde ein grösseres Boot gemietet. Der Weg durch den Urwald war mit dem Vieh zu beschwerlich.

Solange es keine Strasse nach Iscozacín gab, waren kleine Flugzeuge das Haupttransportmittel, um nach San Ramón zu gelangen. Ilse (links) mit Notburga Saldani (Mutter von Henry) und Anny. Das Bild wurde aufgenommen, kurz nachdem Ilses Familie von Lima nach Iscozacín zurückgekehrt war.

Noch heute (Foto 2014) gibt es manch abenteuerliche Abschnitte auf der Strasse von Villa Rica nach Iscozacín.

An Familientreffen von Siedlern war es üblich, viel Bier zu trinken. v.l.n.r.: Werner, Helmut, seine Frau Aydee, Werners Schwester Timpis und ihr Mann Walter.

Nicht nur Werner (links), auch sein Vater (rechts) hatte Alkoholprobleme.

Das glückliche Hochzeitspaar. Als Ilse Werner heiratete, hatte sie keine Ahnung von dessen Problemen.

Teil 2

Ilse

22. November 1989

Soeben waren Tato und Herta von Lima zurückgekehrt, wo sie drei Wochen verbracht hatten. Ihr Töchterchen Carla, das dort die Schule besuchte, war sieben Jahre alt geworden. Sie waren hingefahren, um mit ihr Geburtstag zu feiern, und hatten die Gelegenheit genutzt, um in der Hauptstadt einige Besorgungen zu erledigen.

Es war Abend und Werner war beim Angeln. So badete und wickelte ich Max und ging mit ihm zu ihnen hinüber, um ein bisschen zu plaudern und Neuigkeiten auszutauschen.

„Wir haben Steven getroffen!", berichtete Herta, die dabei war, einen Koffer mit Kleidern auszupacken. Sie nahm ein grün kariertes Hemd heraus, faltete es auf dem Tisch ordentlich zusammen und legte es auf einen Stuhl. „Willst du etwas trinken?"

„Hallo!", rief Tato und betrat den Raum. „Natürlich will Ilse etwas trinken! Willst du Saft oder lieber einen Tee?" Ich entschied mich für Tee, und während er das Wasser aufsetzte, erzählte er: „Wir waren bei Steven und besuchten auch die Gottesdienste der Kirchengemeinde. Ich habe zusätzliche Bücher und Kassetten mitgebracht. So können wir anfangen, selbst kleine Gottesdienste abzuhalten. Was hältst du davon?" „Ausgezeichnet!" Ich war überrascht und freute mich über die Motivation meines Schwagers. Tato stellte die Dose mit den verschiedenen Teesorten vor mich auf den Tisch, strahlte Max an, und als dieser die Ärmchen nach seinem Onkel ausstreckte, nahm er ihn mir ab und hob ihn hoch. „Hallo mein kleiner Spatz!" Schalkhaft, wie wenn er ihn beissen wollte,

schnappte er leicht nach dessen Beinchen. Dann machten sie ihr Lieblingsspiel, das darin bestand, dass Tato meinen Sohn leicht in die Luft warf und wieder auffing. Max kreischte vor Vergnügen.

Während ich einen Beutel Anistee auspackte und in die Tasse gab, blieb Tato auf einmal vor mir stehen und fragte: „Ilse, stell dir vor, du würdest alles verlieren: dein Haus, deinen Garten, deinen Mann, deine Kinder … einfach alles. Was würdest du dann tun?" Verwirrt über diese unerwartete Frage hielt ich erst einmal Herta die Tasse hin, um mir heisses Wasser einschenken zu lassen. „Ich weiss es auch nicht", antwortete ich schliesslich, „das habe ich mir noch nie überlegt."

„Dann müsstest du sein wie Hiob", antwortete Tato. Dann stimmte er ein Lied an, das er in Lima gelernt haben musste. Und während er mit Max durchs Esszimmer tanzte, sang er:
„Wenn du alles verlierst
dann musst du sein wie Hiob
wie Hiob.
Dann musst du an der Hoffnung festhalten
festhalten
und den Glauben an Gott nicht verlieren
den Glauben an Gott nicht verlieren …"

10

Werner

23. November 1989

Endlich kehrten Tato, Herta und Alexander von ihrem Aufenthalt in Lima ins Palcazú-Tal zurück. Ich war erleichtert, denn wir hatten viele Aufträge, und nun lag nicht mehr die ganze Verantwortung auf mir.

Noch am selben Tag reparierte ich mit Tato einen Zaun. Von Südwesten her näherte sich eine Unwetterfront, düster aufgetürmte Wolkenberge, in deren Inneren es unheilvoll brodelte. „Wo hast du dein Auto gelassen?", fragte ich meinen Bruder, denn merkwürdigerweise waren er und seine Familie mit einem Buschtaxi hergebracht worden. Das irritierte mich. Tatos Lieferwagen bedeutete ihm sehr viel, konnte er damit doch viele Transporte selbst übernehmen. Sein Wagen musste stets sauber und einsatzbereit sein. Aber wo befand sich das Fahrzeug jetzt? Ich wiederholte meine Frage. Tato hob einen der Holzpfosten auf und stellte ihn senkrecht auf den Boden. „In San Ramón. Kannst du das mal halten?", antwortete er, während er sich umdrehte und nach dem Hammer griff. Offenbar wollte er nicht darüber sprechen. Überhaupt gab Tato sich anders als sonst: bedrückt, schwermütig und besorgt. „Was ist los?", drang ich noch einmal in ihn. Aber er schüttelte den Kopf und begann konzentriert, den Pfosten mit gezielten Schlägen ins Erdreich zu rammen. Ich beschloss, es erstmal auf sich beruhen zu lassen. Bestimmt würde Ilse über Herta erfahren, was geschehen war.

Bis zum Abend hatte sich das Gewitter bereits verzogen, deshalb ging ich angeln. Als ich nach Hause kam, schlief Ilse. Am folgenden

Morgen berichtete sie beim Frühstück: „Ich war gestern noch bei Tato und Herta. Sie haben ein paar Videos aus Lima mitgebracht. Heute gibt es einen Filmabend." Ich freute mich, denn diese Treffen waren immer eine willkommene Abwechslung. Wir alle drängten uns dann vor das kleine Gerät, schauten uns Western, Komödien oder Liebesfilme an und genossen es, für kurze Zeit in eine fremde Welt einzutauchen. Gemeinsam mit den anderen kicherte ich, hielt den Atem an und versuchte, es die Frauen nicht sehen zu lassen, wenn auch ich eine Träne wegwischte. Es würde ein toller Abend werden. „Hast du eine Ahnung, was mit ihrem Wagen passiert ist?", erkundigte ich mich. Tatsächlich hatte meine Frau bereits mehr darüber erfahren: „Sie haben ihn in San Ramón gelassen. Tato fürchtet, die Terroristen könnten wiederkommen und ihn erneut zwingen, für sie zu fahren. Man hat ihn gewarnt. Offenbar ist er in ihrem Visier."

Ich erinnerte mich: Vor etwa zwei Monaten hatten nachts einige Terroristen bei Tato an die Tür geklopft und nach Essen verlangt. „Wir haben keine Reste vom Nachtessen", antwortete er, nachdem er bei Herta nachgefragt hatte. „Aber wenn ihr wollt, könnt ihr Kekse und Bananen haben." Sie nahmen alles, was sie kriegen konnten. Anschliessend musste er sie mit seinem Auto nach Shiringamazú transportieren. Dabei fuhr er an unserem Haus vorbei. Ich erinnerte mich, wie merkwürdig Ilse und ich es gefunden hatten, dass er nachts unterwegs war, ohne uns Bescheid zu geben. Kurz darauf kam Herta und berichtete uns beunruhigt, was geschehen war. Die Frauen beteten, und gemeinsam warteten wir, bis Tato kurz vor Mitternacht zurückkehrte. „Was ist passiert?", fragten wir alle durcheinander, als er schliesslich die Küche betrat. Aber mein Bruder gab sich sehr wortkarg, wie immer, wenn ihn etwas beschäftigte. Er meinte nur: „Wenn die Terroristen Esswaren oder Schutzgeld fordern, so sollen sie es haben. Wenn sie nur keinem von der Familie etwas antun!"

Was wir nie für möglich gehalten hatten, war also eingetroffen: Die Terroristen waren bis in unser abgeschiedenes Tal vorgedrungen. Vor nicht allzu langer Zeit hatten sie einen Verwandten von Ilse entführt und ihn über alle Siedler des Tals ausgefragt. Dabei hatten sie sich unter anderem für Tato interessiert …

Deshalb also sein besorgter Gesichtsausdruck! Als ich ihn im Laufe des folgenden Tages darauf ansprach, wich er mir erneut aus. Er meinte bloss: „Sie können jederzeit wiederkommen. Damit müssen wir rechnen. Wir können nur hoffen und beten, dass sie bald merken, dass es bei uns nichts zu holen gibt, und sie wieder aus unserer Gegend verschwinden."

Der Tag verlief ohne besondere Vorkommnisse. Wir machten ein bisschen früher Feierabend, um frühzeitig mit dem Film beginnen zu können. „Kommen Johnny und Margot auch?", fragte ich Ilse beim Abendessen. Johnny, Emilios ältester Sohn, hatte inzwischen geheiratet. Er lebte nun mit seiner Frau Margot im Haus, das meinen Eltern gehört hatte. „Na klar!", antwortete meine Frau. „Ob Onkel Emilio und Tante Maria ebenfalls dabei sein werden, weiss ich allerdings nicht."

Schnell hatten wir gegessen und aufgeräumt. Ilse wechselte noch Max' Windeln. „Es ist so heiss, dass ich ihm noch kein T-Shirt anziehe", meinte sie, „aber ich nehme die Tasche mit Reserve-Kleidchen und Windeln mit – für alle Fälle. Was willst du tragen? Die Tasche oder das Baby?" „Beides, gib her!", lachte ich, hängte mir die Tasche um und machte Spässe mit Max, während wir über die Weide zu Tatos erleuchtetem Haus spazierten. Auch Ilse stimmte in unsere gute Laune ein: „Ihr seid beide gleich!", witzelte sie über Max und mich. „Auch du trägst kaum je ein Hemd und bist am liebsten barfuss unterwegs!"

Als wir ankamen, stellte sich heraus, dass die anderen noch nicht so weit waren wie wir. Herta schöpfte gerade die Gemüsesuppe in den

Teller, den Tala ihr hinstreckte. In der heissen Bratpfanne brutzelten Fische, die gekochte Yuca war bereits angerichtet. „Möchtet ihr mitessen?", fragte sie. „Es hat genug!" Da wir bereits satt waren, lehnten wir ab. Aber wir setzten uns zu ihnen an den Tisch und schenkten uns ein Glas Saft ein. „Alexander, was ist denn mit dir los? Geht es dir nicht gut?", erkundigte sich Ilse, als sie den Fünfjährigen bleich vor seinem Teller sitzen sah. Er wollte antworten, wurde aber von einem heftigen Hustenanfall geschüttelt. „Er ist erkältet. Wahrscheinlich hat er sich in Lima angesteckt", erklärte Herta, strich ihrem Sohn über den Kopf und ermunterte ihn: „Versuch wenigstens ein bisschen Suppe zu essen ..."

Plötzlich sahen wir Scheinwerfer auf dem schmalen Strässchen. Reifen quietschten, dann vernahmen wir Männerstimmen. „Das sind sie", sagte Tato. „Die Terroristen. Lasst uns beten." Doch kaum hatten wir die Köpfe geneigt, wurden wir unterbrochen. „Umzingelt das Haus!", brüllte eine Stimme. Gleich darauf stand eine furchterregende Gestalt in der Tür: Der Mann trug eine schwarze Hose, ein dunkles Hemd, und wie alle anderen hatte er eine schwarze Maske über den Kopf gezogen, die nur seine Augen freigab. Das Sturmgewehr im Anschlag, betrat er das Haus, gefolgt von drei weiteren Rebellen. Rings ums Haus hörten wir Schritte und Stimmen. Flugs wurde vor dem offenen Küchenfenster ein Dreifuss mit einem weiteren Maschinengewehr aufgebaut. Der Lauf war auf uns gerichtet.

„Wo ist Tato? Hierher!", schrie der Anführer in arrogantem Tonfall. „Das bin ich", erwiderte dieser. „Fesselt ihn!", schnauzte der Terrorist. „Und wer bist du?", wandte er sich an mich. „Ich bin Werner, sein Bruder", antwortete ich. Der Mann stiess einen Fluch aus. „Ebenfalls fesseln!", befahl er seinen Männern. Grob banden sie uns die Hände zusammen und hiessen uns, uns nebeneinander auf den Boden zu setzen. Zwei Männer mit Gewehren stellten sich neben uns auf.

„Wo sind die Waffen?", brüllte der Anführer Tato an. „Welche Waffen?" „Die Maschinengewehre, du Idiot!" „Ich habe kein Maschinengewehr", erklärte Tato. „Du lügst! Wo sind sie?" Fluchend trampelte er umher und riss einen Küchenschrank auf. „Wenn er es dir doch sagt!", mischte ich mich ein, worauf einer der Männer ausholte und mich mit dem Gewehrkolben auf den Kopf schlug.

„Ich habe wirklich kein Maschinengewehr", wiederholte Tato. „Alles, was ich besitze, ist eine Jagdflinte." „Herholen!", befahl der Terrorist und zeigte auf Tala. Tala, kreidebleich, erhob sich steif. Gefolgt von einem Rebellen verliess er den Raum und kehrte kurz darauf mit besagtem Gewehr zurück. „Diesen Schrott will ich nicht!", zeterte der Anführer und brach es wütend entzwei. Erschrocken wich Tala zurück.

„Und wo ist Emilio Frantzen?", schrie der Guerillero jetzt. „Er wohnt auf der anderen Seite des Flusses!", erklärte Tato. „Herholen!", bellte er. „Wer kann das tun?" Nachts bei starker Strömung mit dem Boot den Fluss zu überqueren, ist ein schwieriges Unterfangen. Tato sah nachts nicht gut, und Tala hatte es nie gelernt. Also erklärte ich mich bereit, hinüberzusetzen. „Los! Beeil dich!" Brutal stiess er mich vor sich hin und folgte mir mit ein paar seiner Leute. Er wandte sich zu Johnnys Haus, das ebenfalls von Guerilleros umstellt war. „Du holst Emilio und seine Frau sofort her!", befahl er noch einmal mit drohender Stimme. „Ohne Motor, hast du verstanden? Sonst hören sie uns und hauen ab. Nur mit den Rudern! Wenn du in einer halben Stunde nicht mit allen zurück bist, lasse ich im Haus da oben alle erschiessen. Ihr begleitet ihn!" Er deutete auf vier seiner Männer. Mein Kopf war völlig leer, als ich zum Anlegesteg hinunterkletterte, die Terroristen ins Boot einsteigen liess und losruderte. Erst jetzt trat Angstschweiss auf meine Stirn und mein Puls begann zu rasen, denn ich realisierte: Ich musste klug handeln! Ich durfte keine Fehler begehen! Sonst setzte ich das Leben meiner Angehörigen aufs Spiel. Das war leichter gesagt als getan, denn die Strömung war stark, die Sicht schlecht und die auf mich gerichteten Gewehre furchteinflössend. Doch ich schaffte es.

„Los! Zeig uns, wo sie wohnen! Du gehst voran!" Einer der Männer drückte mir die Mündung seines Gewehrs in die Rippen und lief hinter mir her, indem er mit einer Taschenlampe leuchtete. Die anderen folgten. Überrascht, um diese Zeit Besuch zu bekommen, öffnete Maria die Tür, während Onkel Emilio neugierig hinzutrat. Als sie mich mit meinen Begleitern entdeckten, spiegelte sich auf ihren Gesichtern zuerst Verwirrung, dann Entsetzen wider. Ich sah ihre fragenden Blicke, aber als ich etwas sagen wollte, wurde ich mit einem Stoss zum Schweigen gebracht. „Ihr kommt mit! Der Kommandant will mit euch reden", befahl der Wortführer. Die Gewehre im Anschlag trieben uns die Terroristen zur Bootsanlegestelle zurück. Als einer dort Emilios Boot mit dem Aussenbordmotor erblickte, erklärte er: „Für die Rückfahrt nehmen wir dieses Boot!" Emilio zögerte. „Tu, was ich dir sage, oder ich erschiesse dich!", schnauzte der Rebell.

Wieder angekommen, brachten zwei von den Guerilleros das ältere Paar zu Johnnys Haus, während ich das Boot festband. Als mich meine Bewacher wenig später ebenfalls die Böschung hinaufführten, sah ich mehrere Personen im Garten stehen. Das Licht, das von der Terrasse drang, erleuchtete Johnny, seine Frau Margot und Maria, die mitten im zertrampelten Blumenbeet standen. Sie waren von einigen dunklen Gestalten umzingelt, die ihre Maschinengewehre auf sie richteten. Grob wurde ich zu dieser Gruppe gestossen. Daneben stand der Anführer, der gerade sein Wort an Onkel Emilio richtete: „Wir werden deinen Sohn Johnny mitnehmen", erklärte er und fügte boshaft hinzu: „Wenn du ihn lebend wiedersehen willst, musst du

80'000 US Dollar Lösegeld bezahlen!" Tante Maria begann zu schluchzen. Emilios Lippen zitterten. „So viel Geld kann ich unmöglich auftreiben! Das können Sie nicht verlangen!", erwiderte er. Die Summe war horrend, hatte Emilio doch wie alle Siedler praktisch kein Barvermögen, sondern lebte von der Vieh- und Forstwirtschaft, die ihm die Selbstversorgung ermöglichte. Trotzdem war ich erstaunt, als der Anführer ihm entgegenkam. „Okay, 60'000 Dollar, keinen Cent weniger! Die Übergabe …"

Mitten im Satz hielt er inne, denn flussaufwärts war ein Schuss gefallen. „Was war das?", brüllte er. Schon hörten wir einen weiteren Schuss, gefolgt von einer ganzen Salve. „Nieder mit denen!", schrie der Guerillero und zeigte auf Johnny und auf mich. Brutal wurden wir zu Boden geworfen, gefesselt und mit Fusstritten traktiert. Meine Stirn blutete. „Nicht rühren!" schrie jemand und ich spürte einen Fuss im Nacken.

Meine Gedanken überschlugen sich, als ich im feuchten Gartenbeet lag, die Ameisen über mich krabbelten und die Schiesserei in der Ferne weiterging. Was war da drüben los? Man hörte unzählige Schüsse, Schreie, Befehle. Ob Tato und Tala involviert waren? O Gott, Ilse war im Haus, Herta und die Kinder! Wenn ihnen bloss nichts zustiess! Ohnmächtig war ich dazu verdammt, tatenlos auf dem Boden zu liegen. Verzweiflung packte mich. Ich musste unbedingt zu ihnen! Ich bäumte mich auf, wurde aber gleich wieder auf die Erde gestossen und fluchend mit weiteren Tritten versehen. Ich konnte nichts tun, ausser warten …

11

Ilse

23. November 1989

Als der Anführer mit Werner das Haus verlassen hatte, war es für eine
Weile still. Wir alle waren total geschockt von der Welle der
Aggression, die brutal über uns hereingebrochen war und uns in eine
dunkle, beängstigende Atmosphäre einhüllte.

Tato, der immer noch am Boden sass, versuchte sie zu
durchbrechen. „Ihr schwitzt ja", wandte er sich an die Bewacher, die
unter ihren schwarzen Woll-Masken wahrscheinlich kaum Luft
bekamen. „Wollt ihr etwas trinken? Auf dem Tisch hat es frischen
Fruchtsaft!" Als sie zögerten, erriet er ihre Gedanken. „Ihr müsst
keine Angst haben, dass wir eure Gesichter erkennen. Wir werden
wegsehen." Gutwillig drehten wir uns weg, als sich ein paar von ihnen
die Masken nach oben schoben und ihren Durst löschten.

„Was wollt ihr von uns?", fing Tato wieder an. „Dazu können wir
keine Auskunft geben, Señor Tato." Die Statur und die Stimme des
Vermummten gehörten zu einem Jungen, der bestimmt nicht älter
als sechzehn Jahre alt war. „Der Anführer wird es Ihnen sagen. Wir
folgen hier nur Befehlen." Wer mochte dieser Bursche sein, der Tato
zu kennen schien? Hatten die Terroristen Leute aus der Gegend
rekrutiert?

Nun betrat ein Guerillero das Haus und mit ihm eine neue Welle
des Hasses. Er beleidigte uns, fluchte, tobte und suchte offenbar nach
einem Grund, um seinen Zorn an uns auszulassen. „Ihr elenden
Ausbeuter! Bestimmt habt ihr für die Partei APRA des elenden Alan
García gestimmt!" Tatsächlich waren erst zwei Wochen zuvor

Kommunalwahlen durchgeführt worden, wobei die bestehende Regierung bestätigt wurde. Das passte den Terroristen des Leuchtenden Pfades nicht. „Wir haben gar nicht gewählt", erklärte Tato, „wir waren nicht da. Wir waren in Lima." Erneut verengten sich die Augen hinter der schwarzen Maske. „Das müsst ihr schon beweisen! Los, ich will die Wahlbüchlein sehen!" Er schritt auf Herta zu. „Du da, du wirst sie mir zeigen!"

Herta blieb nichts anderes übrig, als mit ihm ins Schlafzimmer nebenan zu gehen, wo diese Dokumente aufbewahrt waren. Ich war bisher neben ihr gestanden, Max schützend an mich gedrückt. Jetzt fasste ich auch ihren Sohn Alexander an der Hand. Wie froh war ich, dass die Kinder nicht weinten. Wir hörten, wie Herta die Schublade ihrer Kommode herauszog und sagte: „Hier, sehen Sie!" Doch offenbar interessierte ihn dies nicht mehr. Er hatte eine neue Idee. Von innen verschloss er die Tür und machte das Licht aus. Gleich darauf begann Herta zu wimmern: „Was wollen Sie denn? ... Nein!"

„Lass meine Frau in Ruhe!", schrie Tato. In seiner Wut erlangte er ungeahnte Kräfte und er schaffte es, die Fesseln zu lösen. Doch bevor er zu Herta eilen konnte, stürzten sich die beiden Terroristen auf ihn. Ein erbitterter Kampf begann. Wie benommen stand ich daneben und hielt die Kinder an mich gepresst ... bis ich durch einen ohrenbetäubenden Knall aufs Neue zusammenfuhr. Mitten im Gerangel hatte sich ein Schuss gelöst – und einer der Terroristen sank stöhnend zu Boden. Er regte sich nicht mehr und blutete stark. War er tot?

Gleich darauf herrschte ein heilloses Durcheinander im Esszimmer. „Was ist hier los?!", schrie der Guerillero, der aus dem Schlafzimmer stürmte. Tato richtete sich auf, blickte um sich und schien einen Entschluss gefasst zu haben. Unvermittelt sprang er zur vorderen Tür und rannte von dort in den Garten hinaus. Er kam nicht weit. „Feuer!", brüllte jemand. Dann hörte ich Gewehrschüsse und sah durch das Fenster, wie er zusammenbrach. Inzwischen war auch Herta aus dem Zimmer gestürzt und packte das Gewehr des toten Rebellen. Den Guerillero warnte sie mit bebender Stimme: „Wenn du mich noch einmal anrührst, erschiesse ich dich!" Erschrocken wich der Rebell zurück. Tala nutzte die Gelegenheit, um zur hinteren Tür hinaus zu entwischen. Wie gelähmt stand ich da, doch endlich erwachte ich aus meiner Lethargie. Ich musste handeln! Ich musste die Kinder retten! Rasch tauschte ich mit Herta einen Blick. Wir verstanden uns. Unauffällig glitt ich mit den Kindern ebenfalls durch die Hintertür aus der Küche. Nur ein paar Schritte entfernt befand sich ein Anbau mit einem kleinen Duschraum. Heimlich schlüpfte ich mit den Kindern hinein und schloss die Tür hinter uns ab. „Herr, bitte beschütze die Kinder! Herr, schenk, dass sie uns nicht entdecken!", flehte ich unablässig zu Gott. Wenn nur mein Baby nicht zu schreien begann ... Wenn nur Alexander keinen Hustenanfall kriegte ...!

„Wo ist der Mann aus dem Hochland? Sucht ihn!", ertönte eine Stimme. Und dann, noch dringlicher: „Die Frau des Reaktionärs! Sie hat eine Waffe! Sie hat ein Gewehr! Fasst sie! Tot oder lebendig!" Dann hörte ich nur noch Schüsse. Offenbar hatten die Terroristen das ganze Haus umstellt und feuerten mit ihren Maschinengewehren Salve um Salve in das Gebäude hinein. Wo war Herta?

„Herr, beschütze die Kinder!", flüsterte ich unablässig. Auf einmal fiel mir auf, wie ruhig die beiden waren. Inmitten der ohrenbetäubenden Gewehrschüsse und des Gebrülls war etwas Unglaubliches geschehen: Beide Buben waren eingeschlafen! Alexander, der bisher unablässig von seinen Hustenanfällen geplagt wurde, hatte sich in die Dusche gekauert und war eingenickt, und Max döste in meinen Armen. Das war ein Wunder! „Danke Herr!" Ich betete weiter. Die Ballerei schien endlos zu dauern.

Plötzlich hörten die Schüsse auf. „Wir haben sie!", rief jemand. Herta musste sich irgendwo im Haus versteckt haben. Nun wurde sie fluchend herausgezerrt. „Man kann auch diese Tür benutzen", hörte ich sie sagen und gleich darauf vernahm ich Schritte neben uns. Meine Freundin hatte gesehen, wie ich mit den Kindern durch diese Tür entwischt war. Wahrscheinlich wollte sie wissen, wo wir uns befanden. Ich hielt den Atem an. Würde man ihre Gedanken erraten und nach uns suchen? Aber die Terroristen gingen vorüber.

„Emilio ist dein Vater, nicht wahr?", hörte ich die hasserfüllte Stimme des Anführers. Dann bellte er: „Holt ihn her! Soll er sehen, wie seine Tochter, die Hündin, stirbt!" Herta musste verletzt sein, denn ich hörte sie stöhnen. „Schweig!", fuhr man sie an. In den nächsten Minuten war ich wie betäubt. Der Lärm war nun vorbei, das Böse aber noch greifbarer geworden. Starr vor Schrecken stand ich im kleinen Raum und bekam wie durch einen Schleier mit, wie draussen meine beste Freundin vor den Augen ihres Vaters exekutiert wurde …

Jäh wurde ich in die Gegenwart zurückgerissen, als jemand rief: „Wo sind die Kinder? Wo ist die Frau mit dem roten Kleid?" Damit war ich gemeint. „Sucht sie! Tötet sie!" Überall wieder Schritte, Fluchen, Geschrei. „Herr, mein Gott, was soll ich bloss tun?", flehte ich. Bleiben? Hinausgehen? Ein anderes Versteck suchen? Ich schickte ein Stossgebet nach dem anderen zum Himmel.

Auf einmal spürte ich die Gewissheit, mich ihnen stellen zu müssen. Vorsichtig weckte ich Alexander, nahm ihn bei der Hand und trat mit den Kindern ins Freie. „Hier bin ich", sagte ich. „Was wollt ihr?"

Die Rebellen waren so überrumpelt von meinem plötzlichen Erscheinen, dass sie nicht schossen. Sie führten mich zu einem kleinen Lieferwagen, vor dem der Anführer stand und beaufsichtigte, wie drei Leichname in Decken gewickelt und auf die Ladefläche gehoben wurden. Er hatte die schwarze, strumpfähnliche Maske abgenommen, stülpte sie aber gleich wieder über, als man mich vor ihn hinstiess. Ich erschrak und senkte sofort den Kopf. Hatte er bemerkt, dass ich sein Gesicht mit dem grossen Muttermal auf der linken Wange gesehen hatte? Das würde mein Todesurteil bedeuten.

Von hinten wurde ich angerempelt. „Sie soll mitfahren!", zischte eine unerwartet hohe Stimme. Offenbar war auch eine Frau unter den Rebellen. „Sie soll leiden!", fauchte sie. Ohne sie zu beachten, fing der Anführer an, mich zu befragen: „Wer bist du?" Ich nannte ihm meinen Namen und erklärte, dass ich Werners Frau sei. Als er meinen Namen erfuhr, zögerte er. „Du bist die Tochter von Doña Emma und Luis Egg?", vergewisserte er sich. Und dann, wie um sich zu rechtfertigen, fügte er hinzu: „Weshalb musste dieser Reaktionär Tato bloss einen Kampf beginnen!? Er ist selber schuld, dass er nun tot ist!" Ich schwieg und wartete. Die vermummten Gestalten sorgten für eine äusserst geladene und bedrohliche Atmosphäre. Im schwachen Licht, das von den Häusern herüberdrang, sah ich bloss wilde Augen und glänzende Waffen. Wo war Werner? Erneut drängte die Frau: „Lass sie aufsteigen! Sie soll mitkommen!" Ich rührte mich nicht. „Ich werde euch mit den Kindern nur zur Last fallen", wandte ich mich an den Mann. „Wenn ich mitkommen soll, dann nur, wenn ich vorher noch einmal ins Haus zurück darf. Ich muss Babysachen holen. Mein Kind trägt lediglich Windeln!" Die Luft hatte bereits begonnen, abzukühlen. Bald würde Max frieren. Mein Mut erzürnte die Rebellin noch mehr. „Egal!", brüllte sie jetzt sogar, „sie soll leiden!"

Auf einmal streckte der Fahrer des Lieferwagens etwas aus dem Fenster. „Gebt das der Frau", sagte er, „damit kann sie ihren Säugling zudecken!" Die Stimme kam mir bekannt vor. Verwirrt nahm ich das Stück Stoff entgegen, ein verschlissenes Männerhemd, wie ich feststellte. Sachte wickelte ich Max damit ein.

Alle wurden abgelenkt von einer Gruppe von Guerilleros, die Werner und Johnny gefesselt vor sich hertrieben. Margot folgte ihnen. Mein Mann sah erbarmungswürdig aus: An seinem ganzen Körper klebte Schmutz, Blut rann ihm übers Gesicht. Seine Augen starrten verstört in die Dunkelheit, nur als er mich erkannte, leuchteten seine Augen kurz auf. Die Rebellen stiessen ihn zum Auto, verpassten ihm Schläge und warfen ihn auf den steinigen Boden. Mit Johnny verfuhren sie ein bisschen schonender, aber auch er musste sich auf den Weg legen. „Was habt ihr mit meinem Mann angestellt? Was hat er denn getan?", fragte ich den Anführer. „Er ist ein Reaktionär, so wie sein Bruder!", schnauzte dieser. Seine hasserfüllte Stimme liess mich zurückweichen, doch die Rebellin stiess mich zurück. Ohne mich zu beachten, bellte er einige Fragen an seine Männer, die ihm soldatisch antworteten. „Alle aufsteigen!", befahl er schliesslich. Zuerst hob man die Gefangenen auf die Ladefläche. Werner legten sie auf den Bauch, Johnny setzte sich daneben. „Ich gehe mit", meldete sich Margot, „ich will bei meinem Mann bleiben!" Geschickt kletterte sie hoch und wollte Alexander ebenfalls hochhelfen. Doch ich hielt den Jungen zurück. Er durfte auf keinen Fall mit. „Sie sollen leiden!", hatte die Terroristin gesagt. Was würde uns erwarten? Wenn sie mich und die Kinder nur mitnahmen, um uns zu quälen, dann töteten sie uns besser gleich hier und jetzt.

Dem Anführer schien die Idee, Kleinkinder dabei zu haben, nicht zu behagen. „Also gut", knurrte er mich an. „Wie viel Vieh habt ihr?" „Etwa hundert Stück", antwortete ich. Er überlegte kurz und verfügte dann kurz angebunden: „Einverstanden. Ich lasse dich hier. Aber du bezahlst 15'000 US Dollar Lösegeld für deinen Mann. Sonst töten wir ihn. Los jetzt!"

Nun sprangen auch die Terroristen auf den Wagen. Es waren etwa dreizehn Gestalten, die neben den Leichen und den Gefangenen selbst stehend kaum Platz fanden. Der Anführer und die Frau setzten

sich vorne neben den Fahrer. „Worauf wartest du, Idiot?", hörte ich
noch, wie er diesen anherrschte. „Fahr endlich los!" Das Fahrzeug
setzte sich in Bewegung und holperte langsam über den Feldweg. Ich
sah zu, wie es in der Finsternis verschwand.

12

Werner

23. November – 30. November 1989

Endlich durften Johnny und ich uns erheben. Bis jetzt hatten wir im Garten gelegen und wurden von den Terroristen beschimpft und ab und zu getreten. „Los!", schrie einer, „ihr lauft vor uns her!" Das musste man mir nicht zweimal sagen, wollte ich doch unbedingt zu den anderen und erfahren, was geschehen war. Aus den Wortfetzen der Guerilleros konnte ich mir keinen Reim machen: „Wer hat den elenden Reaktionär erschossen?", hatte ich gehört, und: „Das Weib hatte eine Waffe!" und: „Die andere Frau mit den Kindern ist aufgetaucht!" Ich lief, so schnell ich konnte. „Nicht so schnell!", bellte mein Bewacher und versetzte mir mit dem Gewehrkolben einen weiteren heftigen Stoss zwischen die Rippen. „Hier geben wir das Tempo an! Gleich wirst du sterben wie ein Hund. Denn du bist ein Reaktionär, so wie dein Bruder."

Wie erleichtert war ich, als ich Ilse mit Max und Alexander neben dem Lieferwagen stehen sah! Ich wollte zu ihnen laufen, mit ihr reden, sie in die Arme schliessen – aber die Rebellen liessen es nicht zu. Erneut warfen sie mich zu Boden und hielten mich fest. Vorsichtig hob ich den Kopf und versuchte, um mich zu blicken. Wo waren Tato und Herta, wo Tala? Ich hörte, wie über Leichen, Babykleider und Lösegeld gesprochen wurde, aber die Worte ergaben keinen Sinn. Hatte ich nicht jemanden mit Tatos Schuhen auf dem Wagen liegen sehen? Überhaupt – war das nicht der Jeep meines Freundes Juan Saldani? Mein Schädel brummte. So sehr ich mich bemühte, ich brachte keinen klaren Gedanken auf die Reihe. Die verschiedenen

Hinweise waren wie glitschige Fische, die mir entglitten, sobald ich nach ihnen griff.

Wehrlos und verstört lag ich auf dem staubigen Kiesweg, noch immer nur mit meinen Shorts gekleidet und barfuss. Ich war übersät mit juckenden Ameisenbissen und spürte, wie Blut von meiner Stirn über das Gesicht rann. „Los, aufsteigen!" Erst, als ich brutal gestossen wurde, merkte ich, dass der Befehl mir galt. Ich richtete mich auf und stellte mich vor das Auto, wo man mich hochhob und bäuchlings auf die Ladefläche warf. Johnny und Margot setzten sich daneben. Dann kamen die Guerilleros hinzu, die aus Platzmangel stehen mussten. Noch immer liessen sie mich nicht in Ruhe, sondern stiessen mich mit ihren Schuhen und höhnten: „Dein Bruder war ein elender Reaktionär. Du wirst sterben wie er!" Als wir losfuhren, schwappte eine Blutlache zu mir hinüber. Während der Wagen auf der Fahrpiste holperte und schlingerte, sackte langsam in mein Bewusstsein, was ich bereits ahnte, beziehungsweise wusste: Tato war tot! Das, was neben mir in eine Decke eingehüllt war, war die Leiche meines Bruders. Und der Körper von Herta lag wahrscheinlich neben ihm. Ich heulte auf beim Gedanken an diese schreckliche Erkenntnis, wurde aber sogleich mit einem weiteren Fusstritt zum Schweigen gebracht.

Nach etwa einer halben Stunde hielt der Wagen an. Die meisten Terroristen sprangen ab, ich hörte nervöse Stimmen, Schritte. „Wo sind wir?", hörte ich Margot flüstern. „Shiringamazú!", entgegnete Johnny. „Ruhe!", herrschte unser Bewacher sie an. Schon kommandierte der Anführer: „Aufsteigen Genossen! Wir müssen weiter!" Wieder kletterten einige Rebellen auf die Ladefläche. Mir schien, einige neue Stimmen zu hören. Auf jeden Fall hatten wir nun etwas mehr Platz.

Es folgte die reinste Höllenfahrt. Die Naturstrasse war schlecht, gespickt mit Schlaglöchern und Steinen. Ich lag in einer schleimigen

Masse, einer Mischung vom Dreck der Ladefläche und dem Blut, das aus den Teppichen drang. Ich musste dringend aufs Klo. Aber da die Terroristen uns nicht erlaubten zu sprechen, blieb mir nichts anderes übrig, als mir in die Hose zu urinieren. Mein ganzer Körper tat weh. Kopfschmerzen, Brechreiz und Angst plagten mich. Meine Gedankenwelt war ein einziges Durcheinander: Tato, Bruder! Was ist nur geschehen? Gott! Warum hast du das zugelassen! Ilse – Wo bist du? Ich konnte weder vorausahnen noch abschätzen, was mich erwartete. Ich war dem Wahnsinn nahe.

Nach etwa einer weiteren Stunde hielten wir auf einer kleinen Brücke mitten im Urwald erneut an. Schnell luden die Rebellen eine Leiche ab und warfen sie ins Wasser. „Den Reaktionär und die Frau entsorgen wir später!", hörte ich den Anführer. „Hier führt der Fluss zu wenig Wasser."

Wieder schlingerte und holperte das Fahrzeug über die Piste und stoppte nach einer endlosen Fahrt. Nun durften auch wir aussteigen. Ich konnte mich kaum aufrichten, so sehr schmerzten meine Glieder. Grob schubsten sie einen etwa 15-jährigen Jungen zu uns, der ebenfalls gefesselt war. Ein Guerillero blieb mit der Waffe im Anschlag neben uns stehen.

Schnell fand ich heraus, wo wir uns befanden. Im Licht der Scheinwerfer erkannte ich die robuste Albariño-Brücke. Wir mussten also weitere zweieinhalb Stunden gefahren sein. Am Strassenrand stand ein anderer, grösserer Lastwagen. Ein maskierter Terrorist wartete am Steuer.

Erleichtert, die Horrorfahrt beendet zu haben, versuchten wir, unsere steifen Gliedmassen etwas zu bewegen. „Bemüht euch nicht!", schmähte ein kleingewachsener Buckliger, der zu uns getreten war. „Gleich werdet ihr aufgehängt." Zu einem Kameraden gewandt erkundigte er sich: „Wo ist der Strick?" Zu Tode erschrocken starrten wir uns an und sahen zu, wie die beiden zwei Seile am Tragwerk der

Brücke festbanden. Gleichzeitig hoben andere Maskierte die Leichname von Tato und Herta vom Lieferwagen und trugen sie zur Brücke. „Verflucht, ist der schwer!", beklagte sich einer über Tato, der über neunzig Kilo wog. „Na ja, gleich wird er von den Fischen gefressen!", scherzte ein anderer. Kaltblütig warfen sie die Toten von der Brücke. Hatten die denn gar kein Herz? Ich wurde fast verrückt vor Wut, Entsetzen und Angst.

„Chef, richten wir sie jetzt?", drängte der Bucklige und zeigte auf die vorbereiteten Galgen. „Nein, das machen wir später. Wir müssen hier weg! Wir haben schon zu viel Zeit verloren! Hol die Seile runter! Rasch!"

Murrend gab der Guerillero nach, und während die einen noch ein Plakat an der Brücke befestigten, wurden wir auf den anderen Lastwagen gehoben. Auch den Jungen setzten sie zu uns. Wieder lag ich auf dem Bauch, die Hände auf den Rücken gefesselt … und die Horrorfahrt ging weiter. Alles tat mir weh, denn in dieser Position wurde ich bei jedem Schlagloch leicht in die Luft geworfen und schlug auf die Ladefläche zurück. Die Terroristen waren mittlerweile müde und sprachen nicht mehr viel. Sie rauchten und versetzten mir ab und zu einen Fusstritt. Ich begann sie zu fürchten, diese verdreckten, weissen Turnschuhe … Nach einigen Stunden hielt ich es nicht mehr aus und bat, wie meine Mitgefangenen sitzen zu dürfen. „Nein, denn du bist der Bruder des Reaktionärs, der unseren Kameraden getötet hat!" Ich erkannte den Buckligen an seiner Stimme. Inzwischen konnte ich nicht mehr anders, als jedes Mal aufzustöhnen, wenn ich gegen die Ladefläche prallte. „Also gut, setz dich auf das Reserverad", meinte ein ranghöherer Terrorist schliesslich.

Sofort versuchte ich mich zu orientieren. Zuerst – soviel war klar – mussten wir auf der einzigen Strasse aus dem Palcazú-Tal hinausgefahren sein. Inzwischen war die Luft trockener und andere Düfte drangen an meine Nase. Ich fröstelte und merkte, dass wir um einige hundert Höhenmeter angestiegen sein mussten. Im schalen Licht der schmalen Mondsichel erkannte ich Hügel mit Kaffeeplantagen. Wohin wir wohl fuhren? Wir waren bestimmt schon über sieben Stunden unterwegs.

Plötzlich hielten wir an. „Wir sind da! Aussteigen!", befahl einer. Ich konnte mich zunächst kaum auf den Beinen halten. Angestrengt blickte ich um mich, und als sich meine Augen an die Dunkelheit gewöhnt hatten, wartete eine weitere Überraschung auf mich: Wir waren auf dem Palomar! Im schwachen Mondlicht stand das Haus, in dem ich geboren wurde, dahinter der Schuppen und auf der rechten Seite erstreckte sich die Kaffeeplantage.

Der Hof schien verlassen. Mein Bruder Helmut hatte ihn bereits vor vielen Jahren an Siedler schweizerischer Abstammung verkauft. Es konnte gut sein, dass diese es in der unsicheren politischen Situation vorgezogen hatten, in der Hauptstadt zu leben. Bestimmt gab es einen Aufseher, der ab und zu vorbeikam. Zwei grosse Hunde näherten sich bellend, wurden aber gleich von den Rebellen erschossen. „Nehmt ihnen die Ketten ab!", befahl der Anführer. „Das sind gute Fesseln für unsere Gefangenen." Und an unsere Bewacher gewandt: „Los, schliesst die Geiseln dort ein!" Die Hände immer noch zusammengebunden, stiessen sie uns in den kleinen, etwa zwei mal drei Meter grossen Raum, den mein Vater gebaut hatte, um darin seine Maschinen aufzubewahren. Ob unsere Entführer wussten, dass sie uns ausgerechnet in meine ursprüngliche Heimat gebracht hatten?

Endlich waren wir unter uns! Endlich konnten wir uns unterhalten. Doch kaum versuchten wir es, brüllte die Wache vor der Tür: „Schnauze! Oder ich schiesse euch tot!" Wir tauschten alarmierte Blicke aus und schwiegen, noch immer ganz wirr durch den Schock, die Müdigkeit und die Schmerzen. Die ersten Vögel begannen zu pfeifen und es war bizarr, ausgerechnet jetzt die vertrauten Geräusche meiner Kindheit zu hören. Durch die kleine

Fensterluke sah ich, wie der Himmel sich etwas heller färbte. Es musste also etwa halb fünf sein. Wir warteten weiter. Als ich hörte, wie der Rebell sich vor der Tür mit einem anderen unterhielt, wagte ich es und flüsterte zum Jungen: „Sag mal, bist du nicht der Neffe von meinem Freund Juan Saldani?" Dieser nickte und konnte die Tränen nicht mehr zurückhalten. „Ja, ich bin Henry!", schluchzte er. „Und meinen Onkel haben sie gezwungen, den Lieferwagen zu fahren!" „Ruhe da drin!", befahl unser Bewacher. Stumm grübelte jeder seinen eigenen Gedanken nach.

Plötzlich öffnete sich die Tür und jemand stiess mich an. „Du da! Komm heraus!" Mühsam erhob ich mich und trat blinzelnd ans Tageslicht. Doch gleich wurde es wieder finster, denn etwas Dunkles wurde mir über Kopf und Oberkörper gestülpt. Es war ein schwarzer, aus breiten Plastikfäden gewobener Kaffee-Sack. Durch die feinen Ritzen konnte ich schwach die Umrisse meiner Schergen erkennen. „Jetzt wirst du sterben wie ein Hund! Wir werden uns an dir rächen und dich hinrichten, gleich wie deinen Bruder!" Da war sie wieder, die Stimme des Buckligen. Er versetzte mir einige Hiebe, wobei er in der Terroristenfrau eine Verbündete gefunden hatte, die noch schlimmer auf mich einprügelte als er. Hinterher nahmen sie mich in ihre Mitte und führten mich hinter den Schuppen zum Anführer. „Hier ist er", sagte mein Aufpasser. „Sollen wir nun wieder den Galgen vorbereiten?" „Ja, da drüben hat es einen passenden Balken!", antwortete dieser.

Ich stand in der prallen Sonne, die Stimme kam von vorn. „Weshalb hat dein Bruder opponiert?", begann das Verhör. „Ich habe keine Ahnung", antwortete ich. „Ich war doch gar nicht da." Das wusste er doch! Schliesslich hatte er mich selbst aus dem Haus geführt. Er glaubte mir nicht. „Ihr steckt alle unter einer Decke!", herrschte er mich an. Kühn nahm ich allen Mut zusammen und wagte vorzubringen: „Ich weiss wirklich nicht, was passiert ist! Aber wenn mein Bruder sich gewehrt hat, dann muss es einen triftigen Grund dafür gegeben haben. Sonst würde er so etwas nie tun!" Ich hielt den Atem an, erwartete ich doch erneut eine Tracht Prügel dafür, dass ich dem Anführer etwas entgegengehalten hatte. Diese blieb aus, stattdessen erklärte er: „Nun, unser ursprünglicher Plan war ein ganz anderer. Nicht du, sondern Tato sollte jetzt hier sein. Aber jetzt ist alles anders gekommen. Wir werden dich aufhängen müssen, denn du stellst eine Gefahr für uns dar." Abrupt wechselte er das Thema und begann, mich über die Siedler im Palcazú-Tal auszufragen: „Wie heissen die Viehzüchter?", erkundigte er sich. „Wie sind sie miteinander verwandt? Wie viele Kühe haben sie? Sind sie reich?" Starr vor Schrecken und völlig verstört versuchte ich, so ausweichend wie möglich zu antworten. Ich wollte nicht noch mehr Personen in Gefahr bringen.

Plötzlich vernahmen wir Schritte und Stimmen. „Genosse Rubén, man sucht Sie!", rief jemand. Der Anführer entfernte sich. Rubén also hiess der kleingewachsene, kräftige Mann, der offensichtlich über eine militärische Ausbildung verfügte. Er sprach stets im Befehlston und die anderen Guerilleros schienen ihn nicht nur zu respektieren, sondern geradezu zu fürchten.

Gleich darauf kamen zwei Terroristen, führten mich zurück und stiessen mich – nachdem sie den Sack über meinem Kopf weggerissen hatten – wieder in den Käfig hinein. Offenbar musste Genosse Rubén jetzt etwas anderes besprechen. Ich setzte mich hin. Margot wartete eine weitere Unaufmerksamkeit unserer Wache ab und flüsterte: „Was haben sie mit dir gemacht?" „Nichts", antwortete ich, „Fragen gestellt." Vom Galgen erzählte ich nichts.

Wieder sassen wir schweigend beisammen. Inzwischen drangen einige Sonnenstrahlen durch die Fensterluke, sodass man im Raum besser sehen konnte. „Onkel, du siehst fürchterlich aus!", raunte Margot und deutete mit den Augen auf meinen verschmierten

Oberkörper, auf denen sich die ersten blauen Flecken zeigten. Dann glitten ihre Blicke über meine schmutzigen, blutdurchtränkten Shorts. Ich zuckte mit den Schultern. Meine Gedanken waren ganz woanders. Sie wollten mich erhängen!

Nach einer Weile öffnete sich die Tür erneut. „Die Frau!", befahl jemand. Margot erhob sich und ging hinaus. Sie blieb lange weg. Was man wohl von ihr wollte? Sie war ja nur wegen ihres Mannes mitgekommen! Wenn man ihr bloss nichts antat! Endlich kam sie zurück. „Johnny!" hiess es, und dieser verliess den Raum. Margot setzte sich neben mich, sie zitterte. Ich suchte ihre Augen und erschrak beim Anblick ihres aschfahlen Gesichts. Apathisch starrte sie auf ihre Füsse. Dann, auf einmal, lehnte sie sich zu mir hinüber. Kaum vernehmbar flüsterte sie in mein Ohr: „Er hat mich vergewaltigt. Der Anführer. Ich habe mich nicht gewehrt." Meine Befürchtungen waren also wahr geworden. Stumm sassen wir nebeneinander und vergossen stille Tränen über die Grausamkeit, die man ihr angetan hatte. *Wäre sie doch nur nicht mitgekommen!*, durchfuhr es mich. Doch wer konnte im Durcheinander jener Horrornacht schon überlegt handeln? „Er hat mich gezwungen, ihm alles über unsere Verwandtschaft zu sagen", fing sie wieder an. Aus Angst vor weiteren Misshandlungen hatte sie alles preisgegeben: Adressen, Familienverhältnisse und Finanzen von all unseren Angehörigen im Palcazú-Tal, in San Ramón, ja sogar in Lima. „Sie werden mich freigeben. Und dich werden sie am Leben lassen", versicherte sie mir. „Ich habe ihnen dafür weitere 5000 Dollar versprochen." Ich war mir dessen nicht so sicher, hallten die Worte des Anführers „Wir werden dich hängen müssen" doch immer noch allzu deutlich in meinen Ohren. Schritte und Stimmen kündigten Johnnys Rückkehr an: „Erzähl ihm bloss nichts!", flehte Margot, bevor ihr Mann hereingeschubst wurde. „Wer weiss, wie er reagiert …!"

Johnny setzte sich neben seine Frau, doch niemand sprach ein Wort. Plötzlich wimmerte Henry: „Ich habe Hunger! Ich will nach Hause!" Wie leid tat mir der Teenager, der ebenfalls unter Schock stand. Doch ich war unfähig, ihn zu trösten. Ich hätte keinen Bissen heruntergebracht. Mir war übel von meinem eigenen Gestank, einer ekelerregenden Mischung aus Dreck, getrocknetem Blut und Urin. Nun erst begann ich den Schmerz wahrzunehmen. Die vielen Schläge und die unbequeme Haltung während der achtstündigen Autofahrt hatten eine Unmenge von Beulen, Kratzern und Blutergüssen zur Folge. Zudem waren meine Handgelenke angeschwollen und die Fesseln schnitten in mein Fleisch. Doch das Schlimmste war die seelische Pein, die Ungewissheit: Was würde noch auf mich zukommen?

Irgendwann hörten wir den Schlüssel im Schloss. Ein Terrorist löste unsere Fesseln, dann wurde eine schmutzige Schale mit einigen gebratenen Yuca-Stücken und drei Blechtassen mit Tee auf den Boden gestellt. Den Tee trank ich, aber meine Essens-Ration schob ich Henry hin. Etwas später holten sie mich erneut heraus. Wieder stülpten sie mir den Kaffeesack über den Kopf und fesselten die Hände. Diesmal verwendeten sie die Halsbänder der getöteten Hunde. Die Metallglieder der Kette waren kalt und hart. „Bitte, nicht so fest!", bat ich. „Schweig, elender Reaktionär!", fluchte mein Peiniger und zog extra an. „Du sprichst nur, wenn du gefragt wirst!"

Sie setzten mich auf einen Stuhl vor einem Tisch. Diesmal kam die Stimme des Anführers von der Seite. „Wir wissen jetzt, dass es reiche Leute unter deinen Verwandten gibt!", bemerkte er. „Deshalb wirst du einen Brief schreiben. Damit kriegen sie ein Lebenszeichen von dir." Er befahl, Papier und Stift herzubringen, und drohte: „Wir nehmen dir jetzt den Sack und die Handfesseln ab. Dann notierst du haargenau, was ich diktiere. Aber eine falsche Bewegung – und wir durchsieben dich mit Kugeln!" Ich tat, wie mir geheissen. Zuerst musste ich schreiben, dass ich gut behandelt wurde. Welch eine Lüge! Den Rest konnte ich mir nicht merken. Auch Johnny wurde angewiesen, einen Brief zu schreiben. Danach brachten sie uns in unser Gefängnis zurück.

Die Nacht brach herein, aber ich tat kein Auge zu. Es war kalt, der Geruch meines Körpers unerträglich und meine geschundenen Glieder taten quälend weh. Inzwischen fürchtete ich, eine Rippe gebrochen zu haben. Wir rückten zusammen, um uns gegenseitig zu wärmen. In den langen Stunden brütete ich unablässig vor mich hin. Ich lebte noch. Doch für wie lange? Dann wieder versuchte ich nachzuvollziehen, weshalb Tato und Herta getötet worden waren. Zudem bangte ich um Ilse und die Kinder. Wo mochten sie wohl sein? Hatte man sie ebenfalls gefangen genommen? Hatte man meiner Frau dasselbe angetan wie Margot? Der Gedanke daran zerfrass mich. Und Gott? *Wo warst du? Du hast das alles zugelassen! Warum hast du meinen Bruder und seine Frau nicht beschützt? Warum bin nicht ich umgekommen? Das wäre doch wenigstens gerecht gewesen! Denn ich bin der Säufer, der Lügner, der Schlechte! Tato, der gute Tato! Gott – warum? Gott – nein!*

So zermarterte ich mir das Hirn, während die langen Stunden der Nacht vergingen. Irgendwann drangen die ersten Sonnenstrahlen durch den Bretterverschlag. Später holten sie Margot heraus. Uns Männern lösten sie die Fesseln und schoben uns ein paar trockene, fade Kekse und etwas Wasser hin. Bevor man uns die Hände wieder zusammenband, warf mir ein Rebell ein Hemd zu. Es war hellblau, abgetragen und mit Flicken übersät. Aber immerhin konnte ich nun meinen Oberkörper bedecken …

Als Margot nach einigen Stunden noch immer nicht zurück war, nahm ich an, dass sie freigelassen worden war. Wenigstens das.

Am Abend kam auf einmal Bewegung unter die Terroristen. Sie schienen sich für den Aufbruch vorzubereiten. Durch Wortfetzen bekamen wir mit, dass es in Villa Rica Unruhen gab. Ob die Polizei von uns erfahren hatte? Jedenfalls wollte unsere Gruppe an einen anderen Ort ziehen. Tatsächlich wurde bald darauf die Tür aufgesperrt. „Los! Aufstehen! Jetzt wird marschiert!", kommandierte jemand. Unsanft wurden Johnny, Henry und ich im Abstand von etwa einem Meter an der Hüfte mit einem Seil zusammengebunden. Die Hände blieben auf dem Rücken gefesselt, aber wenigstens stülpten sie uns die Säcke nicht über. „Kopf runter!", bellte mich die Terroristin an und schlug mir mit dem Gewehrkolben auf den Hinterkopf. „Wage nie wieder, den Kopf zu heben!" Dann stiess sie mich an. „Du gehst voraus! Denn wenn sie uns entdecken und schiessen, trifft es dich zuerst."

Im Gänsemarsch marschierten wir durch die dicht bepflanzte Kaffeeplantage, in der ich von meiner Kindheit her vieles wiedererkannte. Obwohl ich gerne barfuss lief, für dieses Gelände waren meine Füsse nicht gemacht. Bald hatte ich Schürfungen und offene Stellen, sodass ich nur noch humpelte. Glücklicherweise befand sich unser erstes Ziel nicht allzu weit entfernt. Die Terroristen führten uns auf einen Hügel, von wo aus man eine gute Sicht auf unseren ehemaligen Hof und die Strasse hatte. Hier verbrachten wir die erste schreckliche Nacht unter freiem Himmel. Die Guerilleros banden uns Rücken an Rücken an einen Baum und zogen uns die Säcke wieder über. Wir zitterten vor Kälte. In dieser Nacht und auch an den darauffolgenden Tagen durften wir nicht sprechen und bekamen fast nichts zu essen. Ich tat kein Auge zu. Immerfort peinigten mich qualvolle Erinnerungen und entsetzliche Befürchtungen. Schrecklich war es auch, wenn wir uns erleichtern mussten. War dies der Fall, musste man sein „Geschäft" bei vorgehaltener Waffe vor einem Terroristen verrichten. „Mach endlich!", schimpfte dieser, was es noch schlimmer machte.

Ein eintöniger Tag im Freien folgte. Erst am späten Nachmittag stieg ein Informant der Guerilleros zu uns hinauf und benachrichtigte Genosse Rubén über alles, was in der Gegend geschah. Ich spitzte die Ohren, um so viel wie möglich mitzukriegen. Der Mann sprach mit vielen Codewörtern und nannte die Orte und Personen nie bei ihren richtigen Namen. Es war erstaunlich und beängstigend, was er alles wusste. Die Terroristen mussten ein enges Netz von Spitzeln in der Gegend haben.

Nachdem der Informant gegangen war, beschloss unser Anführer, wo wir die nächste Nacht verbringen sollten. Auch an diesem Nachmittag mussten wir marschieren. Bevor wir loszogen, warf mir ein Rebell ein Paar alte Turnschuhe vor die Füsse. „Das ist von den Flores!", erklärte er. *Die Flores!*, ging es mir durch den Kopf. *Unsere ehemaligen Nachbarn!* Bestimmt waren die Terroristen auch bei ihnen gewesen. Ihr Hof befand sich ja bloss ein paar hundert Meter von unserem entfernt. Ob meine einstigen Freunde Bescheid wussten, dass ich hier gefangen gehalten wurde? Ob sie wie mein Freund Juan Saldani gezwungen wurden, den Guerilleros zu Diensten zu sein? Oder ob sie mit den Terroristen gar unter einer Decke steckten? Wie auch immer … dankbar zog ich die Schuhe an – doch o weh! Ich hatte die Schuhnummer 43 und dies war bloss eine 39!

„Los jetzt! Wir brechen auf!", kommandierte die Terroristin. Wieder ging es querfeldein, nun aber stundenlang. Wir Gefangenen gewöhnten uns daran, immer mit gesenktem Kopf zu laufen und uns zu Boden zu werfen, sobald ein Warnschrei der Vorhut ertönte.

Als wir nach zwei Stunden Marsch am neuen Lagerplatz ankamen, war der Zustand meiner Füsse ärger als je zuvor. „Bitte", wagte ich vorsichtig zu fragen, „könnte man die Schuhe vorne aufschneiden? So schauen zwar die Zehen raus, aber ich kann wenigstens laufen". Murrend willigten die Guerilleros schliesslich ein.

Der Terroristenfrau ging es nicht gut. Wie ich mitbekam, litt sie wahrscheinlich an Malaria. „Sie wird zu schwach sein für den nächsten Marsch!", hörte ich einen Rebellen sagen. Darauf der übel gelaunte Genosse Rubén: „Dann soll sie doch krepieren …!" Mir sträubten sich die Haare. Sogar unter den Terroristen schien es jeder Menschlichkeit zu fehlen.

Mittlerweile hatte ich mir so gut wie möglich ein Bild über sie gemacht. Dies war schwierig, denn sie achteten sorgfältig darauf, sich stets hinter unserem Rücken aufzuhalten und in unserer Gegenwart die schwarzen Masken zu tragen. Immer hatten wir es mit dunklen, gesichtslosen Figuren zu tun. Trotzdem hatte ich herausbekommen, dass es sich um etwa ein Dutzend Personen handeln musste. Neben Genosse Rubén, der wie ein Offizier seine Kommandos erteilte, waren wahrscheinlich nur wenige „ausgebildete Terroristen" dabei. Die meisten von ihnen waren Burschen, die dem Akzent nach aus der Hochlandgegend stammten.

Tagsüber mussten sie ein hartes Übungsprogramm absolvieren, um körperlich fit zu bleiben. Dann und wann holte der Genosse Rubén einen alten, batteriebetriebenen Kassettenrekorder hervor, und alle Rebellen mussten den Propaganda-Reden ihres Anführers Abimael Guzmán gegen das arbeiterfeindliche Regime zuhören. Das Ganze endete mit Hochrufen auf den bewaffneten Kampf, den Volkskrieg und auf „Presidente Gonzalo". Regelmässig wurden die jungen Männer in der Handhabung der verschiedenen Gewehre und Pistolen unterwiesen. „Weshalb haben die so viele verschiedene Waffen?", flüsterte ich Johnny einmal zu. „Die sind doch alle geklaut! Deshalb haben sie nichts Einheitliches!", vermutete er.

Erneut verbrachten wir eine Nacht unter freiem Himmel. Mittlerweile war eine Idee in mir herangereift: Ich würde abhauen! Im Gegensatz zu den Terroristen kannte ich die Gegend wie meine Hosentasche. Ausserdem hatte ich keine Angst, mich in der freien

Natur aufzuhalten. Ich konnte es also schaffen! Ich wollte einen Moment abwarten, wo sie unaufmerksam waren, und Leine ziehen. Es war nicht einfach, aber ich musste es versuchen. Der Gedanke gefiel mir und ich schöpfte Hoffnung.

Ob Genosse Rubén meine Gedanken erriet? Genau in dieser Nacht liess er mich zu sich führen. Seine Stimme war gefährlich kalt, als er mich hiess, mich vor ihn hin auf einen Stein zu setzen. Ich hatte den Sack nicht auf und mit seiner Taschenlampe leuchtete er mir direkt ins Gesicht. „Weisst du eigentlich, was man mit deiner Frau angestellt hat?", begann er. Ich schüttelte den Kopf und konnte ein Aufstöhnen nicht vermeiden, als er meine schlimmsten Befürchtungen bestätigte. Sadistisch schien er meine Reaktion zu geniessen und fuhr fort, detailliert zu beschreiben, wie die Terroristen Ilse misshandelt hatten. „Und übrigens", fügte er beiläufig hinzu, „nur falls du in Erwägung ziehen solltest, abzuhauen … Wir haben uns informiert und wissen alles: den Aufenthaltsort deiner Frau und auch denjenigen deines Sohnes in San Ramón. Wohnt Heinz nicht in der Familie eines gewissen Agustín? Verlässt er nicht jeden Tag um acht Uhr fünfundzwanzig das Haus, um zur Schule zu gehen? Es wird unseren Männern ein Leichtes sein, ihn abzufangen. Vergiss nicht: Fliehst du, werden deine Angehörigen darunter zu leiden haben!" Wieder genoss er sichtlich das Entsetzen, das sich auf meinem Gesicht abzeichnete. „Führt ihn jetzt ab!", befahl er, „nun weiss er ja Bescheid …"

Es folgten weitere Tage auf den Kaffeeplantagen und im angrenzenden Urwald. Sie bestanden aus langen, beschwerlichen Märschen, immer gefesselt, immer aneinandergebunden, immer mit gesenktem Kopf. Kaum näherten wir uns besiedeltem Gebiet, wurden uns die Säcke übergestülpt, damit wir uns möglichst wenig von den schwarz maskierten Guerilleros unterschieden. „Falls uns ein Befreiungskommando auflauert, wird man euch ebenfalls für

Terroristen halten und auf euch schiessen", erklärte der Bucklige, „währenddessen können wir abhauen." Die Terroristenfrau war inzwischen nicht mehr bei der Gruppe. Wahrscheinlich hatten ihre „Genossen" die durch Malaria geschwächte Rebellin nach jener Nacht einfach im Niemandsland zurückgelassen. Ich bekam jedenfalls nicht mit, dass sich jemand um sie kümmerte.

Die Nächte verbrachten wir meist im Freien, selten in einem leeren Hühnerstall oder in einer verlassenen Scheune. Meist mussten Johnny, Henry und ich mit zusammengebundenen Händen sitzen. In dieser unbequemen Haltung fanden wir kaum je Schlaf.

Ein Tag glich dem anderen, bestimmt war bereits eine Woche vergangen. Wir waren fürchterlich verdreckt, und vor allem ich gab einen bestialischen Gestank von mir. Kein einziges Mal durften wir uns sauber machen, nicht einmal die Hände waschen oder die Zähne putzen. Zum Trinken bekamen wir sehr wenig Wasser, sodass wir ständig Durst litten.

Und der Hunger! Unsere Mahlzeiten waren äusserst knapp bemessen. Man reichte uns nur gerade so viel, dass wir nicht verhungerten. Da ich mich in der Gegend auskannte, machte ich meine Mitgefangenen manchmal auf Früchte oder essbare Pflanzen aufmerksam. Wenn wir sie mit unseren gefesselten Händen erreichen konnten, rissen wir sie von den Sträuchern. In unserer Not verzehrten wir sie auch unreif, was wiederum zu Magenproblemen führte. In der Stille der Nacht knurrten unsere Mägen so laut, dass es weitherum zu hören war.

Die Terroristen verhielten sich unberechenbar und launisch. Manchmal liessen sie uns in Ruhe oder lösten uns für ein paar Stunden sogar die Fesseln. Doch von einem Moment auf den anderen verwandelten sie sich in unmenschliche Tyrannen, die ihre Freude daran hatten, uns grausam und demütigend zu behandeln. Immer wieder drohten sie, uns zu töten, und wir waren uns bewusst, dass sie dies ohne jegliche Skrupel tun würden. Die ständige Anspannung und die quälende Angst machten uns zu psychischen Wracks.

Die Beziehung zu Johnny und Henry war kompliziert. Da man uns verbot, miteinander zu sprechen, hatten wir wenig Gelegenheit, richtig miteinander zu kommunizieren. Nur ab und zu konnten wir uns etwas zuflüstern. Der Junge weinte häufig. Es tat mir weh, ihm nicht helfen zu können. Johnny wiederum liess sich in seiner Verzweiflung zu einer bitterbösen Bemerkung über Tato verleiten, was mich so verletzte, dass ich mich innerlich von ihm distanzierte. So wuchs der Abstand zwischen uns, obwohl wir vierundzwanzig Stunden aneinandergebunden waren. Trotz allem wussten wir, dass unser Schicksal miteinander verknüpft war und wir gut daran taten, einander das Leben möglichst nicht auch noch schwer zu machen.

„Johnny, wir müssen beten!", sagte ich einmal. Johnny, der wie sein Vater mehr in okkulten Praktiken Hilfe suchte als bei Gott, antwortete: „Nein! Bei allem, was passiert ist, werde ich Gott bestimmt nicht um Hilfe bitten!" Eigentlich empfand ich wie er. Auch ich verstand nicht, was Gott hier zuliess, und empfand es als total ungerecht. Trotzdem richtete ich ab und zu ein Gebet zum Himmel.

Unablässig drehten sich meine Gedanken um Ilse. Jetzt, wo ich von ihrer Misshandlung wusste, litt ich mit ihr und quälte mich zusätzlich. Warum hatte ich sie nicht beschützen können?! Wo sie sich wohl befand? Wie es ihr ging?

Und schliesslich fürchtete ich um den neunjährigen Heinz, der unbekümmert in San Ramón lebte. Bestimmt hatte mein Freund Agustín keine Ahnung, dass er und seine Familie wegen meinem Sohn von den Terroristen überwacht wurden. Die Rebellen hatten ein leichtes Spiel, wenn sie den Jungen entführen wollten. Bloss nicht, bloss nicht …!

13

Ilse

23. November – 2. Dezember 1989

Etwas zupfte mich am Ärmel. „Tante", flüsterte Alexander und holte mich in die Gegenwart zurück. „Was tun wir jetzt?" Noch immer standen wir auf dem Weg, von wo aus wir Sekunden zuvor die Schlusslichter des Lieferwagens in der Dunkelheit hatten verschwinden sehen. Oder waren es Minuten? Oder Stunden? Ich wusste es nicht.

Ja, was war zu tun? Ich entschied mich für das Naheliegendste. „Wir wollen zu uns nach Hause gehen und Max die Windeln wechseln." Alexander nickte. Die Idee leuchtete ihm ein. „Aber zuerst müssen wir den Stromgenerator ausschalten!", erklärte er. Er hatte recht. Tatos und Johnnys Häuser waren nach wie vor hell erleuchtet. „Ich weiss, wie es geht", rief der Kleine, „mein Papa hat es mir erklärt!" Er lief voraus, und bevor ich ihn davon abhalten konnte, hatte er den kürzesten Weg durch Hertas Wohnküche gewählt. Als ich ihn einholte, starrte er auf die Blutlache, wo Tato gefesselt gesessen hatte. Sie begann bereits zu stinken. „Das ist von meinem Papa, nicht wahr?", fragte er. *Mein Gott! Was hat das Kind wohl alles mitbekommen?*, ging es mir durch den Kopf. „Nein", antwortete ich und zog ihn fort.

Der Generator befand sich neben dem Duschraum, wo wir uns versteckt hatten. Gerade, als der Junge den Motor ausschalten wollte, vernahmen wir eine Stimme: „Alexander! Ilse! Gott sei Dank! Ihr lebt! Ihr seid da!" Es war Tante Maria, die sich mit Onkel Emilio hinter einer Hecke versteckt hatte. Nun kamen sie gelaufen und wir schlossen uns in die Arme. Noch gab es keine Tränen. Der Schock sass zu tief. „Ich wollte nach Hause, um Max zu wickeln und anzuziehen!", sagte ich nach einer Weile. „Wir begleiten dich!", meinte Maria, „danach kommt ihr am besten zu uns." Onkel Emilio stand apathisch daneben. Er sprach nicht und seine Augen blickten wirr. Kaum eine halbe Stunde zuvor hatten die Terroristen ihn gezwungen, der Tötung seiner eigenen Tochter beizuwohnen. Trotzdem kam er mit und fuhr uns danach mit dem Boot über den Fluss. Wir beschlossen, einige Stunden zu ruhen. Am nächsten Tag wollten wir weitersehen.

In dieser Nacht tat ich kein Auge zu. Immer wieder liefen die entsetzlichen Bilder vor mir ab und die grauenhaften Geräusche klangen in meinen Ohren. Es war wie in einem Horrorfilm – diese finsteren Gestalten, diese teuflischen Blicke, diese unvorstellbare Brutalität. Jäh war das Böse mit aller Macht über uns hergefallen. *Gott, warum hast du solche Gewalt zugelassen? Warum mussten Tato und Herta sterben?* Wie immer ich es drehte und wendete, ich verstand es nicht. Es war so grausam! Es war so ungerecht! Bitterkeit und Wut krochen in mir hoch. Ich spürte die Versuchung, mich gegen den Höchsten aufzulehnen. Ich erhob mich und trat ans Fenster. Der Mond war zu einer Sichel geformt und die Sterne funkelten in ihrer ganzen Pracht. Ich blickte zu ihnen empor: „Gott, wo warst du? Gott, wo bist du?" Als ich mich wieder umwandte, fiel mein Blick auf Max und Alexander, die friedlich schliefen. „Danke, Herr, dass du sie wunderbar bewahrt hast", flüsterte ich. Ja, danke! … Aber warum nur alles andere? Warum?! … Auf einmal drangen leise, ganz leise, die Töne einer Melodie in mein Bewusstsein … Tatos Worte vom Vorabend kamen mir in den Sinn. Was hatte er noch gefragt? „Was würdest du tun, wenn du alles verlieren würdest?!" Und die Antwort des Liedes: „Dann musst du sein wie Hiob … an der Hoffnung festhalten und den Glauben an Gott nicht verlieren …"

Der Morgen brach an. Während die Kinder noch schliefen, sassen Emilio, Maria und ich übernächtigt und mit geröteten Augen am Tisch. Maria hatte Kaffee gekocht und ein paar Kochbananen gebraten, doch keiner von uns brachte einen Bissen hinunter. „Wir müssen so schnell wie möglich meine Brüder Walter und Juan informieren!", meinte Emilio, der seine Sprache wiedergefunden hatte. „Deine Eltern Emma und Luis sind ja in Lima!" Oh, wie dringend hätte ich den Trost und den guten Rat von Vater und Mutter jetzt benötigt! Aber da sie in der Hauptstadt waren, würden wir die nächsten Schritte ohne ihre Hilfe tun müssen. Noch am Morgen mussten Emilio und ich meine beiden Onkel aufsuchen. Aber zuerst wollten wir noch einmal über den Fluss fahren. Maria würde zu den Kindern schauen.

Erst jetzt, bei Tageslicht, sahen wir das volle Ausmass der Katastrophe. Tatos Haus war über und über mit Einschusslöchern gespickt, sowohl aussen als auch innen. Die Terroristen mussten mit ihren Maschinengewehren durch die Fenster in jeden einzelnen Raum geballert haben. Die Vasen, die Bilder, die Betten – alles war zerstört, durchlöchert, beschädigt. Im hintersten Zimmer war die grosse Schranktür geöffnet, am Boden entdeckten wir Blut. Also musste Herta sich hier zwischen den Kleidern versteckt haben und irgendwann getroffen worden sein. Jedenfalls war deutlich eine Blutspur zu sehen, die vom Schrank über den Flur zum Esszimmer und zur Hintertür hinaus in den Garten führte. Es schnürte mir die Kehle zu, als ich die kalte Suppe auf dem Tisch stehen sah und die gebratenen Fische, die in der Pfanne von einem Heer Fliegen bedeckt waren. Kakerlaken und Ameisen bahnten sich bereits einen Weg. Das Blut stank. „Komm!", sagte ich zu Onkel Emilio, der zitternd in der Tür stand. „Das wirst du nicht aufräumen – und ich auch nicht!"

Auf der erneuten Überfahrt beschlossen wir, Señor Aranda, einen Nachbarn, um diesen Gefallen zu bitten. Als wir zu Maria in die

Küche traten, sass dieser zu unserem Erstaunen bereits dort und trank eine Tasse Tee. „Ich habe die Schüsse gehört!", erklärte er. „Was ist denn geschehen? Kann ich euch irgendwie behilflich sein?" Wir erzählten ihm das Wichtigste und waren dankbar, dass er sich bereit erklärte, mit seinen Leuten Tatos Haus zu putzen. Ausserdem würde er unsere Schlüssel aufbewahren und vorübergehend nach den Haustieren sehen. Er wollte schon aufbrechen, da zögerte er und sagte: „Übrigens – Tala ist bei uns! Es ist ihm gelungen, wegzuschleichen und über den Fluss zu schwimmen. Aber er ist so verstört und schockiert, dass er das Haus nicht verlassen will!" Erleichtert atmete ich auf. Tala war nicht erschossen oder entführt worden, wie ich befürchtet hatte. Er befand sich in Sicherheit.

Wir trafen Onkel Walter in seinem Garten, zusammen mit Juan Saldani, einem Freund von Werner. Dieser war völlig durcheinander, denn wie sich herausstellte, war er der Fahrer des Lieferwagens gewesen. Aufgewühlt berichtete er uns, wie die Terroristen ihn aufgesucht und gezwungen hatten, sie zu Tato zu fahren. Selber erpresst und bedroht, wurde Juan Saldani vom Auto aus Zeuge der schrecklichen Ereignisse, die sich bei uns abspielten. Er war es gewesen, der mir sein Hemd für Max aus dem Fenster gereicht hatte. Anschliessend musste er die Guerilleros bis zur Brücke Albariño fahren. Dort wurden die Leichen von seinem Wagen geladen und von der Brücke geworfen. Schliesslich bestiegen die Rebellen mit den Gefangenen einen anderen Lastwagen und liessen ihn zurück. Obwohl Juan alles getan hatte, was sie verlangten, hatten sie Henry, seinen Neffen, ebenfalls entführt. „Diese Dreckskerle!", stöhnte er. „Übrigens, sie haben an der Brücke ein Plakat angebracht. 'Unter Todesdrohung verboten, die Toten zu bergen!', ist darauf geschrieben."

Nachdem Juan Saldani sich verabschiedet hatte, blieben Emilio und Walter im Garten. Ich ging in die Küche, um seine Frau Chumpi zu grüssen. Misstrauisch musterte sie mich, als sie mich erblickte. „Was willst du denn hier, allein mit Emilio?", forschte sie. „Ach, ich begleite ihn bloss. Er will etwas mit Walter besprechen", wich ich aus, unfähig, ihr zu erzählen, dass vor ein paar Stunden einer ihrer Brüder erschossen und der andere von den Terroristen entführt worden war. Ich wollte das Ende des Gesprächs der Männer abwarten und es ihr anschliessend gemeinsam mit Emilio schonend beibringen. Doch Onkel Walter nahm mich zur Seite. „Sag ihr noch nichts!", bat er. „Ich werde sie später darüber informieren."

Nach einer Weile fuhren die beiden Brüder zu Onkel Juan. Auf dem Weg dorthin setzten sie mich bei meiner Schwester Anny ab. Ich berichtete ihr nur das Nötigste. Sie stellte viele Fragen, aber ich war nervös und unfähig, sie zu beantworten. Vielmehr drängte die Zeit! Die Terroristen hatten Lösegeld verlangt. Wir mussten handeln! Ungeduldig erwartete ich die Rückkehr der Männer.

Auf dem Rückweg zu Maria berichtete mir Emilio, was sie beschlossen hatten. Zuerst musste Helmut informiert werden, was mit seinen Brüdern geschehen war. Onkel Juan würde ihn gleich aufsuchen.

Dann mussten die Leichname gefunden werden. Von Juan Saldani wussten wir jetzt, dass diese bei der Brücke Albariño in den Fluss geworfen worden waren. Allerdings war es nicht ungefährlich, die toten Körper zu suchen und zu bergen, hatten die Terroristen dafür doch mit der „Todesstrafe" gedroht. Deshalb würde Walter sich an Máximo, einen Freund der Familie, wenden. Er kannte sich im Dschungel ausgezeichnet aus. Bestimmt war dieser bereit, nach den Leichen zu suchen, wobei Helmut ihn so bald wie möglich darin unterstützen würde. Einmal gefunden, wollte man sich um ein unauffälliges, würdiges Begräbnis kümmern.

Und schliesslich würden Onkel Walter und Onkel Juan in den nächsten Tagen versuchen, den grössten Teil von Tatos, Werners und

Emilios Vieh zu verkaufen. Damit konnte ein Teil des Lösegelds bereitgestellt werden.

Soweit die Pläne hier vor Ort. Emilio, Maria und ich hingegen wollten mit den Kindern so schnell wie möglich nach Lima aufbrechen und dort im breiteren Familienkreis beraten, was zu tun war.

Bereits am folgenden Tag fuhren wir mit einem Buschtaxi den Fluss entlang aus dem Tal. Wir waren die einzigen Passagiere. Auf der schlechten Piste schlingerte und holperte der Wagen, und obwohl wir uns an den Sitzen und an der Decke festhielten, wurden wir in den Schlaglöchern gegeneinander geworfen. Der dichte Urwald an unserer Seite wirkte bedrohlich. Alexander hustete wieder und Max weinte häufig. Deshalb war ich froh um jede Kurve, die wir geschafft hatten. Nach einigen Stunden Fahrt sahen wir Máximo ganz alleine auf einem Baumstrunk am Strassenrand sitzen. Als er uns im Wagen erblickte, stand er auf und gab dem Fahrer ein Zeichen. „Ich wusste, ihr würdet früher oder später hier vorbeikommen", meinte er, nachdem wir ausgestiegen waren. Er ergriff Tante Marias Hände. „Du hast sie gefunden?!", erriet sie. Er nickte. „Herta, ja. Aber Tato noch nicht." Wieder standen wir beieinander und trauerten ... bis irgendwann das ungeduldige Hupen des Fahrers zu uns drang. Wir mussten weiter. „Versprich mir, dass du sie nach Isco bringst", flehte Maria. „Ja", nickte Máximo, „wir werden dafür sorgen, dass eure Tochter eine anständige Beerdigung bekommt! ... und natürlich werde ich auch weiter nach Tato suchen."

Kurze Zeit später kam uns auf der verlassenen Strasse ein Sammeltaxi entgegen. Zu unserem Erstaunen entdeckten wir Margot, Johnnys Frau, unter den Mitfahrern. „Zu euch wollte ich", sagte sie, stieg kurzerhand um und fuhr mit uns wieder in Richtung San Ramón. Unterwegs erzählte sie uns, dass die Terroristen sie vor ein paar Stunden freigelassen hatten. Sie bemühte sich, zu berichten, was vorgefallen war. Aber sie stand unter Schock und ihre Sätze waren konfus und widersprüchlich. „Es geht ihnen gut …", behauptete sie beispielsweise. … „Die Männer schlagen nicht immer … Sie sind im Palomar … Er hat mich misshandelt … Henry ist auch dabei … Nun haben sie mich freigelassen, dafür müsst ihr 5000 Dollar mehr bezahlen …" „Ruh dich erst einmal aus", versuchte Maria ihre Schwiegertochter zu beruhigen.

Während sie sich zurücklehnte und die Augen schloss, unterhielten wir uns einmal mehr über das weitere Vorgehen. Vorderhand mussten wir unbedingt vorgeben, das Geld aufzutreiben. Bestimmt wurden wir von den Terroristen beobachtet und wir durften die Geiseln nicht in Gefahr bringen! Aber sollten wir wirklich bezahlen? Wäre es nicht besser, das Militär oder die Polizei zu informieren und sie zu bitten, die Gefangenen zu befreien? Unsere Verwandten in Lima hatten Beziehungen zu einem hohen Beamten. Ruckartig richtete Margot sich auf. „Nein!", schrie sie, „kein Militär! Auf keinen Fall!" … Umständlich zog sie zwei zerknitterte Umschläge aus der Tasche und überreichte sie Emilio und mir. „Entschuldigt", meinte sie, „die hatte ich ganz vergessen …"

Mit zitternden Händen faltete ich den Zettel auseinander. Auf dem schmutzigen Papier war eindeutig die Schrift meines Mannes zu erkennen. Allerdings waren die Sätze so formuliert, dass sie unmöglich von ihm stammen konnten. In seinem Schreiben bat er mich, das Lösegeld bis in einer Woche zu beschaffen, warnte, keinesfalls die Polizei oder das Militär zu informieren, und beteuerte, gut behandelt zu werden. Der Brief endete mit der Aufforderung, das Schriftstück zu verbrennen, sobald ich es gelesen hatte. Ich tat es. Johnnys Brief war ähnlich wie der von Werner. Er enthielt jedoch bereits die Bedingungen für die Geldübergabe. Wieder überlegten und diskutierten wir. Wie sollten wir vorgehen? Guter Rat war teuer.

In San Ramón angekommen, riefen wir unsere Verwandten in Lima an. Wir informierten sie über die Geschehnisse und kündeten an, uns gleich am folgenden Morgen früh auf den Weg zu ihnen zu machen. Nach einer kurzen Nacht brachen wir auf und fuhren weitere acht lange Stunden in die Hauptstadt.

In Lima begaben wir uns ohne Zwischenhalt direkt zu Erika, einer anderen Tochter von Emilio und Maria. Diese hatte viele Verwandte und Freunde zusammengerufen, sodass uns eine ganze Gruppe von Personen erwartete. Auch meine Eltern und meine Schwester Nelly waren da. Wie gut tat es, sie endlich in die Arme zu schliessen.

Kurz berichteten Emilio, Margot und ich, was passiert war. Schliesslich fasste Emilio zusammen: „Für Johnny verlangen die Terroristen 60'000 US Dollar Lösegeld und für Werner 15'000. Und nach Margots Freilassung kommen noch einmal 5000 Dollar dazu. Es sind also genau 80'000 Dollar, die wir bezahlen müssen. In Johnnys Brief steht, dass wir den Terroristen diese Summe in nur einer Woche in der Nähe von San Ramón zu überbringen haben. Im Gegenzug werden sie die Geiseln freilassen." „Und wenn wir das Militär informieren?", wandte jemand ein. „Nein!", schrie Margot, „dadurch bringen wir sie in Gefahr!" Emilio führte aus: „Wenn wir das tun, stehen nicht nur die Leben von Johnny, Werner und Henry auf dem Spiel, sondern auch jene anderer Menschen. Die Rebellen kennen die Adressen von all unseren Angehörigen in San Ramón. Sie haben gedroht, diese ebenfalls aufzusuchen." Er rang um Fassung, als er flüsterte: „Meine Tochter haben sie mir bereits genommen. Meinen Sohn will ich nicht auch noch verlieren!"

Die Besprechung dauerte nicht lange. Jemand schlug noch vor, einen hohen Offizier der Marine zu bitten, eine geheime Befreiungsmission durchzuführen. Aber die Anwesenden waren skeptisch. Die Entführer handelten unbarmherzig und kaltblütig. Wenn wir die Leben der Geiseln nicht riskieren wollten, musste alles streng geheim vor sich gehen. Wer garantierte uns dies? Würde man uns überhaupt helfen? Wann? Wir wussten, dass in diesen unruhigen Zeiten auch im Militär und bei der Marine vieles nicht mit rechten Dingen zu- und herging, von der Polizei ganz zu schweigen. Und die Zeit rannte uns davon! Nein, lieber wollten wir die Sache im Familienkreis regeln und die Kontrolle darüber selber behalten. Das bedeutete, so schnell wie möglich Geld zusammenzulegen und Kredite aufzunehmen. Zwei Personen anerboten sich, das Sammeln zu übernehmen und entsprechende Listen zu führen. So konnten wir das Geld später zurückzahlen.

Bevor wir auseinandergingen, erkundigte sich jemand: „Was ist eigentlich mit Henry, dem Jungen, der mit Johnny und Werner gefangen ist?" Emilio erklärte: „Damit haben wir nichts zu tun. Diese Verhandlungen laufen separat." Damit war die Zusammenkunft aufgehoben und alle gingen nach Hause.

Ich durfte mit Max bei Nellys Familie wohnen, wo auch meine Eltern untergebracht waren. Dort angekommen, war endlich Zeit, zusammen zu weinen. „Erzähl …", forderte mich mein Papa auf. „… aber lass dir Zeit!" Etwas später fiel ich erschöpft ins Bett, erleichtert darüber, dass die grosse Last nun von vielen Schultern getragen wurde.

Auch Pastor Steven hatte bereits von unserem Schicksalsschlag erfahren. Er rief bei Nelly an und lud mich für den folgenden Tag zu sich ein. Wie dankbar war ich, seine gütigen, mitfühlenden Augen zu sehen. Wie gut tat mir Nancys Umarmung! Endlich konnte ich alle meine Gedanken, Ängste und Sorgen aussprechen! Wir setzten uns an den Tisch und Nancy machte Kaffee, während ich die Geschehnisse zusammenfasste. Als ich geendet hatte, interessierte mich Stevens Meinung. „Denkst du, es ist wirklich richtig, den Rebellen das Lösegeld zu bezahlen? Bisher fand ich es immer verkehrt, solchen Forderungen nachzugeben. Damit haben die

Terroristen bloss noch mehr Geld für ihre Gräueltaten zur Verfügung. Aber jetzt, wo es meinen eigenen Mann betrifft, bin ich mir dessen nicht mehr so sicher. Ausserdem wollen meine Verwandten zahlen …" Der Pastor nickte: „Ich würde ebenfalls so handeln. Geld ist doch bloss etwas Materielles! Wie viel mehr wert sind Werners, Johnnys und Henrys Leben …!"

Auf einmal kamen mir die Tränen: „Ich kann Gott einfach nicht verstehen!", brach es aus mir heraus. „Warum hat er so etwas zugelassen? Ausgerechnet Tato und Herta!" Nancy nahm meine Hand. Auch sie hatte feuchte Augen. Schliesslich meinte sie: „Wahrscheinlich werden wir dies nie verstehen … aber so viel ist sicher: Gott hat letztlich immer gute Gedanken und einen guten Plan für jeden einzelnen Menschen. Manchmal müssen sehr schwere Dinge geschehen …"

„Auf jeden Fall ist es ein grosser Trost zu wissen, dass die beiden nun bei ihrem Herrn und Erlöser im Himmel sind", fügte Steven hinzu. „Als Tato vor zwei Wochen hier in Lima war, erzählte er mir, wie er sein Leben vor kurzer Zeit auch ganz bewusst Jesus Christus geschenkt hat." „Ach, deshalb war er so motiviert, bei uns im Urwald eine christliche Gemeinde zu gründen", erinnerte ich mich. Dann erzählte ich ihnen von seiner ungewöhnlichen Frage und dem Lied, das er mir am Abend vor seinem Tod vorgesungen hatte: „Dann musst du sein wie Hiob … an der Hoffnung festhalten und den Glauben an Gott nicht verlieren …" „Es ist, als wollte Gott dir diese Worte ganz persönlich auf deinen schweren Weg mitgeben", staunte Nancy.

Gestärkt durchs gemeinsame Gebet und die Anteilnahme kehrte ich zu meinen Verwandten zurück. Nein, ich verstand Gott nicht. Ja, die Trauer und die Sorgen drohten mich zu erdrücken. Aber ich hatte beschlossen, dadurch nicht vom Allmächtigen abzurücken, sondern mich im Gegenteil erst recht bei Ihm zu bergen. Auf Anraten von

Steven beschloss ich, die zermürbende Frage nach dem „Warum" nicht mehr zu stellen.

Die wenigen Tage in Lima vergingen wie im Flug. Zwar konnte ich mit meinen Eltern zusammen sein, doch wir waren alle sehr beschäftigt. Unzählige Telefonate und Besuche waren nötig, um den riesigen Geldbetrag möglichst bei Privatpersonen zu borgen. Den Banken traute damals keiner.

In dieser Zeit erlebte ich sehr viel Liebe und Grosszügigkeit, aber auch viel Härte und Gleichgültigkeit von Seiten unserer Mitmenschen. Während die einen überheblich kommentierten: „Die sind selber schuld an ihrer Misere", klaubten andere alles zusammen, was sie hatten, steckten es in einen Briefumschlag und meinten: „Das ist ein Geschenk! Du brauchst es nicht zurückzugeben!" Manchmal waren es bloss zehn Dollar, aber mit wie viel Herzensgüte überreicht! Diese Anzeichen des Mitgefühls zu erleben, war sehr tröstlich.

Steven rief mich an, um mich zu informieren, dass in der Kirchengemeinde ebenfalls für uns gesammelt wurde. Er fügte hinzu: „Übrigens beten viele Christen für euch und eure Situation. Ich habe alle meine Pastorenfreunde angerufen und ihnen von eurer Not erzählt. Nun bilden Leute aus mehreren Gemeinden Limas eine Gebetskette. Damit steht ständig jemand vor Gott dafür ein, dass die Verschleppten bewahrt bleiben und bald freikommen."

Mittlerweile zeichnete sich ab, dass wir das Geld zusammenkriegten – aber nun stellte sich ein weiteres Problem: Wie sollten Emilio und ich 80'000 US Dollar nach San Ramón transportieren? In diesen Tagen gab es auf der Hauptstrasse von Lima ins Urwaldgebiet täglich Überfälle. Wegelagerer verbarrikadierten die Strassen und raubten Busse und Personenwagen aus. Auch vor den Terroristen, die uns bestimmt beobachteten, waren wir nicht sicher. Wieder half uns unser Beziehungsnetz: Mein Bruder Edmundo hatte einen Freund, der als Pilot für eine der grössten peruanischen Bank tätig war. Genau in diesen Tagen flog er nach San Ramón und war bereit, Emilio, mich und unsere wertvolle Fracht mitzunehmen.

Wir packten die Noten in eine einfache, dunkelblaue Sporttasche und versuchten, uns so unauffällig wie möglich damit zu bewegen. In San Ramón holte uns eine Verwandte ab und brachte uns zur Familie von Agustín, die Heinz bei sich aufgenommen hatte. Bereits am folgenden Tag sollte die Übergabe des Geldes und die Freilassung der Geiseln stattfinden. Endlich würde ich meinen Mann wiederhaben! Die Terroristen hatten bestimmt, dass das Geld von Onkel Emilio und einem anderen Verwandten namens Raúl überbracht werden musste. Die beiden sollten mit Raúls grünem Wagen auf einer abgelegenen Strasse mitten in den Urwald hineinfahren und an einer bestimmten Stelle halten. Das Treffen sollte um 11.00 Uhr stattfinden.

Als Agustín von dieser Forderung hörte, meinte er: „Ich werde euch begleiten! Wenn die Terroristen etwas einwenden, erklären wir ihnen, dass ihr emotional nicht in der Lage wart, alleine zu fahren." Überhaupt fasste Agustín das Ganze mit etwas Humor auf, was uns allen guttat. Als er beispielsweise die Sporttasche sah, in der die kostbare Fracht fein säuberlich nach 100, 50 und 20 Dollar-Noten zusammengebunden war, riss er die Pakete auf und wühlte alles durcheinander. „So einfach wollen wir es ihnen beim Zählen doch nicht machen!", witzelte er. „Die sollen ruhig etwas zu tun haben!"

Am folgenden Morgen winkte ich den Männern nach, als sie davonfuhren. Ungeduldig und erregt konnte ich das bevorstehende Wiedersehen kaum erwarten. In meiner Vorfreude verkündete ich Heinz: „Heute wird Papa zu uns kommen!" Um den Jungen nicht zu belasten, hatten wir ihm nichts von der Entführung erzählt. Er dachte, sein Vater sei wie gewohnt bei der Arbeit, und freute sich nichts ahnend an meinem Besuch. Als ich ihm nun mitteilte, dass Werner ebenfalls zu uns stossen würde, wusste er nicht, woher und aus welchen Umständen. Trotzdem steigerte sich seine Vorfreude von Stunde zu Stunde. Meine ebenfalls.

Unsere Geduld wurde auf eine harte Probe gestellt. Endlich, es war bereits vier Uhr nachmittags, erkannten Heinz und ich vom Fenster aus Raúls grünen Wagen auf der Zufahrtsstrasse. Wir liefen aus dem Haus, doch ein Blick in den Wagen machte mich stutzig. Nur Emilio, Raúl und Agustín sassen im Auto. Wo waren Werner, Johnny und Henry? Die düsteren Mienen der Männer verhiessen nichts Gutes. Etwas war schiefgelaufen! Während sie mit müden Bewegungen aus dem Auto kletterten, rang ich um Fassung. „Wo ist Papa?", fragte Heinz, der nicht von meiner Seite wich. „Geh, spiel noch eine Weile mit deinen Kameraden!", forderte ich ihn auf. „Ich werde es dir erklären, sobald auch ich mehr weiss." Unbekümmert hob er seinen Ball auf und begab sich zu den anderen Kindern.

Kaum war er um die Ecke gebogen, erkundigte ich mich mit bebender Stimme: „Was ist geschehen? Wo ist Werner?" Als keiner antwortete, drängte ich noch einmal: „Wo sind sie? Habt ihr das Geld übergeben?" Agustín nickte und meinte dann: „Gehen wir erst einmal ins Haus." Emilio, dem die erneute Begegnung mit den Terroristen nervlich sehr zugesetzt hatte, musste sich setzen. Auch wir nahmen im Wohnzimmer Platz. Nun endlich erfuhr ich, was geschehen war.

Agustín ergriff das Wort: „Wir fanden den Übergabeort problemlos und waren frühzeitig da. Die Terroristen hatten eine einsame Stelle mitten im dichten Dschungel ausgesucht. Dort ist die Piste etwas breiter, sodass man das Auto wenden kann. Wir hielten an und stiegen aus. Aber alles blieb ruhig und niemand erschien. Nach einer halben Stunde berieten wir, ob wir besser wieder umkehrten. Plötzlich löste sich eine Gruppe dunkel gekleideter, maskierter Guerilleros aus dem Unterholz. Ohne ein Wort zu sagen, umzingelten sie uns mit den Waffen im Anschlag. Da trat ein Kleiner vor und schrie: „Wo ist das Geld? Hierher!" Emilio holte die Tasche aus dem Wagen und stellte sie auf die Strasse. Danach mussten wir mit den Händen über dem Kopf warten. „Keine Mätzchen!", schrie der Guerillero. „Wir zählen das Geld! Wenn wir nur einen falschen Schein entdecken, seid ihr tot!" Er packte die Tasche und verschwand im Dickicht, während die anderen Rebellen weiterhin auf uns zielten. Wir mussten sehr lange warten. Wie habe ich nun bereut, die Noten durcheinandergewühlt zu haben!" Agustín machte eine Pause.

„Und dann? Was geschah dann?", drängte ich. „Irgendwann kam der Guerillero zurück. Er war äusserst gereizt und hatte es sehr eilig. ‚In Ordnung‘, schnauzte er, ‚ihr könnt gehen!‘ Dann wandte er sich an seine Männer, die bei uns standen. ‚Los! Wir müssen los! Das Militär!‘, bellte er sie ungeduldig an und wollte schon wieder im Dickicht verschwinden. ‚Halt!‘, rief Emilio. ‚Und was ist mit meinem Sohn?‘ Der Guerillero wandte sich noch einmal um. ‚Wir werden die Geiseln erst laufen lassen, wenn wir und das Geld in Sicherheit sind. Das Militär ist hinter uns her und eure Verwandten dienen uns als Schutz. Falls man uns angreift, werden wir sie töten. Das könnt ihr den Soldaten ausrichten.‘ ‚Das ist gegen die Abmachung!‘, keuchte Emilio und wollte sich auf ihn stürzen. Sofort hoben die Rebellen ihre Gewehre. ‚Schnauze!‘, brüllte der Guerillero. ‚Wenn das Militär uns in Ruhe lässt, lassen wir die Gefangenen frei. Aber erst in acht Tagen.‘ Plötzlich schien er sich an etwas zu erinnern. Er riss zwei Briefumschläge aus seiner Tasche und schmiss sie vor uns auf den Boden. ‚Los jetzt!‘, kommandierte er erneut. Dann jagte er, gefolgt von seinen Männern, ein paar Meter der Strasse entlang, sprang über einen Graben und verschwand im Dickicht."

Nachdem Agustín mit seinem Bericht geendet hatte, klaubte Emilio zwei Briefe aus der Tasche und warf sie frustriert auf den Tisch. Er hatte jenen von Johnny bereits gelesen. Rasch öffnete ich den von Werner. Wieder waren die Worte offensichtlich diktiert. „Es geht mir gut", hatte mein Mann schreiben müssen, und: „Haltet uns ja das Militär vom Leibe", und: „In acht Tagen werden sie uns freilassen."

Mir war zum Heulen zumute, und auch die drei Männer sassen noch eine Weile geknickt da. Alle mussten die bittere Enttäuschung über die missglückte Aktion verkraften, hatten wir doch alle einem glücklichen Aufwachen aus diesem Albtraum entgegengefiebert. Nun aber wussten wir, dass unsere Lieben weiterhin grösster Gefahr ausgesetzt waren. Uns blieb nichts anderes übrig, als abzuwarten und zu hoffen. Und für mich bestand die Herausforderung darin, Heinz die Wahrheit möglichst schonend beizubringen.

14

Werner

1. – 6. Dezember 1989

Wieder einmal waren wir in Einerkolonne unterwegs, wie immer gefesselt und mit gesenktem Kopf. Diesmal ging es über Weideland. „Flugzeug!", schrie die Vorhut. Sofort warfen wir uns zu Boden, wussten wir doch, dass uns sonst üble Schläge mit den Gewehrkolben erwarteten. Unser Bewacher befahl: „Los! Unter die Büsche dort!", worauf wir gehorsam zwischen die Äste einer Hecke robbten. Auch die Guerilleros hatten sich in Deckung gebracht und bereiteten ihre Gewehre vor, um wenn nötig auf das Kleinflugzeug zu schiessen.

Ich hatte gemischte Gefühle. Suchte man nach uns? Würde man uns befreien? Wie sehnte ich mich danach, dass unser Martyrium endlich ein Ende nahm! Andererseits wusste ich, dass die Terroristen im Falle eines Angriffs kurzen Prozess mit uns machen würden. Also blieben wir wahrscheinlich doch besser unentdeckt ...

Gespannt spähten wir zwischen den Blättern in den Himmel. Schon hörten wir den Motor über unseren Köpfen. Die Terroristen legten an, zielten, aber der Silbervogel brummte harmlos über uns hinweg und verschwand in die Richtung, wo der Himmel ein leuchtend blaues Fenster in die Wolken gerissen hatte.

Als die „Gefahr" vorüber war, krochen alle aus ihren Verstecken heraus, und weiter ging der Marsch. Endlich kamen wir am heutigen Zielort an. Zwei Guerilleros banden uns Gefangene an eine Palme, zogen uns die schwarzen Kaffeesäcke aber glücklicherweise nicht über. Gerade waren die Rebellen etwas entspannter. Unser Bewacher hockte zwar in unserer Nähe. Aber er war damit beschäftigt, sich einen Dorn aus dem Finger zu entfernen, und schenkte uns keine Beachtung. Heute hatten wir wieder einmal Glück. Der Baum, unter den sie uns gesetzt hatten, kannte ich unter dem Namen Palmera Real. Dessen orangefarbenen Früchte sind geniessbar. Unauffällig stiess ich Johnny und Henry an. Dann griff ich langsam, ganz langsam, um die Aufmerksamkeit unseres Bewachers nicht auf mich zu ziehen, mit meinen gefesselten Händen neben mich, ergriff eine Frucht und führte sie zum Mund. Johnny kapierte als Erster und tat es mir gleich. Endlich begann auch Henry nach Früchten zu suchen.

Bald war unser begrenzter Bewegungshorizont ausgelotet und wir hatten die wenigen für uns erreichbaren Früchte verzehrt. Aber wie hungrig war ich noch immer! Und wie gross war mein Durst! Der Saft klebte in dem Bart, der mir inzwischen gewachsen war, mein Körper stank schlimmer als je zuvor und alle meine Glieder schmerzten. Die kurze Freude, etwas Essbares gefunden zu haben, wich der entsetzlichen Niedergeschlagenheit, die sich meiner bemächtigt hatte. Wieder und wieder quälten mich dieselben Fragen: Was war in jener Nacht geschehen? Warum musste Tato sterben? Wo war Ilse? Wie ging es Heinz? – Und wo war Gott?! Völlig entkräftet konnte ich nicht mehr an mich halten und begann in meiner Hoffnungslosigkeit und Verzweiflung zu schluchzen. Nun waren wir bereits über eine Woche unterwegs. Lange würden Henry, Johnny und ich diese Strapazen nicht mehr durchstehen.

Plötzlich kam Aufregung ins Lager. Früher als sonst war der Informant angekommen und nervöse Wortfetzen, wie „Militär", „Geldübergabe", „Geiseln" drangen zu uns hinüber. Heute blieb der Verbindungsmann nicht sitzen, um noch eine Weile mit den Rebellen zu plaudern. Er vergewisserte sich bloss, dass seine Botschaft richtig verstanden worden war, und schon hastete er wieder davon. Genosse Rubén rief seine Mitkämpfer zusammen. Aus den Augenwinkeln heraus sah ich, wie sie sich alle in Reih und Glied aufstellten und von ihm die Pillen in Empfang nahmen. Auch Henry hatte es beobachtet und begann zu wimmern. Inzwischen wussten wir, dass diese Tabletten – es war eine grosse und eine kleine – Substanzen enthielten, welche die Guerilleros in eine äusserst aggressive Stimmung versetzten. Innert kürzester Frist verwandelten sie sich in wahre Teufel. Nicht nur uns Gefangenen gegenüber verhielten sie sich dann noch brutaler als sonst. Auch untereinander gab es Streit und Schlägereien. Der Anführer verteilte diese Pillen immer, wenn er furchtlose, angriffslustige Kämpfer brauchte.

„Los, wir müssen hier weg!", befahl er, und gleich darauf wurden wir hochgerissen und vorwärtsgetrieben. Nach etwa drei Stunden Marsch machten wir in einer dicht bewachsenen Talsohle Halt. Diesmal mussten mehrere Rebellen Wache schieben. Uns band man hinter ein paar Büschen an einen grossen Stein. Genosse Rubén stellte sich breitbeinig vor uns hin. „Morgen ist der Schlüsseltag!", verkündete er. „Morgen soll die Geldübergabe stattfinden. Aber es hat Militär in der Gegend. Sie sind uns auf den Fersen! Wehe, ihr versucht, unsere Position zu verraten! Dann ..." Er nahm seine Machete und hielt die Klinge an meinen Hals. Er befahl, uns die schwarzen Säcke überzuziehen, und verschwand.

Meine Gedanken überschlugen sich. War das nun eine gute oder eine schlechte Nachricht? Würde man uns nach der Geldübergabe die Freiheit schenken? Ich war mir da nicht so sicher. Ausserdem fürchtete ich, anders behandelt zu werden als Johnny und Henry. Mich hatten die Terroristen von Anfang an härter angepackt. Würden sie mich ebenfalls laufen lassen oder mich erschiessen aus Rache dafür, weil Tato einen Terroristen getötet hatte? Mehrere Male wollten sie mich schon richten, aber immer war etwas dazwischengekommen. Ob es heute so weit war ...?

In dieser Nacht tat keiner ein Auge zu. Die Stimmung war äusserst angespannt und explosiv. Die Guerilleros fürchteten eine

Auseinandersetzung mit dem Militär, wir wiederum bangten um unser Leben.

Früh am nächsten Morgen zogen wir an einen anderen Ort. Wir wanderten durch den Dschungel und überquerten eine kleine Strasse. Dann ging es durch dichtes Gestrüpp bergauf, bis wir kurz vor der Anhöhe mit unseren Bewachern warten mussten. „Ausgezeichnet. Von da oben sehen wir jeden, der sich nähert", meinte Genosse Rubén, als er von der Kuppel zurückkehrte. Dann wandte er sich an Johnny und mich: „Ihr beide, ihr schreibt jetzt noch einmal einen Brief. Aber wie das letzte Mal: Ihr schreibt exakt, was ich diktiere – und keine falsche Bewegung! Sonst ... ihr wisst schon!" In meiner verzweifelten seelischen Verfassung konnte ich mir auch dieses Mal nicht merken, was ich mühsam auf das Papier kritzelte. Widerspruchslos tat ich einfach, wie mir befohlen wurde.

Wieder folgten Minuten und Stunden des Wartens. Johnny klagte über seine Rückenschmerzen und der Junge heulte dauernd. Auf einmal schrie einer: „Sie kommen!" Nun kam Bewegung ins Lager. „Jeder weiss, was er zu tun hat!", bellte Genosse Rubén. Sofort umzingelten uns vier Terroristen und hielten ihre entsicherten Waffen auf uns gerichtet. „Wenn ihr Schüsse aus unserer Richtung hört, tötet ihr diese elenden Hunde!", befahl er ihnen. „Dann eilt ihr zu uns und unterstützt uns im Kampf!" Bereits jagte er mit seinen Männern davon.

Es ist kaum zu beschreiben, was ich in dieser nervenaufreibenden Situation empfand. Der Schweiss trat aus allen Poren, beim kleinsten Geräusch zuckte ich zusammen. Die Zeit schien stehen zu bleiben, die Spannung stieg ins Unermessliche.

Plötzlich hörten wir Rascheln und das Knacken von Zweigen – und die Guerilleros stürzten auf den Platz. Genosse Rubén kam als Letzter und warf eine dunkle Sporttasche vor uns auf den Boden. Als er sie öffnete, ertönte staunendes Gemurmel. „Ruhe!", herrschte er die Männer an. „Ihr hier, ihr helft mir zählen – und ihr geht auf die Anhöhe und haltet Wache!" Er begann die Banknoten zu sortieren. Zu unseren Wachen sagte er: „Wenn ich eine falsche Note finde, knallt ihr die Gefangenen ab!"

Ungeschickt vor Nervosität ordneten und zählten die Terroristen das Geld. Der Anführer, dem es zu langsam ging, fluchte ungeduldig, fasste sich aber und machte hastig weiter. „Genosse Rubén!", rief ein Rebell von oben. Der Anführer wusste nicht, was er tun sollte. Auf keinen Fall durfte er das Geld aus den Augen lassen, traute er doch selbst seinen Männern nicht. Andererseits schienen ihm die Wachtposten etwas Wichtiges mitteilen zu wollen. „Los, macht schon!", trieb er seine Helfer an. „80'000", verkündete einer endlich und steckte das letzte Bündel zurück in die Tasche. „Es sind genau 80'000 Dollar!" Rubén riss den Beutel an sich und stürzte den Hügel hinauf. Gleich darauf stand er wieder da und zischte zu unseren Bewachern: „Eine Militärpatrouille nähert sich von Westen. Lauft! Lauft mit den Gefangenen, so schnell ihr könnt! Ihr wisst den Weg! Wenn sie zu langsam sind, erschiesst ihr sie. Auf der anderen Seite der Schlucht treffen wir uns wieder." Die Rebellen rissen uns hoch – und dann rannten wir. Wir rannten um unser Leben.

Nach etwa einer halben Stunde erreichten wir eine Schlucht. Völlig abgehetzt rangen wir nach Atem, doch sie liessen uns nicht rasten. In wilder Hast banden sie uns voneinander los, und einzeln schlitterten wir den rutschigen, steilen Hang hinunter. Kaum unten, trieben sie uns durch den Bach, der uns zum Glück nur bis zu den Knien reichte. Trotzdem mussten wir aufpassen, um auf den glitschigen Steinen nicht auszurutschen. Nun galt es, die Anhöhe auf der anderen Seite emporzusteigen, was mit zusammengebundenen Händen aber ein Ding der Unmöglichkeit war. Unsere Bewacher berieten sich kurz. Dann lösten sie unsere Fesseln, während ihre Genossen mit den Gewehren auf uns zielten. „Los, los!", keuchten sie.

Wir kletterten ihnen nach, indem wir nach Lianen und Zweigen griffen und an Wurzeln Halt suchten. Endlich erreichten wir die Anhöhe. „In Deckung!", herrschten sie uns an, als wir uns nach Luft ringend erst einmal aufrichteten. Sofort warfen wir uns auf den Boden, wo sie uns wieder fesselten.

Kurz darauf erschien Genosse Rubén mit dem Rest der Terroristen. „Zwei Patrouillen sind ganz in der Nähe", berichtete er, während er die Pillen verteilte. „Ihr legt euch hier hin!", befahl er seinen Männern. „Der Abhang ist wie ein Wall, der uns schützt. Wenn die Soldaten die Schlucht überqueren, schiessen wir sie über den Haufen."

Es folgten weitere Minuten bangen Wartens. Glücklicherweise blieb alles still. Inzwischen hatten die Tabletten ihre Wirkung entfaltet. „Du da! Wo ist dein Gewehr?", hörten wir Rubén einen seiner Männer anherrschen. Seine Stimme war leise, aber hasserfüllt. Als der Rebell – wohl aus Angst – nichts erwiderte, antwortete ein anderer: „Er hat seine Waffe in der Eile liegen lassen, der Trottel." „Du verfluchter Idiot!", schäumte Rubén und schlug den Rebellen mit seinem Gewehrkolben so stark zwischen die Rippen, dass dieser aufstöhnte. Nun wandte er sich an uns. „Ihr seid schuld! Eure Verwandten haben das Militär informiert!" Er schnaubte. „Wie satt habe ich es, auf euch elende Reaktionäre aufzupassen! Aber jetzt ist dies nicht mehr nötig. Wir haben das Geld. Ich kann euch erschiessen. Endlich!" Er entsicherte sein Gewehr und hielt die Mündung an meinen Kopf. „Nun ist es vorbei!", dachte ich und wartete auf den Schuss, der meinem Leben ein Ende setzte.

Doch Rubén war etwas in den Sinn gekommen. „Wenn ich es jetzt tue, hören sie den Lärm, und wir verraten unsere Position", knurrte er. „Später also …" Er griff nach der Sporttasche und legte sich wie seine Männer an den Rand der Schlucht. Erneut brach ich in Tränen aus.

Es mochten bestimmt drei Stunden vergangen sein, als ein Späher kam und Genosse Rubén meldete: „Wir haben Glück. Die Patrouille bewegt sich in Richtung Norden. Die Soldaten befinden sich bereits in grosser Entfernung." Alle atmeten auf und der Anführer befahl gleich zum Aufbruch. Er wollte unser Tagesziel schnellstmöglich erreichen.

Nach einem erneuten Marsch erreichten wir einen Hof, der offensichtlich wohlhabenden Leuten gehörte. Während die Rebellen das Haus betraten, mussten wir mit zwei Bewachern im Schutz einiger Bananenbäume warten. Normalerweise achteten die Terroristen streng darauf, dass die Bewohner uns nie zu Gesicht bekamen. Heute aber holten sie uns, und wir durften das Esszimmer betreten. Auf einem grossen Holztisch stand ein Topf, aus dem es herrlich duftete. Eine alte Frau verliess den Raum, aber kurz trafen sich unsere Blicke. Sie hatte gütige Augen und lächelte. Wann hatte ich das letzte Mal ein Lächeln gesehen? Es schien eine Ewigkeit her zu sein.

Es war wie ein Traum, als man uns die Hände losband und wir uns an den Tisch setzen durften. „Esst, soviel ihr wollt!", sagte jemand. Das musste man uns nicht zwei Mal sagen! Gierig verschlangen wir die dampfende Hühnersuppe. Sie war köstlich zubereitet, enthielt grosse Fleischstücke, Yuca und Gemüse und war gewürzt mit Basilikum und Ingwer. Ich schöpfte wieder und wieder … nach drei Tellern konnte ich nicht mehr. Gleichzeitig tranken wir den kalten Tee, der bereitstand. Endlich trinken! Endlich bekamen wir genug zu trinken!

Bereits war es Nacht und zu unserem Erstaunen brachte man uns nicht in einen Stall oder einen Schuppen. Diesmal wurden wir in ein leeres Zimmer des Hauses gesperrt, auf dessen Boden einige Matten lagen. Es war geradezu paradiesisch, ungefesselt mit einem Dach über dem Kopf auf einer relativ weichen Unterlage zu liegen. Völlig entkräftet fiel ich in einen tiefen Schlaf.

Am folgenden Morgen holte man uns wieder ins Esszimmer und wir bekamen ein reichhaltiges Frühstück mit gebratenen Eiern, Kochbananen, Yuca und Kaffee. Wie schon am Tag zuvor lag eine Bibel auf dem grossen Tisch.

Nach dem Frühstück brachte man uns in einen Schober, der zum selben Hof gehörte, und wieder hiess es warten. „Hast du gesehen?", flüsterte Johnny, „Genosse Rubén ist verschwunden!" Tatsächlich, auch ich bemerkte die Veränderung in der Gruppe. Der Anführer und einige andere Männer fehlten, und ein anderer Rebell hatte das Kommando übernommen. Kurz darauf gesellte sich der neue Wortführer zu uns und sagte zu zwei seiner Mitgenossen: „Diese Reaktionäre stinken einfach höllisch! Führt sie zum Bach! Aber nicht gemeinsam, sondern einen nach dem anderen." Endlich, nach zwölf Tagen Gefangenschaft, durfte ich mich zum ersten Mal waschen! Das Wasser war eiskalt und alle Muskeln zogen sich zusammen, als ich draufflosschrubbte. Trotzdem tat es unendlich gut, das Blut meines Bruders, das immer noch an meinem Oberkörper, meinen Gliedmassen und in meinem Gesicht klebte, wegzuwaschen.

Zurück in unserem Gefängnis entspannten wir uns ein wenig. Die Abwesenheit von Genosse Rubén und die gute Behandlung liessen einen Hoffnungsfunken aufleuchten.

Plötzlich ertönte Getrampel, die Tür wurde aufgerissen und einige Vermummte zerrten uns heraus. Allerdings war ihre Aggression diesmal nicht gegen mich, sondern gegen Henry gerichtet. „Wegen deinen Leuten wären wir fast erwischt worden!", attackierte ihn einer. Der arme Junge wimmerte entgeistert. „Der Bub ist doch völlig unschuldig", verteidigte ich ihn. „Was soll er denn dafür können, wenn das Militär nach uns sucht?" Sofort wurde ich zu Boden geworfen und spürte einmal mehr einen Schuh im Genick.

„Schweige, du elender Hund!", wurde ich angeschrien. Der Hoffnungsfunken erlosch.

Die Rebellen entfernten sich etwas. Trotzdem kriegten wir mit, wie sie sich stritten. Es ging um uns. „Am besten erschiessen wir sie gleich", knurrte einer, „dann sind wir sie endlich los!" „Wir können sie auch freilassen. Das Lösegeld ist bezahlt!", schlug ein anderer vor. „Nein, wir befolgen die Anweisungen und bringen sie ins Dorf." Das war die Stimme des neuen Anführers. „Der Befehl ist von Genosse Rubén. Und der ist weg!", konterte der erste wieder und fügte hinzu: „Hast du etwa Lust, die ganze weite Strecke zurückzulegen? Sie müssen morgen bereits dort sein!"

Zuletzt setzte sich der Anführer durch. Er beorderte fünf Rebellen, die sich sofort mit uns auf den Weg machten. Es war etwa fünf Uhr abends, als wir losliefen. Wir mussten ein sehr schnelles Tempo anschlagen, aber glücklicherweise waren wir nicht gefesselt, sodass wir uns leichter bewegen konnten. „Den Kopf gesenkt!", befahlen sie, „und schön im Gänsemarsch. Wenn einer ausschert, machen wir ihn kalt!" Alles tat mir weh, und ich war so entkräftet, dass ich vor Anstrengung fast zusammenbrach. Trotz der Dunkelheit wusste ich genau, wo wir uns bewegten: Wir kamen nach Cedro Pampa, durchquerten das Grundstück meines Cousins Dieter und anschliessend jenes der Familie Siegfried. Immer wieder strauchelten wir, denn die Rebellen wollten ihre Taschenlampen nicht benutzen. „Wir dürfen uns ja nicht verraten!", argumentierten sie. Etwa um 22.00 Uhr setzten wir uns zwischen einige Kaffeesträucher, während einer der Terroristen etwas Essbares organisierte. Trotz der Kälte waren wir froh, etwas ausruhen zu können. Viel zu bald kehrte der Rebell mit ein paar Keksen und einer Flasche Sprudel zurück. Alles wurde aufgeteilt, und schon hasteten wir wieder weiter. Es war vielleicht ein Uhr früh, als wir bei einem Holzhaus mit Wellblechdach ankamen. Die Guerilleros schienen die Bewohner gut zu kennen, denn sie bedrohten sie nicht, sondern plauderten freundschaftlich mit ihnen. Hier gab es einen Teller Bohnen und eine Tasse Tee.

„Los, wir müssen weiter!", drängte einer. Ich stand auf, konnte mich aber kaum auf den Beinen halten. Johnny und Henry ging es ebenso. „Bitte", stöhnte Johnny, „ich kann nicht mehr!" Aber die Rebellen hatten kein Gehör und jagten uns wieder los. Ich weiss wirklich nicht, woher wir die Kraft dazu nahmen. Es ging bergab, über Bäche, bergauf … einer der Männer kannte sich offensichtlich sehr gut aus, denn er hastete äusserst zielstrebig voran. Doch auch die Terroristen waren erschöpft, und so kämpfte jeder Einzelne mit seiner Schwachheit. Schliesslich kamen wir auf die Fahrpiste, die nach Villa Rica führt. „Nun sind wir bald da", motivierte der Kopf der Gruppe seine Genossen. Zu uns sagte er: „Der Einfachheit halber gehen wir auf der Strasse. Aber wenn ein Auto kommt, springen alle in den Graben." Tatsächlich hörten wir einige Zeit später den Motor eines Wagens. „Los!", schrie der Guerillero und wir hechteten über den Strassenrand. An dieser Stelle war der Abhang jedoch so steil, dass wir weit nach unten rutschten und es anschliessend nur mit grösster Mühe schafften, wieder zur Strasse hochzuklettern.

Wie ich inzwischen herausgefunden hatte, waren wir zum Indianerdorf Ñagazú unterwegs. Endlich, nach zehn Stunden, kamen wir dort an. Es war drei Uhr morgens, als wir uns halb tot auf den Boden einer Hütte warfen und hörten, wie die Tür mit einem Vorhängeschloss zugesperrt wurde. Mir war alles egal. Ich konnte einfach nicht mehr. Restlos erschöpft fiel ich in einen unruhigen Schlaf.

Als wir am folgenden Morgen erwachten, versuchten wir uns zu orientieren. In der Hütte war es sehr dunkel, aber wir waren ungefesselt und hatten auch keine Säcke übergestülpt. Leise unterhielten wir uns, bange, was uns heute wohl erwarten würde. Zwischendurch hatte ich einmal das Wort „Volksgericht" aufgeschnappt. Wie ich gehört hatte, war das eine der Methoden des Leuchtenden Pfades, mit der sie die Bevölkerung einschüchterte und gefügig machte. In einem solchen Fall mussten sich unter der Leitung der Terroristen alle Einwohner versammeln. Dann wurden sie aufgerufen und gezwungen, einander gegenseitig anzuklagen. Die anschliessend von den Guerilla-„Richtern" ausgesprochenen Strafen mussten zum Teil von der Dorfgemeinschaft selbst ausgeführt werden. Ob man uns vor ein solches Volksgericht stellen würde?

Einmal öffnete sich die Tür und einer „unserer" Rebellen brachte uns einige Bananen und etwas Wasser. Mühsam richteten wir uns auf und assen gegen die Wand gelehnt. Als er uns so sah, begann er auf einmal zu weinen. Es war die Stimme eines Kindes, die unter der Maske zu hören war. „Ihr werdet vielleicht bald frei sein und könnt zu euren Familien", schluchzte der Junge. „Ich will auch zu meinen Eltern! Aber ich darf nicht! Ich werde gezwungen, für die gute Sache des Leuchtenden Pfades zu kämpfen!" Was war das bloss für eine miese Terroristen-Guerilla, die Kinder für ihre Zwecke einspannte!

Der Tag verging ohne weitere Vorkommnisse. Die zehn Stunden Marsch hatten uns die letzten Kräfte geraubt, sodass wir einfach nur apathisch auf dem Boden lagen, unfähig zu denken und zu reden. Erst, als es Nacht wurde, kam Bewegung ins Dorf. Durch die Ritzen unserer Hütte erspähten wir mehrere grosse Lastwagen, von denen bestimmt sechzig Terroristen sprangen. Alle waren dunkel gekleidet, alle hatten ihre schwarzen Masken auf. Die Stimmen waren hart, böse, aggressiv. Was würde nun geschehen? Panik stieg in mir hoch.

Die Terroristen versammelten sich auf dem Dorfplatz. Wir hörten, wie Parolen skandiert, feurige Reden gehalten, die Sendero-Hymne gesungen wurden. „Es lebe Presidente Gonzalo", schrien sie. Offenbar hatten sich die Führer der Guerilla-Organisation aus allen Urwaldregionen hier eingefunden. Ob die Bewohner des Dorfes ebenfalls anwesend waren, fand ich nicht heraus.

Die Tür öffnete sich und alles zog sich in mir zusammen. Vier Männer zogen uns grob schwarze Wollmasken über und fesselten uns. Dann brachten sie uns vor das Tribunal. Ob Genosse Rubén sich ebenfalls unter ihnen befand? Jedenfalls ergriff ein anderer das Wort. Eine relativ hohe, feindselige Stimme mit dem Akzent der Hochlandbewohner sprach das Urteil über mich aus. „Dein Bruder Tato, der elende Reaktionär, hat einen unserer Genossen auf dem Gewissen!", begann er. „Als sein Bruder hast du Rache verdient." Zustimmendes Gemurmel ertönte. Wieder überfiel mich Todesangst. Würden sie mich erschiessen? Oder erhängen? Oder noch etwas Schlimmeres? Von weit her drang die Stimme zu mir durch: „Doch wir haben uns anders entschieden: Wir lassen dich am Leben, aber du wirst unser Informant sein. Du kehrst ins Palcazú-Tal zurück. Dort verkaufst du all dein Vieh und pflanzt stattdessen Koka und Bohnen an. Und dann wirst du uns über alles auf dem Laufenden halten, was in der Umgebung geschieht. Du wirst zum Leuchtenden Pfad gehören und uns unterstützen im Kampf gegen das arbeiterfeindliche Regime. Verstanden?!" Ich nickte. Ja, ich hatte verstanden. Aber nie und nimmer wollte ich ein Spitzel dieser bestialischen Terrororganisation sein! Was sollte ich bloss sagen? Während ich noch überlegte, schloss er: „Du weisst, dass wir unsere Augen und Ohren überall haben! Also versuche nicht, uns zu entwischen! Wir finden dich und deine Angehörigen überall – ob in Iscozacín, San Ramón oder in Lima!"

Es folgten die „Urteilssprüche" an Johnny und Henry, von denen ich in meiner Benommenheit allerdings nichts mitbekam. Endlich stiessen sie uns in die Hütte zurück, wo wir zu Boden sanken. *Ich lebe noch!*, durchfuhr es mich. Vor lauter Erschöpfung döste ich ein, bekam im Halbschlaf aber noch mit, wie die Lastwagen der Rebellen davonfuhren.

Am Morgen betrat eine Indianerfrau unsere Hütte, die merkwürdigerweise nicht abgeschlossen war. Sie brachte uns ungegorenen Masato und einige Kekse. „Ihr seid frei. Aber ihr müsst bis 11.00 Uhr hierbleiben. Dann könnt ihr gehen", sagte sie in schlechtem Spanisch und verschwand wieder. Wir blickten einander ungläubig an. Es war noch lange nicht Mittag, und so legten wir uns wieder hin. „Meinst du, es stimmt?", durchbrach Johnnys Stimme die Stille. „Ich weiss nicht", erwiderte ich. „Ich traue ihnen nicht." Johnny erhob sich und stiess die Tür auf. „Ich sehe niemanden. Keinen Menschen", informierte er uns. Schwerfällig richtete ich mich auf und trat neben ihn. Tatsächlich: Ich entdeckte weder kochende Frauen noch spielende Kinder. Alles, was ich erblickte, waren ein paar Hunde, die im Schatten einer Palme schliefen, und Hühner, die in der Erde pickten. Der Ort war völlig ausgestorben. Ob die Bevölkerung vor den Rebellen geflüchtet war? Oder ob man ihr befohlen hatte, sich von uns fernzuhalten? Wir setzten uns in die offene Tür und schauten hinaus. „Henry, komm und setz dich zu uns!", rief Johnny. Aber der Kleine war so verstört, dass er sich nicht rührte. Wir liessen ihn, konnten wir die Lage doch selbst nicht einschätzen. Irgendwann trat ein Dorfbewohner aus seiner Hütte und kam auf uns zu. „Habt ihr Hunger?", fragte er. Wir nickten und ich fragte vorsichtig: „Weisst du, ob die ‚Genossen' weg sind?" Ich wagte es nicht, „Terroristen" zu sagen, wusste ich doch nicht, wie er zu ihnen stand. „Ja", antwortete er. „Sie sind alle weg. Um 11.00 Uhr könnt ihr gehen. Wenn ihr wollt, bringt euch meine Frau noch einmal etwas zu essen." Dankend nahmen wir das Angebot an. Kurze Zeit später kam die Einheimische wieder und stellte einen Topf mit undefinierbarem Fleisch und Yuca vor uns hin. Wir riefen Henry und machten uns ausgehungert darüber her. Schweigend lehnten wir uns an die Hüttenwand und nagten an den Knochen. Es war skurril, mitten in diesem ausgestorbenen Dorf zu sitzen und zu wissen, dass jede unserer Bewegungen beobachtet wurde.

Johnny sah auf seine Uhr. „Es ist 11.00 Uhr. Sollen wir gehen?" Ich zögerte. „Besser noch nicht. Bestimmt sitzen die Rebellen im Gebüsch und warten nur darauf, dass wir aufbrechen. Sie werden uns in den Rücken schiessen und begründen, wir seien geflohen." Wir warteten weiter, wurden aber immer aufgeregter. Waren wir frei? Wirklich? Die Freude stieg, aber auch die Anspannung. Zu oft waren wir in den letzten Tagen enttäuscht worden. Zu viele Rückschläge hatten wir erlebt! Unsere Nerven hielten nicht mehr viel aus.

Nach einer Weile erhob sich Johnny und wir taten es ihm gleich. Langsam schleppten wir uns den Pfad zur Hauptstrasse hinunter. Ich fühlte mich beobachtet und erwartete jeden Augenblick, von einem Schuss niedergestreckt zu werden. Trotzdem erreichten wir unbehelligt die Fahrpiste. Automatisch wandten wir uns nach rechts in Richtung Villa Rica und schlurften kraftlos den Schotterweg entlang. Erst nach der grossen Kurve blieben wir stehen. „Wir sind frei!", stellte ich fest, nachdem ich noch einmal in alle Richtungen gespäht hatte. „Tatsächlich frei!", bestätigte Johnny. Henry begann zu weinen. Endlich umarmten wir uns und liessen unseren Freudentränen freien Lauf.

„Was tun wir, wenn ein Auto kommt?", fragte Johnny. „Besser, wir verstecken uns", meinte ich. „So, wie wir aussehen und riechen, erregen wir nur Verdacht." Kurz darauf kam ein Kleinbus, dann ein Lastwagen. Beide Male warfen wir uns sofort in den Strassengraben, so wie wir es in den vergangenen Tagen hunderte Male getan hatten. Dann rappelten wir uns wieder hoch und schleppten uns weiter. Wir waren so erschöpft, dass wir uns kaum auf den Beinen halten konnten. „Ich kann nicht mehr!", stöhnte Johnny. „Das nächste Auto halte ich an." Im Urwald ist es üblich, Anhalter mitzunehmen. Der Fahrer des Personenwagens musterte uns misstrauisch und erkundigte sich dann: „Wo wollt ihr hin?" „Zum Ortseingang von Villa Rica", antwortete Johnny, „aber wir haben kein Geld." „Steigt ein", forderte er uns auf. Schweigend und mit gesenktem Kopf legten wir die Strecke zurück. Nach einer halben Stunde setzte er uns wie gewünscht ab.

Wieder wussten wir nicht, was tun. Aus reiner Gewohnheit versteckten wir uns hinter ein paar Kaffeesträuchern. Motorengeräusch kündigte uns ein weiteres Auto an. Ich spähte durch die Blätter. Diesen grünen Wagen kannte ich! „Es ist Alfonso, ein Freund von mir!", erklärte ich den anderen, trat ohne zu zögern an den Strassenrand und hob die Hand. Alfonso verlangsamte das Tempo und musterte mich. Plötzlich stoppte er abrupt und sprang aus dem Wagen. „Werner!", rief er und schloss mich spontan in die Arme. Dann stellte er mich vor sich hin: „Du lebst! Wir haben euch schon tot geglaubt!" Bewegt begrüsste er auch Johnny und Henry, die hinzugetreten waren. „Was kann ich für euch tun?" Ich bat meinen Freund, uns zu Raúl, unseren nächsten Verwandten in Villa Rica, zu fahren. „Selbstverständlich! Es ist mir eine Ehre!", strahlte Alfonso. Er brachte uns hin und fuhr danach auch Henry zu dessen Angehörigen.

Raúl und seine Familie waren ebenfalls ausser sich vor Freude. Es gab viele Freudentränen, Umarmungen, Fragen. Während Johnny sich duschte, erzählte mir Raúl, dass er mit Emilio bei der Geldübergabe dabei gewesen war. „Wir waren sehr enttäuscht und besorgt, als sie euch nicht freiliessen", berichtete er.

„Das Militär war in der Nähe. Das hat die Terroristen extrem nervös gemacht", erklärte ich. „Habt ihr das Heer um Hilfe gebeten?" „Nein", erwiderte er. „Von uns hat keiner das Militär informiert. Aber es gibt unzählige Spitzel auf beiden Seiten, und es handelte sich um ein extrem hohes Lösegeld." „Den Herren Offizieren wird es mehr um das Geld als um unsere Befreiung gegangen sein", meinte

Johnny, der in sauberen Kleidern zu uns getreten war. Nun war ich an der Reihe. Aber vorher wollte ich noch erfahren, was mich am allermeisten interessierte: „Weisst du, wo Ilse sich aufhält? Ist sie in San Ramón?" „Ich bin nicht sicher, aber ich fahre dich hin, wenn du möchtest", antwortete Raúl. „Ja, bitte! Mein grösster Wunsch ist es, meine Frau zu sehen!"

Wie für Johnny hatte Raúls Frau auch für mich frische Kleider bereitgelegt. Wie herrlich war die Dusche! Wie gut tat es, den Schmutz der vergangenen zwei Wochen abzuschrubben! Als ich aus dem Bad trat, fühlte ich mich viel besser. In der Küche standen verschiedenste Leckereien auf dem Tisch. „Greift zu!", forderte Raúl uns auf. „Ihr seid bestimmt hungrig! Und nun müsst ihr erzählen!" Noch hatte ich keinen Appetit und auch keine Musse zu erzählen. Ich hatte mein Ziel noch nicht erreicht. Ich musste zu meiner Frau! Anstandshalber ass ich ein wenig und berichtete ein bisschen, wobei ich meine Worte äusserst vorsichtig wählte. Hatten mich die Terroristen nicht gewarnt? Sie würden ihre Ohren und Augen überall haben! „Bitte, können wir nicht nach San Ramón fahren?", fragte ich schliesslich. Ich wusste, dass Johnny ebenso empfand.

Raúls Frau schubste ihren Mann an. Sie verstand uns. „Sei vorsichtig!", rief sie ihm zu, als wir endlich in den Wagen stiegen. Die Fahrt dauerte drei Stunden und ich wurde immer aufgeregter. Nachdem wir Johnny bei seinen Verwandten abgeladen hatten, fuhren wir zu meiner Schwester Timpis, die mit Ilses Bruder Edmundo verheiratet war. Ich war enttäuscht, meine Frau dort nicht vorzufinden. „Bleib hier! Ich hole sie!", versprach Edmundo und brauste mit seinem Auto davon.

Timpis weinte bei meinem Anblick. Zum Glück stellte sie nicht viele Fragen, sondern machte sich in der Küche zu schaffen. Ich war todmüde und gleichzeitig so angespannt, dass ich nicht sitzen konnte. Ruhelos trat ich ans Fenster und beobachtete die Strasse. Kaum erblickte ich das Auto, eilte ich zur Tür. Endlich, endlich, endlich kam meine Frau mit den Kindern! Ich wollte mich auf sie stürzen, sie umarmen, küssen, liebkosen, ewig halten. Stattdessen stand ich nur da, unfähig, mich zu rühren …

Ohne Machete ging Werner nie in den Urwald.

Ilse in der Küche ihrer Eltern, bevor sie 1978 heiratete.

Palcazú-Tal

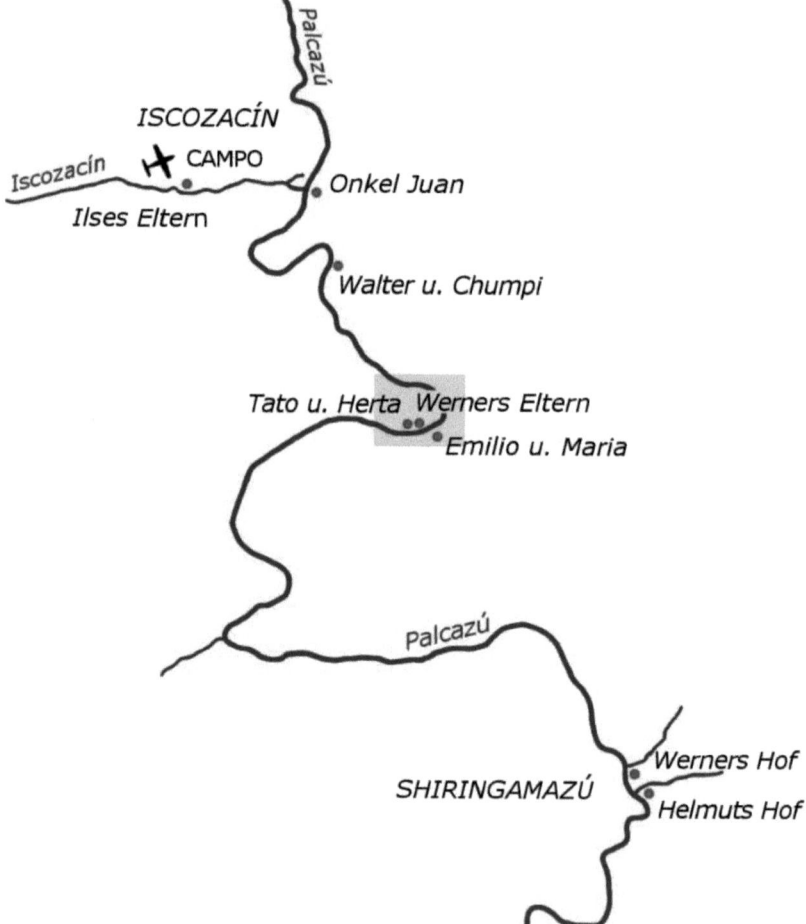

Wohnsituation nach Ilses Rückkehr

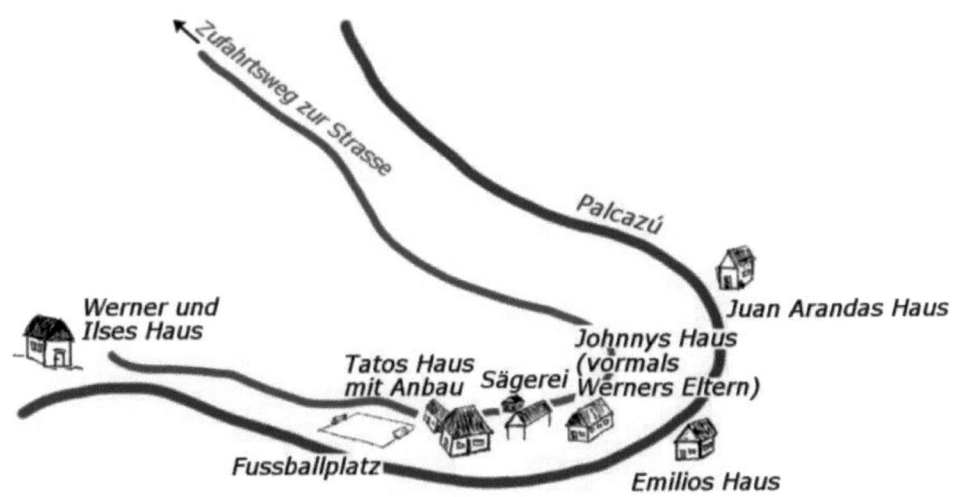

v. l. n. r. stehend: Maria mit Carlita, Emilio, Erika (Hertas Schwester, die später deren Waisen adoptierte), Tato, Johnny mit einer Nichte, Herta. Sitzend: Werners Mutter Josefa, Erikas Mann Jorge mit seiner Tochter, Werners Vater Helmut.

Eine typische Familienzusammenkunft vor Johnnys Haus. v. l. n. r.: Walter, Werner, Johnny, Helmut, Emilio, Tato, Herta, Aidee, Werners Vater Helmut, die Hausangestellte Lidia. Aus dem Fenster schaut Werners Mutter Josefa.

Tato baute sein Haus aus guten Materialien. Es steht noch heute, ist aber unbewohnt. Bild 2014.

Über mehrere Minuten ballerten die Terroristen Gewehrsalven durch die Fenster ins Haus. Einige Kugeln gingen auch in die Aussenwände. Bild 2014.

Die Wohnküche von Tato und Herta. In diesem Raum befand sich die Verwandtschaft, um einen Film zu sehen, als die Terroristen eintrafen.

In diesem Schrank versteckte sich Herta. Wann genau sie angeschossen wurde, ist nicht bekannt.

Von der Albariño-Brücke warfen die Terroristen Tatos und Hertas Leichname in den Fluss. Foto 2014.

Máximo, der bei der Suche nach Tatos und Hertas Leichnamen mitgeholfen hatte. Foto 2014.

Obwohl Werner nach seiner Freilassung einen desolaten Anblick bot, erkannte Alfonso ihn und hielt mit seinem Auto an. Die beiden Männer 2014 vor dem Wagen, den Alfonso noch immer besitzt.

Ilse und Werner mit Agustín, in dessen Familie Heinz wohnen durfte. Er war auch bei der Übergabe des Lösegelds dabei.

Teil 3

Werner

Januar 1990

Am verbeulten Pfosten einer Ampel lehnte ein Mann. Er trug eine
billige Schirmmütze und war von kleiner, kräftiger Gestalt. Seine
braune Hose und sein dunkelblaues Hemd musste er auf einem
billigen Markt erstanden haben. Über der Schulter trug er eine
schwarze Sporttasche. Ich wechselte die Strassenseite.

Ich kam von der Arbeit. Mit Walter zusammen hatte ich für einen
deutschen Diplomaten einen Parkettboden verlegt. „Pass doch auf!",
hatte er mich manchmal angeherrscht. Ich konnte mich nicht
konzentrieren. Immer wieder blitzten Szenen der Gefangenschaft vor
meinem inneren Auge auf. Kaum war ich für einen Moment allein,
hatte ich laut aufgeschluchzt.

Langsam fuhr ein überfüllter Personenbus an mir vorbei und hupte.
Der Fahrgeldkassierer stand in der offenen Tür und rief uns
Fussgängern die folgenden Haltestellen zu. Aber ich wollte nicht mit.
Ich fuhr nie Bus. Lieber lief ich vierzig Häuserblocks, als in eine dieser
fahrenden Sardinenbüchsen zu steigen.

Im Sommer ist es heiss in Lima. Die Stadt liegt mitten in einer Wüste,
sodass eine schmutzige Staubdecke alles überdeckt. Ich befand mich in
einem der vielen Stadtteile, deren vorherrschende Farbe Grau in all
seinen Schattierungen ist. Es stank nach Abgasen und verbranntem
Abfall. Auch an jenem Tag brannte die Sonne selbst am Abend noch
auf das grobe, unebene Pflaster des Gehsteigs. Fast wäre ich auf
Hundekot getreten. Schuhe waren also unumgänglich, obwohl ich
mich noch immer nicht daran gewöhnt hatte, welche zu tragen.

Ich richtete mich auf. In der Gefangenschaft musste ich stets mit gesenktem Kopf laufen, sodass ich mir einen sonderbaren, gebückten Gang angeeignet hatte. „Papa, wie läufst du denn?", hatte Heinz einmal gekichert. Erst da war mir aufgefallen, wie merkwürdig ich mich bewegte. Obwohl ich mich bemühte, mich wieder normal zu bewegen, fiel ich immer wieder in den „Gefangenentrott" zurück.

Ich näherte mich einer muffigen Spelunke. Sie glich derjenigen, die vor Kurzem in der Zeitung abgebildet war. Der entsprechende Artikel handelte davon, wie die Polizei ein paar Terroristen in einem Lokal hochgehen liess. Ich wechselte die Strassenseite.

Eine Frau versuchte, die mit roter Schrift an ihre Hauswand geschmierte Parole „Es lebe Presidente Gonzalo" wegzuschrubben. Die Sichel und den Hammer hatte sie mit weisser Farbe übermalt. Trotzdem waren die Konturen immer noch deutlich zu erkennen.

In meiner Hosentasche klimperten ein paar Münzen. Nun kam ich nicht mehr umhin, immer welche dabei zu haben. Auch das war neu für mich, kam ich in Isco doch wochenlang ohne Bargeld aus. Geld. Ich musste dringend welches verdienen! Alles, womit wir in Lima ankamen, bestand aus den Kleidern, die wir auf dem Leib trugen, und den Papieren, die Ilse klugerweise noch aus unserem Haus geholt hatte. Dazu kam der riesige Schuldenberg vom Lösegeld. Aber Arbeit für mich zu finden war schwierig. Vorerst hatte ich mich Walter angeschlossen, der sich mit Gelegenheitsjobs im Schreiner- und Zimmermannsbereich über Wasser hielt. Aber auf die Dauer würde dies nicht reichen. Ich brauchte Arbeit!

Schlingernd und hupend kam mir ein alter Lastwagen entgegen, gefolgt von einer schwarzen Abgaswolke. „Du Trottel!", schrie ein Taxifahrer den Fahrer eines roten VW-Käfers an, der mitten auf der Strasse angehalten hatte, um umständlich einen abgewetzten Sessel *auszuladen. Eine Polizeipatrouille näherte sich mit lautem Sirenengeheul. All dies Unbekannte, der Gestank, der Lärm – das war nicht meine Welt! Schmerzlich vermisste ich die weiten Wälder, die plätschernden Bächlein, die singenden Vögel.*

Ich drehte mich um. Es schien mir, den Kahlkopf hinter mir schon einmal gesehen zu haben. Wurde ich verfolgt? Ich wechselte die Strassenseite. Mein Puls beruhigte sich erst, als ich aus den Augenwinkeln beobachtete, wie er eine kleine Reparaturwerkstatt betrat.

Ein Erinnerungsfetzen blitzte in mir auf. Es war am letzten Abend vor unserer Freilassung. Deutlich spürte ich wieder meine Todesangst, als ich mein Urteil empfing. Ich hörte die boshafte, durch die Maske verzerrte Stimme des Guerilleros: „Du wirst unser Spitzel sein. Wage es nicht, abzuhauen! Wir werden dich und deine Familie überall finden!" Die Terroristen hatten mich zwar am Leben gelassen, aber ich würde ihnen zu Diensten sein müssen. Die Vorstellung davon trieb mir den Schweiss auf die Stirn. Erneut blickte ich über meine Schulter. Am allermeisten belastete mich diese immerwährende, grausame, peinigende Angst.

15

Ilse

Dezember 1989 – Mai 1992

„Werner, Werner!" Ich schüttelte meinen Mann, der neben mir im Bett lag und in seinem Traum ein Horrorszenario durchlebte. Er schrie, zitterte und war völlig verschwitzt. Endlich gelang es mir, ihn in die Wirklichkeit zurückzuholen. Er schlug die Augen auf. Als er mich erkannte, flüsterte er: „Ilse!" „Ja, mein Schatz", sagte ich. „Alles ist in Ordnung. Du bist da, bei mir. Du bist frei!" Endlich entspannte er sich und atmete ruhiger.

Es war wunderbar und befremdend zugleich, als ich ihn am Tag zuvor wieder in die Arme schliessen konnte. Nie werde ich seinen Anblick vergessen, wie er gebeugt in der Tür stand und auf uns wartete. Er war völlig abgemagert, trug einen ungepflegten Bart und seine Augen schauten leer aus dunklen Höhlen. „Papa!" Heinz sprang ihm in die Arme und erwartete, wie üblich umarmt, geherzt und freundschaftlich geboxt zu werden. Doch sein Vater stand einfach nur da und strich ihm zärtlich übers Haar. Dann schloss er mich in seine Arme. Auch diese Berührung war nicht kräftig und euphorisch, sondern schwach und zitterig. Als wir kurz danach in Timpis' Küche sassen und ihn mit Fragen überhäuften, schüttelte er meist nur den Kopf und stocherte mit der Gabel im Reisgericht, das seine Schwester für ihn zubereitet hatte. Manchmal hob er den Blick und starrte Heinz, Max und mich lange an. „Du bist bestimmt müde", meinte ich schliesslich. „Lass uns zu Bett gehen!"

Nun lag er also neben mir, seinen regelmässigen Atemzügen zufolge schlief er. Meine Gedanken schweiften zurück zu den letzten

Tagen in San Ramón. Da die Terroristen die Geiseln nicht wie vereinbart freigelassen hatten, konnten wir nur warten und hoffen. Obwohl ich hier von Verwandten und Freunden umgeben war, vermisste ich meine Glaubensgeschwister in Lima, mit denen ich alle meine Sorgen vor Gott bringen konnte. Trotzdem wollte ich dem Herrn vertrauen und stürzte mich zur Ablenkung in die Arbeit. Ich half Sonia beim Kochen, erledigte mit Heinz die Hausaufgaben und machte mich nützlich, wo immer ich konnte. Mein beherrschtes Auftreten befremdete die Angehörigen: „Ilse, du bist so ruhig. Das ist nicht normal. In deinem Inneren sieht es bestimmt ganz anders aus. Du musst dich mal richtig abreagieren und dich ausheulen. Komm, trink einen Schnaps! Das wird dir guttun." Ich wusste, es war nett gemeint. Und vielleicht hatten sie ja sogar recht? Schliesslich gab ich nach und kippte ein paar von den Drinks herunter, die sie mir zubereiteten. Aber als ich am nächsten Tag mit einem Kater erwachte, bereute ich es. Ich hatte Kopfschmerzen, Magenbrennen – und an der Situation hatte es auch nichts geändert.

Werner begann zu schnarchen. Er hatte sehr gelitten und würde einige Zeit benötigen, um wieder auf den Damm zu kommen. „Wo sind Tato und Herta? Hat man ihre Leichname geborgen?", hatte er sich erkundigt, sobald die Kinder im Bett waren. „Ja", antwortete Timpis. „Herta hat man bereits am folgenden Tag entdeckt, Tato etwas später." „Wer hat sie aus dem Wasser gefischt? Wo? Was hat man mit ihnen gemacht?" Werners Stimme überschlug sich. Das Thema schien ihn sehr aufzuwühlen. „Helmut und Máximo haben sie gefunden. Sie sind ordentlich beerdigt worden", versuchte ich ihn zu beruhigen.

Wir mussten weg aus San Ramón! Täglich hörte man von Entführungen, Kopfgeldforderungen und Erpressungen durch die Terroristen. Doch wohin? Nach Iscozacín konnten wir unmöglich zurück. Also blieb uns vorerst nur Lima. Wir würden bei null beginnen müssen. Wir benötigten eine Wohnung, eine Schule für Heinz und Arbeit für Werner. Einmal mehr wollten bange Sorgen mich erdrücken. Doch nein! Hatte ich mir nicht vorgenommen, wie Hiob „an der Hoffnung festzuhalten und den Glauben an Gott nicht zu verlieren ...?" Hatte der Allmächtige nicht schon wunderbar eingegriffen, indem mein Mann freigekommen war? Diesem Herrn wollte ich weiter vertrauen! Ich legte meinen Kopf an Werners Schulter und döste endlich ein.

In Lima kamen wir vorerst bei der Familie von Werners Schwester Margot unter. Es war sehr eng. Werner und ich belegten das Kinderzimmer und die fünf Kinder verbrachten die Nächte auf Matten im Wohnzimmer. Trotzdem waren wir sehr dankbar für die liebevolle, selbstlose Gastfreundschaft.

Die restlichen Tage im Dezember vergingen wie im Fluge. Alle waren beschäftigt mit den Weihnachtsvorbereitungen und Heinz genoss das Spielen mit seinen Cousins. Werner sass meist apathisch am Küchentisch oder lag auf dem Bett. „Ich bin müde!", seufzte er.

„Komm, wir gehen Fussball spielen!", forderten ihn die Männer der Verwandtschaft abends nach der Arbeit oder samstags auf. Ich freute mich, wenn mein Mann sich aufraffte und mitging, sorgte mich jedoch ein bisschen, wenn er danach nach Bier roch.

Mittlerweile wurde darüber diskutiert, was mit den Waisenkindern Carla und Alexander geschehen sollte. Die Vormundschaft ging vorerst automatisch an die Grosseltern Emilio und Maria. Aber die beiden waren noch so erschüttert und verstört, dass sie sich nicht in der Lage sahen, sich um ihre Enkel zu kümmern. Werner und ich standen den Kleinen am nächsten, hatten wir die vergangenen Jahre als Familien doch eng zusammengelebt. Aber so sehr ich die Kinder liebte – ich konnte mich nicht dazu durchringen, sie bei uns aufzunehmen. Wir selbst waren eine vierköpfige Familie und verfügten zurzeit weder über eine eigene Wohnung noch über ein gesichertes Einkommen ... Und inwiefern ich mit Werners Unterstützung rechnen konnte, war ich mir nicht so sicher ...

Erika, eine Schwester der verstorbenen Herta, und ihr Mann Jorge boten sich schliesslich an, die Geschwister zu adoptieren und mit ihren eigenen Kindern aufzuziehen. Jorge war Diplomat und die Familie würde in wenigen Wochen nach Guatemala ausreisen. Ich war froh über diese Lösung, denn es war bestimmt gut für die Waisen, vorerst einige Jahre in einem anderen Umfeld zu leben.

Vom Palcazú-Tal drangen schlechte Nachrichten zu uns. Die Einheimischen hatten sich in einem bestialischen Aufstand erhoben und die Herrschaft über das Gebiet an sich gerissen. Jeder, der keine indianische Herkunft hatte, musste fürchten, von ihnen niedergemetzelt zu werden. „Ihr gehört auch zum Terroristenpack!", beschuldigten sie jeden, selbst Siedler, mit denen sie jahrelang friedlich zusammengelebt hatten. Die Urwald-Einwohner waren tief verunsichert. Die Terroristen waren ebenfalls in ihre Dörfer eingedrungen und hatten sie grausam gequält und erpresst. Jetzt übten sie brutale Rache. Da zu jener Zeit niemand wusste, wie sein Gegenüber zum Leuchtenden Pfad stand, wendeten sie sich gegen jeden, der nicht zu ihnen gehörte.

Sowohl von den Terroristen als auch von den Indianern bedroht, verliessen die Siedler das Tal. In aller Eile setzten sie Verwalter ein, schlossen ihre Häuser so gut wie möglich ab und reisten weg. So kam es, dass sich die alte „Nachbarschaft" in kürzester Zeit in San Ramón oder in Lima wiederfand.

Obwohl ich mich äusserlich gefasst gab, machte das Erlebte auch mir schwer zu schaffen. Auch mich plagten schlimme Erinnerungen an jene Horrornacht. Zudem vermisste ich schmerzlich meine liebe Freundin Herta. Ihr Tod und derjenige Tatos hatten in meinem Leben riesige Lücken hinterlassen.

Einmal ging ich mit Heinz zum städtischen Markt und entdeckte an einem Stand preiswerte, schöne Maiskolben. Ich wollte sie kaufen und schaute zu, wie der Kunde neben mir Kartoffeln und verschiedene Gemüse aus dem Hochland in seine Tasche packte. Als er für einen Moment das Gesicht in unsere Richtung drehte, entdeckte ich ein Muttermal auf seiner linken Wange. „Der Guerilla-Anführer!", durchfuhr es mich. Ich bekam Hühnerhaut und zog Heinz fort. „Komm, wir kaufen an einem anderen Stand." Die Wahrscheinlichkeit war äusserst gering, dass es sich um jenen Mann handelte. Wie viele andere Menschen hatten Muttermale … Und doch …

Es sind Terroristen!, war stets mein erster Gedanke, wenn ich Leuten mit den charakteristischen Gesichtszügen aus den Bergen begegnete. Ich wusste, dass diese allgemeine Verurteilung verkehrt und unfair war. Millionen von Hochland-Bewohnern hatten überhaupt nichts mit den Rebellen zu tun, sondern vielmehr wie wir unter ihnen gelitten. Trotzdem mied ich diese Personen und traute ihnen nicht. *Herr, hilf mir!*, betete ich im Stillen.

Auch mir fiel das Leben in der Hauptstadt alles andere als leicht. Doch jammern und klagen nützte nichts! Schon näherte sich der Januar seinem Ende zu. Es wurde Zeit, das Leben wieder in die Hand zu nehmen. Wir hatten Kinder, für die wir sorgen mussten. Ideen mussten abgewogen, Entscheide gefällt werden. Nachdem ich eines Tages in der Bibel gelesen und gebetet hatte, beschloss ich, meinen Blick trotz Schmerz und Trauer von nun an weg von der erdrückenden Vergangenheit bewusst auf die Zukunft zu richten.

„Wir werden in Lima bleiben müssen", schnitt ich das Thema meinem Mann gegenüber an. Werner lag auf dem Bett und starrte zur Decke. Ihn schien es nicht zu kümmern, wie es mit uns weiterging. Nur manchmal machte er eine Bemerkung, dass ihm die Stadt nicht gefalle. Meine Eltern hatten mir etwas Geld zugesteckt, aber es würde nicht mehr lange reichen. „Wir können nicht auf Kosten anderer Leute leben", bemerkte ich. Werner setzte sich auf und zündete sich eine Zigarette an. „Du hast recht", meinte er, schwieg dann aber. „Möchtest du nicht eine Arbeit suchen?", regte ich an. Er nickte und sah dem Rauch nach, der zur Zimmerdecke emporstieg. „Soll ich mich einmal umhören?", anerbot ich ihm. „Ja", sagte mein Mann. Das war alles.

Kurz darauf begann Werner, zusammen mit seinem Schwager Walter, Zimmermannsarbeiten zu verrichten. Auch dieser war mit seiner Frau Chumpi nach Lima gezogen. Endlich verdiente mein Mann etwas Geld und ich war zuversichtlich. Bestimmt würde ihm die Ablenkung helfen, über seine seelische Erschütterung hinwegzukommen.

Immer sonntags holten Tante Martha und Onkel Ricardo uns ab für den Gottesdienst. Die Predigten stärkten und ermutigten mich, die Gemeinschaft und das Gebet mit anderen Christen taten mir gut. Bald hatte auch Heinz seine alten Freundschaften mit den Kindern aufgefrischt. Werner schätzte es offensichtlich, mit Steven ein paar Worte zu wechseln. Aber meist hielt er sich abseits und drängte, bald nach Hause zurückzukehren.

Nach einigen Wochen fanden wir endlich eine Wohnung, die wir bezahlen konnten. Sie war winzig! Der Wohnraum war äusserst eng, die Küche hatte eine Standfläche von gerade mal einem Quadratmeter. Da es kein Fenster gab, brannte tagein tagaus elektrisches Licht. Einen Vorteil hatte sie jedoch: Die Hintertür führte auf ein riesiges, freies Gelände, wo die Stadtverwaltung einen Sportplatz zu bauen plante. Dort konnten sich die Kinder in geschütztem Rahmen austoben. Zwar waren sie meist dreckverschmiert, wenn sie abends hereinkamen. Aber das machte mir nichts aus in Anbetracht dessen, dass sie nach ihrer Dusche müde und zufrieden in ihre Betten sanken.

Die Wohnung gehörte einer älteren Dame, die gleich nebenan wohnte und uns zunächst etwas schroff begegnete. Obwohl wir niemandem von unseren Erlebnissen erzählten, ahnte sie vermutlich, dass wir Opfer des Terrorismus waren und in Lima Zuflucht suchten. Bald hatte sie uns in ihr Herz geschlossen und gab mir manch praktischen Tipp: „Das beste und billigste Brot kriegst du beim Krämer um die Ecke", verriet sie mir, „und den frischesten Fisch gibt's donnerstags auf dem Markt." Dankbar nahm ich ihre Ratschläge an. Weniger hingegen gefiel mir ihre Art, Werner helfen zu wollen. Denn manchmal kam sie mit einer grossen Flasche Whisky vorbei, schenkte ihm davon in ein Glas ein und befahl: „Trink! Damit kannst du vergessen!"

„Mama, ich will andere Turnschuhe!" Heinz war in letzter Zeit oft gereizt. Auch ihm fiel die Umstellung vom Urwald in die Grossstadt äusserst schwer. Herablassend bezeichneten ihn seine Kameraden als „Hinterwäldler" und grenzten ihn aus. Nun wünschte er sich Markenartikel, um so zu sein wie sie. Ich konnte ihn verstehen und er tat mir leid. Aber was sollte ich tun? Werners geringes Einkommen reichte nur für das Allernötigste. An solchen Luxus war nicht zu denken.

In den folgenden Monaten lebten wir von der Hand in den Mund. Obwohl uns Freunde einiges geborgt hatten, benötigten wir dringend Möbel und Hausrat! Aber selbst für gebrauchte Artikel waren die Preise in Lima horrend. Als ich dies mit Werner besprach, verkündete er: „Ich werde nach Isco fahren und unsere Dinge holen." Ich war erstaunt über seine Initiative. Wir beide wussten, dass eine solche Reise mit vielen Risiken verbunden war. Dennoch: Einen Wagen zu mieten und das Wichtigste herzutransportieren, wäre um ein Vielfaches billiger, als es in unserer von der Inflation geschüttelten Hauptstadt zu kaufen. „Denkst du, du schaffst es?" Besorgt massierte ich seinen verkrampften Nacken. Er nickte.

Schweren Herzens liess ich Werner ziehen. Zuerst musste er über die Anden durch von den Terroristen kontrolliertes Gebiet fahren. Dann, am Eingang des Palcazú-Tals, würde er bei den Indianern eine Sondergenehmigung einholen müssen, um das Gebiet betreten zu dürfen. Wie würde er die Reise psychisch verkraften? Ich betete für ihn.

Nach gut einer Woche kehrte er zurück. Ich forschte in seinem Gesicht und erschrak. Wieder hatte er diesen verstörten Gesichtsausdruck. Als ich ihn zur Begrüssung küssen wollte, gab er vor, eine Kiste tragen zu müssen. Irrte ich mich oder roch er nach Alkohol? Ich lief ihm nach: „Wie ist es gegangen?", erkundigte ich mich. „Gut", antwortete er kurz angebunden. „Ich war mit Helmut da. Allerdings haben Diebe unser Haus bereits geplündert. Sie haben einiges mitgehen lassen ..." Er wurde von Walter unterbrochen, der seine Hilfe beim Abladen der Betten benötigte. Heinz und ich halfen, die Gegenstände in die Wohnung zu tragen. Der Junge freute sich über sein Spielzeug, ich über meine Nähmaschine.

Am Abend sah ich eine Kiste mit Einrichtungsgegenständen durch. „Die Einbrecher haben einiges mitlaufen lassen", murmelte Werner. Ich setzte mich neben ihn und nahm seine Hand. „Ich bin dankbar für alles, was du noch bringen konntest", versicherte ich. „Wart ihr auch in Tatos Haus?" Ich merkte, wie er gegen seine Tränen ankämpfte. „Es war schrecklich!", seine Stimme war heiser. „All diese Erinnerungen ...!" Er zerdrückte seine Zigarette im Aschenbecher. „Wir waren doch glücklich! Mein Bruder und ich hatten noch so viele Ideen und Pläne. Warum musste dies geschehen? Ich verstehe es einfach nicht!"

Nachdem wir bereits ein Jahr in Lima waren, verkündete Walter eines Tages, er und seine Frau würden wieder nach Isco ziehen. „Es heisst, die Indianer haben die Terroristen aus der Gegend verjagt", erklärte er. „Uns werden sie hoffentlich wieder akzeptieren!" Für

Werner und mich kam eine Rückkehr nicht in Frage. Weder er noch ich würden es ertragen, allein neben Tatos und Hertas leerem Haus zu leben.

Der Wegzug seines Schwagers bedeutete für Werner, nun alleine Aufträge suchen und Arbeit erledigen zu müssen. Doch in letzter Zeit war sein Gemütszustand etwas stabiler geworden. Ich hoffte, er würde es schaffen.

Nur wenige Monate später entdeckte ich, dass ich erneut schwanger war. *Auch das noch!*, war meine erste Reaktion. *Wie sollen wir bloss über die Runden kommen? Wir haben doch so schon kaum genug zum Leben!* Aber dann beschloss ich, Gott dafür zu danken und ihm zu vertrauen. Bestimmt würde er uns helfen, das neue Kind, das er uns anvertraute, auch zu versorgen.

Bald kam noch mehr auf uns zu. Mein Vater hatte einen Schlaganfall erlitten und lag nun in einem städtischen Krankenhaus. Deshalb zog Mutter zu uns und wir wechselten uns darin ab, bei ihm zu sein und ihn zu pflegen. Kurz nachdem er gestorben war, kam unser dritter Sohn Gerhard zur Welt. Sowohl wir Eltern als auch seine stolzen Brüder freuten sich an seinem sonnigen Gemüt. Mutter beschloss, noch etwas länger bei uns zu bleiben.

Nach wie vor fehlte es an allen Ecken und Enden an Geld. Daran, endlich unsere Schulden abzuzahlen, war nicht zu denken! Schon lange hatte ich mir überlegt, wie ich ebenfalls etwas dazuverdienen könnte. Wenn ich wieder nähte, könnte ich zu Hause bei den Kindern sein. Doch welche Kleidungsstücke? Einerseits mussten sie Absatz finden, andererseits war der Platz in unserem Wohnzimmerchen äusserst begrenzt. *Herr, was könnte ich nähen?*, betete ich. Die Antwort kam in Form eines Geschenks, das eine Cousine von einer Deutschlandreise mitbrachte: eine schöne, bequeme Unterhose!

Mehrere Frauen aus der Verwandtschaft hatten solche Unterhosen bekommen. „Die verziehen sich kein bisschen beim

Waschen", meinte Tante Martha, als sie einmal zu Besuch war. „Sie verrutschen nicht. Meine Töchter sind hell begeistert." Meine Mutter fügte hinzu: „Auch meine sitzt immer noch einwandfrei. Ich glaube, Unterwäsche dieser Art ist in Peru nicht erhältlich." Das war es! Ich hatte meine Idee! *Danke Herr!,* sagte ich im Stillen und lächelte. Ich würde Unterhosen nähen!

So schnell wie möglich setzte ich meinen Plan in die Tat um: Zusätzlich zu meiner Singer-Maschine borgte ich mir von einer Verwandten eine Overlock-Maschine. Dann ging ich auf den Stoffmarkt und besorgte qualitativ hochstehenden Baumwollstoff, breite Elastikbänder, Faden und Spitzen. Anschliessend fertigte ich aufgrund der deutschen Vorlage verschiedene Schnittmuster an. Wieder kamen mir die Kenntnisse zugute, die ich mir damals bei Tante Guillermina angeeignet hatte.

Ich war gerade dabei, verschiedene Muster anzufertigen, als ich eines Tages einen Anruf bekam. „Werner ist gestürzt!", berichtete ein Kollege der Baustelle. „Er ist bereits auf der Notfallstation im Krankenhaus!" Ich liess die Kinder bei Mutter und eilte hin. Kreidebleich sass mein Mann im Wartezimmer. Zum Glück konnte er sprechen! Kurz berichtete er mir, wie er von einem Dach in die Tiefe gestürzt war. Er hatte starke Schmerzen in der Brust und konnte kaum atmen. Seine Arbeitgeber hatten einen Krankenwagen gerufen und ihn herbringen lassen.

„Ihr Mann hat zwei Rippen gebrochen", diagnostizierte der Arzt, nachdem er die Röntgenbilder studiert hatte. Er wandte sich an Werner: „Ich kann Ihnen keinen Gips machen. Es bleibt Ihnen nichts anderes übrig, als zu warten, bis die Knochen selber zusammen-gewachsen sind. Am besten legen Sie sich auf eine harte Unterlage. Ich verschreibe Ihnen Medikamente gegen die Schmerzen." Während Werner mühsam sein Hemd zuknöpfte, erkundigte ich mich: „Wie lange wird es dauern, bis er wieder arbeiten kann?" „Mindestens drei Monate", antwortete der Doktor.

Als wir im Taxi nach Hause sassen, stöhnte Werner trotz der Tabletten, die er bereits eingenommen hatte. Auch mir war zum Jammern zumute. Wovon sollten wir bloss leben? Trotz allem beschloss ich, nicht zu resignieren, sondern anzupacken. Ich richtete ein Stossgebet zum Himmel und begann fieberhaft zu überlegen, wie ich jetzt am besten vorging. So schnell wie möglich musste ich mit der Produktion der Unterwäsche beginnen, und zwar in grossen Mengen. Ich plante, wie ich die Möbel und Nähmaschinen stellen würde und wie ich mich am besten organisierte.

Zu Hause angekommen, legte sich Werner auf unser Bett. „Die Matratze ist viel zu weich!", beschwerte er sich. Am wenigsten Schmerzen verspürte er, wenn er sich auf eine Matte auf den Boden legte. Da es in unserem Schlafzimmer keinen Platz dafür gab, richteten wir sein Krankenlager ebenfalls in einer Ecke des kleinen Wohnzimmerchens ein. Im Abstellraum belegten Mutter und Heinz das Etagen-Bett, Max und Gerhard schliefen bei mir im Zimmer.

Es folgten sehr harte Monate. Frühmorgens stand ich auf, bereitete das Frühstück und schickte Heinz zur Schule. Gleich anschliessend widmete ich mich der Produktion der Slips. Unterbrochen wurde ich von Werner, der als Patient seine Bedürfnisse anmeldete, und von Gerhard, der gestillt und gewickelt werden musste. Der kleine Max, gerade mal drei Jahre alt, sass auf seinem Stühlchen am Tisch. Zufrieden malte er mit Buntstiften abenteuerliche Figuren und Linien auf das Stück Papier, das ich ihm gegeben hatte. „Mehr, Mama, mehr!", bettelte er, wenn keine weisse Stelle mehr zu sehen war. Dann reichte ich ihm das nächste Blatt und er widmete sich stolz seinem nächsten Kunstwerk. Er war sehr genügsam, genoss es aber auch, mit Heinz draussen zu spielen, wenn dieser von der Schule nach Hause kam. Meine Mutter half, indem sie die Mahlzeiten zubereitete und die Wäsche erledigte. Ich nähte fast ununterbrochen. Vor zwölf Uhr nachts ging ich selten zu Bett.

Gott schenkte es, dass ich mit meiner Idee eine Marktlücke gefunden hatte. Meine Kunden empfahlen mich weiter und es mangelte mir nie an Aufträgen. Mit der Zeit weitete ich das Sortiment aus und führte alle Grössen und verschiedene Farben im Angebot. Einmal mehr hatte mir die Nähkunst die Existenz gesichert.

Werner hatte starke Schmerzen, besonders, wenn er husten oder niesen musste. Etwas Gutes konnte ich der schwierigen Situation zwar abgewinnen. In seinem Zustand konnte mein Mann weder rauchen noch trinken. Als ich eines Nachmittags schmunzelnd eine entsprechende Bemerkung machte, wurde er wütend.

Höhepunkte der Woche bildeten die Sonntagsgottesdienste. Dort schöpfte ich Mut und Kraft für die vielfältigen Herausforderungen, die meinen Alltag bestimmten. Irgendwie musste ich die Zeit überstehen, bis Werner wieder arbeiten konnte. Dann würde es bestimmt besser werden. Trotz grosser Erschöpfung und Müdigkeit war ich entschlossen, mit Gottes Hilfe durchzuhalten.

16

Werner

Januar 1990 – August 1992

Das erste Jahr in Lima verbrachte ich halb betäubt. Ich befand mich wie im trüben, dichten Fangnetz einer Spinne. Ständig verhedderten sich meine Gedanken in den schlimmen Erinnerungen rund um die Geiselnahme.

Ich fand das Geschehene so sinnlos, so ungerecht! Warum mussten ausgerechnet rechtschaffene, achtbare Leute wie Tato und Herta sterben? Warum wurden zwei unschuldige Kinder für immer ihrer Eltern beraubt? Flashbacks der Entführungszeit quälten mich ebenso wie die zermürbende Angst, erneut von den Terroristen aufgegriffen zu werden. Und immer wieder fragte ich mich, was die Guerilleros wohl mit Ilse angestellt hatten. Genosse Rubén hatte mir ja ausführlich beschrieben, wie man sie vergewaltigt hatte. Meine Frau war so stark! Sie liess sich nichts anmerken. Ich wagte nicht, sie mit meinen Fragen zu behelligen, wollte ich doch keine Wunden aufreissen und sie erneut verletzen. Wir redeten nie über jene Zeit. Es war wie ein unausgesprochenes Tabu … und doch … hatte es sich tatsächlich so zugetragen? Die Ungewissheit darüber machte mir unaufhörlich zu schaffen. Wie hasste ich diese Nächte, in denen ich keine Ruhe fand und ständig von Horrorgedanken und -träumen geplagt wurde. Glücklicherweise konnte ich Walter bei der Arbeit zur Hand gehen. Von mir aus hätte ich nicht die Energie aufgebracht, Arbeit zu suchen und Aufträge auszuführen.

Da ich wusste, wie viel Kraft Ilse und ihre Mutter aus den Gottesdiensten schöpften, begleitete ich sie. Meist hing ich während der Predigt meinen eigenen trüben Gedanken nach. Abwesend blickte ich auf den Text der Bibel, die ich in der Hand hielt. Gottes Wort berührte mich nicht. Was mir allerdings guttat, war die ehrliche Anteilnahme und die Zuwendung von Pastor Steven. Auch unter der Woche besuchte er uns, spielte mit mir und den Kindern Fussball und liess uns als Familie spüren, dass er immer für uns da war. „Ruf mich, wenn ich dir behilflich sein kann", bot ich ihm an. Er tat es, und so verbrachten wir manch nette Stunde bei praktischen Arbeiten in den Räumlichkeiten der Kirchengemeinde.

Es tat mir leid, meine Frau im Alltag nicht besser zu unterstützen. Aber ich schaffte es einfach nicht. So anerbot ich mich wenigstens, unsere Habseligkeiten aus Isco nach Lima zu holen. Einerseits fürchtete ich mich vor der riskanten Aktion, andererseits drängte es mich, noch einmal an den „Ort des Geschehens" zurückzukehren. Mein Bruder Helmut befand sich gerade in Iscozacín. Ich kontaktierte ihn per Funk. „Ich will zu unserem Haus fahren und unsere Sachen holen. Begleitest du mich?", bat ich ihn. Er erklärte sich bereit und bald war ich unterwegs zu ihm. Die Überquerung der Anden verlief reibungslos, unser Bus blieb vor Überfällen verschont. In San Ramón wechselte ich auf ein Buschtaxi, doch bereits kurz nach der Abfahrt wurden wir an einem Kontrollposten gestoppt. „Halt!", schrie der Einheimische, obwohl der Fahrer des Pick-Ups den Motor bereits ausgeschaltet hatte. „Was willst du am Palcazú?", herrschte er mich an. Ich kannte ihn, hatte er doch des Öfteren mit uns Fussball gespielt. „Hallo!", sagte ich. „Erinnerst du dich nicht? Ich bin Werner! Der Bruder von Helmut und Tato!" „Papiere her!", schnauzte er. „Ohne unsere Zustimmung ist es nicht erlaubt, ins Tal zu fahren!" Was war bloss in diesen Mann gefahren? Als der Fahrer meinen irritierten Blick sah, zuckte er mit den Schultern und reichte der Wache seine Ausweise. Am besten war es wohl, einfach zu tun, was dieser verlangte. Nach einem kurzen Verhör stellte er mir umständlich eine Genehmigung aus.

Wir durften weiterfahren. Nun, in der Regenzeit, schlingerte der Geländewagen auf der unebenen, glitschigen Fahrpiste noch mehr als sonst. Zudem war es kompliziert, die Bäche zu durchqueren, die ab und zu quer über den Weg strömten. Manchmal prasselte ein Regenschauer auf die Fahrerkabine. Aber endlich atmete ich wieder einmal reine Luft und meine Augen sogen das satte Grün der Pflanzen regelrecht auf.

In Iscozacín traf ich Helmut am Campo. Wir fielen uns weinend in die Arme. Es war das erste Mal, seit wir uns nach dem Schicksalsschlag sahen. Schliesslich sagte er: „Unser Cousin hat uns seinen Lieferwagen geliehen. Komm, er steht schon bereit."

Mein Herz schlug bis zum Hals, als wir in die Nebenstrasse zu unserem ehemaligen Anwesen einbogen. Vor Tatos Haus drosselte Helmut den Motor und schaute mich fragend an. Ich nickte.

Schweigend stiegen wir aus dem Wagen. Feiner Regen fiel, aber ich achtete nicht darauf und bahnte mir durch das sumpfige Unkraut einen Weg zum Haus. Alles war verlassen und verwildert. Mittlerweile stand ich vor dem Eingang zur Wohnküche. Ich zögerte, raffte mich aber auf und drückte die Falle nieder. Knarrend liess sich die Tür öffnen. Wir traten ein. Obwohl man das Haus geputzt und geräumt hatte, waren die Ausmasse der Zerstörung noch immer deutlich sichtbar. Helmut und ich gingen durch die einzelnen Zimmer, berührten die Einschusslöcher und versuchten, nicht auf die Blutflecken zu treten. Plötzlich umschlang ich Helmut und fing laut an zu heulen. Auch meinem Bruder kamen die Tränen. Gemeinsam weinten wir uns aus.

Helmut fasste sich als Erster. „Nimm einen Schluck", sagte er und bot mir seinen Flachmann an. *Ah, Schnaps!* Der Seelentröster würde mir helfen, die spitzen Stiche der Erinnerungen abzudämpfen. Ich setzte ein weiteres Mal an. Mein Bruder liess mich gewähren, meinte aber: „Komm, wir wollen uns an die Arbeit machen!" Erneut stiegen wir in den Wagen und fuhren den holperigen Weg zu unserem Haus. Als ich die Tür offenstehen sah, war ich nicht überrascht. Eigentlich hatte ich fast damit gerechnet, dass Diebe unsere Abwesenheit ausnutzen würden. Tatsächlich fehlten viele der kleineren Einrichtungsgegenstände. Die schweren Möbel hingegen hatten sie dagelassen. Wieder übermannte mich eine Welle des Elends. Aber ich nahm mich zusammen und half Helmut, den Esstisch auf den Lieferwagen zu heben. Da es bereits zu dämmern begann, deckten wir ihn gut ab, damit er gegen den Regen geschützt war.

Kurze Zeit später sassen wir bei Kerzenlicht im Haus, beide mit einer Flasche Bier in der Hand. Mein Bruder hatte eine ganze Kiste davon mitgebracht. „Sag, wie habt ihr Tato gefunden?", stellte ich die Frage, die mich schon so lange beschäftigte. Helmut nahm einen grossen Schluck, antwortete aber nicht. „Ich habe gesehen, wie man ihn von der Brücke warf", erzählte ich. In Erinnerung daran konnte ich die Tränen erneut nicht zurückhalten. Zwischendurch wimmerte ich: „Ich will wissen, wie ihr ihn entdeckt und aus dem Wasser geholt habt! Wann war es? Wie sah er aus?" Die Antwort bestand aus einem tiefen, müden Seufzer. Dann drückte er mir eine weitere Flasche Bier in die Hand. Warum er nicht darüber sprach? Konnte oder wollte er es nicht? Wir schluchzten, tranken und weinten die ganze Nacht. Erst gegen Morgen nickten wir ein.

Als ich erwachte, trommelte starker Regen auf unser Vordach. Helmut sass in der Tür und blickte zum Fluss hinunter. Ich nahm eine Flasche Bier und setzte mich neben ihn. „Wie habt ihr ihn gefunden?", wiederholte ich. Mein Bruder runzelte die Stirn und schwieg. Schliesslich sagte er mit brüchiger Stimme: „Ich kann es dir nicht erzählen. Du bist noch nicht bereit dazu." „Doch!", heulte ich und hämmerte auf seine Schulter. Doch Helmut schwieg und ich wusste, dass es keinen Sinn hatte, weiter in ihn zu dringen. Ich leerte die Flasche in einem Zug und holte zwei weitere. Ans Aufladen war bei diesem Wetter ohnehin nicht zu denken.

Zwei Tage später waren wir wieder mehr oder weniger nüchtern, hatten alles geladen und machten uns auf den Rückweg.

In Iscozacín luden wir die leere Bierkiste ab, dann verabschiedete ich mich von Helmut. Den Rest der Strecke war ich allein mit dem Fahrer unterwegs. Leise meldete sich mein Gewissen. War das Ungeheuer Mapinguari in mir erwacht und nun dabei, mich wieder in meine alte Sucht zu zwingen? Nein, redete ich mir ein. Inzwischen war ich ja nicht mehr abhängig. Wenn ich mich manchmal betrank, diente es nur dazu, meinen Schmerz und meine Trauer zu lindern. Mein Bruder hatte volles Verständnis dafür und tat dasselbe.

Ilses Augen schauten besorgt, als sie mich erblickte. Das regte mich auf, doch ich lenkte mich ab, indem ich mich um das Abladen des Lieferwagens kümmerte.

Als Walter und seine Frau einige Monate später nach Isco zurückzogen, verlor ich meinen Geschäftspartner. Ich arbeitete alleine weiter. Da ich stets freundlich war, Wort hielt und die Bezahlung erst nach Fertigstellung der Arbeit verlangte, verfügte ich über einen kleinen, stabilen Kundenkreis. Das reichte mir. Ich hatte ohnehin nicht die Energie, mit Konkurrenten um Aufträge zu kämpfen. Vom Lohn kaufte ich Zigaretten, den Rest gab ich Ilse.

Irgendwie überstand ich die Wochen. Samstags traf sich regelmässig die Verwandtschaft. Wir Männer spielten Fussball, während die Frauen plauderten. Jedes Mal nahm jemand eine Kiste Bier mit und jedes Mal trank ich im Anschluss, bis ich stockbetrunken war. Am Anfang versuchte Ilse, mich zu bremsen. „Lass ihn doch!", kritisierten sie die anderen. „Ihm tut es gut! Und es müssen ja nicht alle so spiessig und vernünftig sein wie du!" So sass meine Frau meist etwas abseits und spielte mit den Kindern.

Ich hielt mich so wenig wie möglich in der Öffentlichkeit auf, denn ich fürchtete stets, von Terroristen erkannt und erneut entführt zu werden. „Werner, es ist vorbei!", versicherte mir Ilse. Sie hatte keine Ahnung von den Drohungen, die mit meiner Freilassung verbunden waren.

Für Ilse folgte eine schwere Zeit. Sie war schwanger, konnte sich aber nicht schonen, da ihr Vater einen Hirnschlag erlitten hatte. Gemeinsam mit ihrer Mutter kümmerte sie sich im Krankenhaus um dessen Pflege. Es war traurig für uns alle, als wir für immer von meinem Schwiegervater Abschied nehmen mussten. Er war eine beachtenswerte Persönlichkeit gewesen. Gegen aussen gab er sich manchmal ein bisschen barsch, doch ähnlich wie Tato lebte er streng nach seinen Grundsätzen und hatte ein grossmütiges Herz. Ich hatte ihn stets sehr geschätzt.

Knapp einen Monat, nachdem er gestorben war, gebar Ilse unseren Gerhard. Mit ihm trat ein fröhlicher Farbtupfer in mein Leben. Aber nach wie vor war ich äusserst passiv und froh, dass Ilses Mutter da war, um sie zu unterstützen.

Eines Tages bekam ich einen grösseren Auftrag. Meine Auftraggeber wünschten ein flaches Holzdach. Täglich fuhr ich zur Baustelle und setzte zuerst die Querverstrebungen ein. Ich war schwindelfrei und bewegte mich normalerweise auch in grosser Höhe mühelos. Doch einmal muss ich unaufmerksam gewesen sein. Als ich den Fuss auf einen Balken setzen wollte, trat ich halb daneben und rutschte aus. Aus über viereinhalb Meter Höhe fiel ich auf Bauschutt aus Holz und Steinen. Dabei brach ich mir zwei Rippen.

Die nächsten Monate verbrachte ich auf dem harten Wohnzimmerboden unserer winzigen Wohnung. Ich war frustriert und machte mir Sorgen um unsere Finanzen. Ilse rettete die Situation, indem sie anfing, Kleider zu nähen.

Nun fing eine andere Art Pein an, mich fertigzumachen: Vermehrt quälten mich Schuldgefühle und Selbstverachtung. Warum hatte ich damals nicht aufbegehrt? Warum war ich nicht da, um Tato zu verteidigen? Und: Warum war ich in der Gefangenschaft so gefügig gewesen? War ich nicht ein Feigling, dass ich überlebt hatte? *Du bist ein Versager, ein Nichtsnutz!*, redeten mir hinterhältige Stimmen ein. *Nicht einmal jetzt bist du fähig, deine Familie zu versorgen!* Die Gedanken setzten sich in meinem Kopf fest und nagten unentwegt an meinem Selbstwertgefühl. Ich hatte Lust auf einen Whisky ...

„Sie dürfen wieder einfache Arbeiten verrichten", befand der Doktor bei einer Kontrolluntersuchung. Ich war froh, der düsteren Wohnung, dem ständigen Rattern der Nähmaschine und dem Kindergeschrei zu entkommen.

Eines Abends kam ich nach Hause. „Dein Cousin Dieter hat angerufen. Ein Freund von ihm hat eine interessante Stelle zu vergeben", berichtete Ilse. Ich war skeptisch. Mehr als einmal hatten mir Bekannte aus Mitleid Bürojobs angeboten. Aber mit meiner geringen Schulbildung fühlte ich mich der Herausforderung nicht gewachsen. Ausserdem verursachte mir der blosse Gedanke an einen Schreibtisch, Dokumente oder das Telefon ein solches Unbehagen, dass ich zum vornherein dankend ablehnte.

Als ich Dieter zurückrief, betonte ich zuallererst: „In ein Büro gehe ich nicht! Und du weisst, dass ich gewohnt bin, mein eigener Herr zu sein ...!" „Hör mir doch erst mal zu", beschwichtigte er mich. „Mein Freund ist der Betreiber des Vivero, einer der grössten Gärtnereien Limas. Er sucht eine Vertrauensperson, die etwas von Pflanzen versteht. Wenn du willst, kannst du dich morgen früh bei ihm vorstellen." Ich schöpfte Hoffnung. Wenn die Arbeit etwas mit der Natur zu tun hatte, klang das schon einmal positiv.

Kalte Nebelschwaden lagen auf der Stadt, als ich mich frühmorgens auf den Weg machte. Die Luftfeuchtigkeit war so hoch, dass der Boden feucht war, obwohl es nicht geregnet hatte. Ich zog den Reissverschluss der Jacke hoch und zog den Kopf ein. Um Punkt sechs Uhr fand ich mich an der grossen Eingangspforte der Gärtnerei ein und wartete. Es roch nach Düngemittel und Insektiziden.

Endlich kam ein petrolgrüner Wagen angefahren. Señor Rodolfo, ein hochgewachsener, hagerer Mann mittleren Alters, sprang heraus und begrüsste mich mit einem kräftigen Händedruck. „Sie sind Werner Noche? Wunderbar, dass Sie pünktlich sind! Kommen Sie, wir gehen in mein Büro!" Gemeinsam schritten wir über das riesige Gelände. Ich staunte, gab es hier doch Sträucher, Bäume und Blumen, soweit das Auge reichte. Alle Farben, Formen und Grössen waren vertreten. Bereits standen einige Männer mit langen Gartenschläuchen an den Beeten und tränkten die Pflanzen. Andere begaben sich mit Schubkarren, Hacken und Spaten auf die andere Seite des Areals. Hier gefiel es mir. Eine bessere Arbeitsumgebung wie diese würde es in ganz Lima nicht geben. Aber ich wollte mir nicht zu viel Hoffnung machen. Meist bekamen Personen wie ich bloss Gelegenheitsjobs.

Señor Rodolfo hielt mir die Tür seines Büros auf und bot mir einen Stuhl an. Seine Augen schauten aufmerksam hinter den runden Brillengläsern hervor, als er erklärte: „Der Betrieb gehört meiner Mutter und mir. Wir beschäftigen über hundert Angestellte. Hier befinden wir uns in der Zentrale auf der grössten unserer Filialen. Aber wir haben zusätzliche Pflanzungen an zwei weiteren Standorten in Lima." Er führte aus, wie die verschiedenen Gewächse gezogen, kultiviert und für den Verkauf vorbereitet wurden. Ein Teil davon ging sogar ins Ausland. Bald waren wir in eine angeregte Unterhaltung vertieft. Meine Kenntnisse und mein Interesse an der Pflanzenwelt schienen ihn positiv zu überraschen. „Ich schlage vor, dass Sie erst einmal eine Probezeit von einer Woche bei uns absolvieren", schloss er das Gespräch. Ich war zufrieden. Der grosszügige Lohn würde für Miete, Strom und das Schulgeld von Heinz reichen. Mit Ilses Verdienst konnten wir das Essen bezahlen. Somit war unser Einkommen für einen weiteren Monat gesichert. *Und wer weiss?*, dachte ich. *Vielleicht kann ich ja sogar länger bleiben ...*

Señor Rodolfo stellte mich einem Mitarbeiter vor, der mir die Arbeit zuteilen würde. Der ältere Mann mit Stoppelfrisur führte mich zu einem Schuppen, vor den man einen enormen Haufen mit alten Brettern gekippt hatte. „Weisst du, wie man Nägel entfernt?", fragte er und drückte mir eine Beisszange in die Hand. „Natürlich!", grinste ich. Geübt entfernte ich die Eisenstifte aus dem Holz und warf sie in einen leeren Behälter, der herumstand. Dann stapelte ich die Latten säuberlich geordnet nach Länge und Breite unter das Dach. Bereits hatte ich die Schuhe ausgezogen, ein Zeichen dafür, dass ich mich wohl fühlte.

Ich schraubte gerade ein Metallstück aus einer Leiste, als ich hörte, wie sich mein Betreuer mit einem anderen Gärtner näherte. Sie unterhielten sich über mich: „Merkwürdiger Gringo!", meinte einer. „Hast du gesehen, dass er barfuss läuft?" Sie traten zu mir. „Es ist Mittagszeit", lud mich der ältere ein, „komm, setz dich zu uns!" Und dann: „Denkst du nicht, du solltest deine Schuhe wieder anziehen bei diesem Wetter?" „Das macht mir nichts aus", lachte ich, „ich bin es gewohnt, so zu arbeiten." Neugierig musterte mich der andere: „Wo bist du her? Du siehst aus wie ein Europäer, aber dein Akzent ist derjenige eines Urwaldbewohners ..." Meine innere Alarmglocke schrillte. Was wollten die von mir wissen? Weshalb das Interesse? Waren sie etwa Spitzel der Terroristen? Von nun an achtete ich sorgfältig darauf, nur das Nötigste über mich preiszugeben.

Zwei Tage später bemerkte ich, wie Señora Hilde, die Mutter von Señor Rodolfo, wie zufällig vorbeispazierte und dabei mein Werk begutachtete. Kurz darauf rief mich der Chef in sein Büro. „Probezeit bestanden!", verkündete er. „Wir haben gesehen, wie fleissig und ordentlich du arbeitest. Du bist fest eingestellt!"

17

Ilse

August 1992 – Dezember 1993

Gott erhört Gebet! Davon war ich schon lange überzeugt. Als Werner die Stelle beim Vivero bekam, bestätigte sich diese Tatsache einmal mehr. Ich konnte einfach nur staunen, als man ihm in der Grossstadt Lima ausgerechnet in einer Gärtnerei eine Arbeit anbot, die genau seinen Fähigkeiten und Interessen entsprach. „Es ist Gott, der dir zu dieser Stelle verholfen hat!", sagte ich zu ihm. „Ja", bestätigte er, „anders kann ich mir dies auch nicht erklären."

Eine grosse Veränderung ging in meinem Mann vor. Motiviert stand er frühmorgens auf, schlang hastig ein Frühstück hinunter und eilte mit dem Mittagslunch zum Vivero. Müde und zufrieden kehrte er nach getaner Arbeit nach Hause zurück und berichtete stolz, wie sein Fleiss und sein Einsatz geschätzt wurden. Endlich schien Werner in der Gegenwart angekommen zu sein.

Es kam noch besser. Eines Abends, er hatte kaum die Tür hinter sich geschlossen, platzte er heraus: „Sie bieten uns eine Wohnung an!" Auf meinen fragenden Blick erklärte er: „Auf dem Gelände des Vivero steht ein Haus, das leer steht. Señora Hilde hat gesagt, wir dürfen darin wohnen!" „Hast du das auch richtig verstanden?", zweifelte ich. „Natürlich! Sie lässt dir ausrichten, du sollst morgen kommen und es dir ansehen." Ich wehrte mich dagegen, in seine Euphorie einzustimmen, und wollte die Sache langsam angehen lassen. Trotzdem freute ich mich darauf, die Vorgesetzten und den Arbeitsplatz meines Mannes kennenzulernen.

Am nächsten Tag stellte mich Werner seiner Chefin vor. Die ältere Dame mit dem hochgesteckten Haar war von grosser Gestalt und strahlte Autorität aus. Sie hiess mich willkommen und führte uns zu einem kleinen Backsteinhaus. „Wir sind sehr zufrieden mit Ihrem Mann", erklärte sie. „Und es ist doch schade, wenn so ein Häuschen leer steht! Ich hoffe, es gefällt Ihnen." Sie suchte den richtigen Schlüssel aus ihrem riesigen Bund, schloss die Tür auf und liess uns eintreten.

Nun, das Haus war zwar kein Luxus. Aber es verfügte neben dem Wohnzimmer über zwei Schlafräume und eine geräumige Küche. Sonnenlicht drang durch die Fenster und hüllte alles in eine freundliche Atmosphäre. Als Señora Hilde bewusst wurde, dass wir neben den zwei kleinen Buben noch einen Zwölfjährigen hatten, meinte sie: „Der Junge muss doch sein eigenes Zimmer haben! Wir werden die Rumpelkammer ausräumen, damit Sie diese ebenfalls als Zimmer verwenden können. Ich hoffe, der Garten ist für die Kinder gross genug zum Spielen ..." Als sie schliesslich auch noch verkündete, dass wir weder Miete noch Strom bezahlen müssten, konnte ich mein Glück kaum fassen. Aber es stimmte! Sie und ihr Sohn wollten ihrem verlässlichen und dienstbeflissenen Mitarbeiter diese Vergünstigungen gerne gewähren. Drei Monate nach Werners Arbeitsbeginn zogen wir um.

Die Kinder waren glücklich. Wir hatten einen grossen Garten, und kaum waren die Tore des rund 11'000 Quadratmeter grossen Geländes geschlossen, konnten sie sich auf dem ganzen Areal bewegen. Señora Hilde mochte die Buben. „Du möchtest bestimmt eine Baumhütte", sagte sie eines Tages zu Heinz und schlug vor, wo er eine bauen durfte. Bald legten wir auch einen Hund zu, mit dem die Jungs herumbalgen konnten. Das Leben in einer solch freien, natürlichen Umgebung war in der Grossstadt nur wenigen Kindern vergönnt.

Werner ging völlig in seiner Arbeit auf. Innert kurzer Zeit war er zur rechten Hand des Chefs aufgestiegen. Er beaufsichtigte das Personal, überwachte die Aussaat, das Wachstum und den Schnitt der Pflanzen und kümmerte sich um reibungslose Abläufe, wenn Exporte anstanden. Nachdem er den Führerschein gemacht hatte, fuhr er täglich zu den beiden anderen Niederlassungen in Lurín und Huachipa, um dort ebenfalls nach dem Rechten zu sehen. Meist hatte er bereits lange vor dem offiziellen Arbeitsbeginn die Setzlinge kontrolliert und die Feuchtigkeit des Bodens geprüft. Wo Not am Mann war, packte er mit an, bis eine Arbeit fertig war. Er arbeitete weit über das Tagespensum hinaus.

„Ilse, du brauchst nicht mehr zu nähen", meinte er eines Tages beim Abendessen. Hungrig schöpfte er mehr vom Linseneintopf in seinen Teller. „Señor Rodolfo hat mein Gehalt erhöht. Nun werden wir problemlos über die Runden kommen und endlich unsere Schulden abzahlen können." Ich war einverstanden. Das Leben im Vivero hatte zwar viele Vorteile, einen Nachteil brachte es aber mit sich: Das Gelände befand sich am Stadtrand und es gab keine Bushaltestelle in der Nähe. So gestaltete es sich stets kompliziert, ins Zentrum zu fahren, um Stoff zu kaufen oder meine Waren abzuliefern. Ich atmete auf. Endlich konnte ich mich um Haus, Garten und Familie kümmern. Die Durststrecke war vorüber.

Genau in dieser Zeit fuhr Steven mit seiner Familie für ein Jahr in seine Heimat und die Mitglieder der Kirchengemeinde versammelten sich an einem anderen Ort. Treu wie immer holten Tante Martha und Onkel Ricardo uns ab. Das erste Mal kam Werner mit. Aber ich merkte, wie er sich am neuen Ort nicht wohlfühlte. „Siehst du den Typ mit den buschigen Augenbrauen hinten in der Ecke?", raunte er mir zu. „Der ist mir nicht geheuer. Er beobachtet uns ständig. Wahrscheinlich ist es ein Spitzel des Leuchtenden Pfades." Ich konnte mir dies nicht vorstellen und wollte mich ohnehin auf die Predigt konzentrieren.

Am folgenden Sonntag meinte Werner: „Ich muss die Sprinkleranlage kontrollieren. Geh du nur mit den Jungs!" Als wir nach Hause zurückkehrten, stand er in der Küche vor dem geöffneten Kühlschrank. „Du weisst doch, dass ich um Punkt zwölf Uhr essen will!", schimpfte er. „Und du hast noch nicht einmal angefangen zu kochen!"

Von nun an gab es jeden Sonntag Spannungen. Werner verdächtigte die Gottesdienstbesucher, zu den Terroristen zu gehören. Zudem hatte er keine Lust, sich anschliessend mit jemandem zu unterhalten. Stets drängte er mich, nach Hause zu kommen. Er nörgelte und murrte und hatte an allem etwas auszusetzen. Für mich wiederum war es sehr anstrengend, die Kinder alleine zurechtzumachen, frühzeitig wieder zurück zu sein und innert kürzester Zeit ein leckeres Sonntagsessen auf den Tisch zu zaubern. Deshalb kam es immer öfter vor, dass ich den Aufwand scheute und mit den Kindern ebenfalls zu Hause blieb. Schliesslich gingen wir alle nicht mehr in die Kirche.

„Hast du gehört?", fragte Werner eines Nachts, nachdem ich die Jungs zu Bett gebracht hatte, „im Stadtteil El Agustino hat es eine Schiesserei gegeben. Die Mitglieder des Leuchtenden Pfades sind einfach überall! Wenn die mich bloss nicht suchen!" Immer wieder äusserte er solche Verfolgungsängste.

Unser Land war alles andere als stabil. Im Hochland, wo die Terroristenbewegung am stärksten wütete, wurde die Bevölkerung mit grausamen Mitteln gezwungen, sich den Guerilleros anzuschliessen. Da die Angehörigen der Armee die wahren Rebellen nicht von den harmlosen Bauern unterscheiden konnten, metzelten sie neben den Guerilleros unzählige unschuldige Landbewohner nieder. Aber auch in der Hauptstadt gab es wiederholt

Bombenanschläge, und regelmässig fiel der Strom aus, weil die Terroristen einen Hochspannungsmast in die Luft gesprengt hatten. Im Gegenzug führten die Militärs brutale Razzien durch, worunter ebenfalls Unschuldige zu leiden hatten. Die Stimmung war von Angst und Misstrauen geprägt.

Meine Besorgungen in der Stadt erledigte ich wie alle anderen auf schnellstem Wege. Keiner hatte Lust, mit Fremden zu plaudern. Niemand hatte Musse, sich in der Öffentlichkeit zu vergnügen. Nach wie vor ertappte ich mich dabei, Menschen mit Abneigung zu begegnen, bloss weil ihr Akzent oder ihr Aussehen mich an die Terroristen erinnerten. Jedes Mal war ich froh, wenn ich wieder sicher in unseren eigenen vier Wänden war. Ich konnte mir gut vorstellen, dass Werner dieses Gefühl noch weit stärker empfand als ich.

Eines Nachmittags klopfte Señora Hilde aufgeregt an meine Tür. „Ihrem Mann ist etwas zugestossen …!", keuchte sie. „Das Auto wurde gestohlen … es gab Schüsse …" Mein Atem stockte. „Was ist geschehen? Wie geht es Werner? Ist er verletzt?" Doch die alte Dame wusste keine Einzelheiten. Zufälligerweise war sie dabei, als Señor Rodolfo einen Telefonanruf bekam, hatte jedoch nur Wortfetzen mitbekommen. Mit Gesten hatte er ihr bedeutet, mich vorab zu informieren. Er würde gleich zu mir kommen. Meine Gedanken überstürzten sich. Hatten die Terroristen wieder zugeschlagen? Hatten sie meinen Mann erneut entführt? Oder gar getötet?

18

Werner

Dezember 1993 – Dezember 2001

Wachsam blickte ich in den Rückspiegel, wie immer, wenn ich an einer Ampel stand. Im Personenwagen hinter mir sassen zwei Frauen, die sich angeregt unterhielten. Sie sahen nicht aus, als würden sie mich verfolgen. Ich entspannte mich ein bisschen. Inzwischen kannte ich die Strecken zwischen den drei Standorten unserer Gärtnerei recht gut. Sicherheitshalber fuhr ich aber immer verschiedene Wege und nahm wenn möglich einen Mitarbeiter mit. So wollte ich den Terroristen verunmöglichen, mich abzupassen.

An der nächsten Ampel stand ein Taxi mit drei finster dreinblickenden Männern hinter mir. Ich verriegelte die Tür von innen. Erst auf der Strecke in den Aussenbezirk Huachipa hörte ich auf, nervös mit den Fingern aufs Lenkrad zu trommeln. Hier hatte es weniger Häuser. Nur ab und zu säumten Geschäfte die Strasse der öden Landschaft. Ich schaltete das Radio ein und summte die volkstümliche Cumbia-Musik mit. Auf einmal fiel mir ein, dass wir Schattenspender für die Petunien montieren wollten. Ob alles Material dafür in unserer kleinen Werkstatt vorhanden war? Ich beschloss, bei einer Eisenwarenhandlung Halt zu machen und zusätzliche Nägel zu kaufen. Kurz darauf fuhr ich an den Strassenrand vor den kleinen Laden.

Obwohl ich stets unruhig und ängstlich war, gab ich mich betont ungezwungen und locker. Lässig schlug ich die Autotür hinter mir zu und betrat das Geschäft. Ich kannte den Besitzer bereits. Wir wechselten ein paar Worte, während er auf die Leiter stieg und die gewünschten Nägel für mich heraussuchte. Aus dem Augenwinkel heraus sah ich zwei Männer, die bei meinem Wagen standen. Zunächst dachte ich mir nichts dabei. Doch dann öffnete einer das Auto. „He! Was machst du da?!", rief ich durch die offene Türe und trat hinaus. Dann ging alles blitzschnell. Während der eine bereits im Auto sass und den Motor startete, zog der andere eine Pistole – und schoss auf mich! Ich zuckte zusammen und erschrak zu Tode, als die Schaufensterscheibe hinter mir in tausend Scherben zersplitterte. Sekunden später kam ich zu mir und registrierte, dass ich keine Verletzungen hatte. Die Diebe waren mit dem Auto davongefahren.

Ich begann zu zittern. Ich war nicht nur zutiefst erschrocken, vor allem fürchtete ich die Reaktion meines Arbeitgebers. Wie würde Señor Rodolfo reagieren? Ungeschickt hantierte ich mit dem Handy herum, das er mir gegeben hatte. Damals kamen gerade die ersten dieser tragbaren Apparate auf den Markt. Da ich es hasste zu telefonieren, hatte ich das klobige Ding kaum je benutzt. Nun musste ich es wohl oder übel tun. Endlich kam die Verbindung zustande. Stammelnd erklärte ich ihm, was gerade passiert war. Die erste Reaktion des Chefs war freundlich. „Sei unbesorgt, Werner", beruhigte er mich. „Ich komme zu dir und dann regeln wir alles."

Ich fühlte mich hundsmiserabel, mies und erbärmlich! Wie töricht, den Schlüssel stecken zu lassen! Es war allein meine Schuld, dass unser teures Geschäftsauto gestohlen worden war. Was das wohl für Konsequenzen hatte? Zu allem Übel tobte der Ladenbesitzer. „Sieh dir diese Bescherung an!", brüllte er und zeigte auf den Scherbenhaufen, der die ganze Auslage unter sich begraben hatte. „Das wirst du mir alles bezahlen!" Als ich ihm antworten wollte, fand ich die Sprache nicht mehr. Plötzlich überfiel mich eine derartige Schwäche, dass ich mich kaum mehr auf den Beinen halten konnte. Matt setzte ich mich auf den Randstein. Wenn nur Señor Rodolfo nicht ebenso zornig reagierte …

Einige Minuten später hielt sein Wagen dort, wo kurz zuvor der meinige gestanden hatte. Als mein Chef feststellte, dass ich unter Schock stand, klopfte er mir wohlwollend auf die Schulter. Dann wandte er sich an den Ladenbesitzer und betrat mit ihm das Geschäft. Ich weiss nicht wie, aber innert kürzester Zeit hatte er die Wut des Geschädigten besänftigt. Am Schluss reichten sie sich gar lachend die Hände.

„Komm, ich fahr dich nach Hause! Deine Frau macht sich grosse Sorgen", meinte er zu mir. Auf dem Heimweg plauderte er ungezwungen über das Wetter. Endlich fand ich meine Sprache wieder. „Ich werde alles bezahlen!" Stotternd beteuerte ich, alles in Ordnung zu bringen. „Aber dafür gibt es doch Versicherungen!", erklärte er. „Sei unbesorgt! Diese Kosten sind gedeckt!" Damals hatte ich noch keine Ahnung, was eine Versicherung ist. Entsprechend konnte ich nicht wirklich glauben, dass die Geschichte ohne ernsthafte Konsequenzen für mich war.

Zuhause angekommen, stürzte Ilse auf mich zu und fiel mir in die Arme. „Gott sein Dank!", flüsterte sie. „Du lebst!" Señor Rodolfo konnte ihr besser erklären, was passiert war, als ich. Er schloss: „Natürlich hat Werner leichtsinnig gehandelt. Man darf den Schlüssel nie im Auto stecken lassen – und in jener Gegend schon gar nicht!" Er stupste mich mitfühlend an. „Heute hast du eine wichtige Lektion gelernt, hoffe ich!" In jener Nacht musste Ilse mir erklären, wie Versicherungen funktionieren …

Ich war unendlich froh, dass dieses Erlebnis keinen Keil zwischen Señor Rodolfo und mich getrieben hatte. Im Gegenteil, in den folgenden Monaten merkte ich, wie er mir sein uneingeschränktes Vertrauen schenkte. Das Geschäft florierte und wir konnten expandieren. „Warum kaufen Sie nicht ein Stück Land in San Ramón?", schlug ich eines Tages vor, als wir zu unserer Gärtnerei in Lurín fuhren. „Im dortigen Klima gedeihen tropische Pflanzen, die hier in Lima nicht wachsen und bestimmt guten Absatz fänden." Die Idee gefiel ihm. „Acht Stunden Autofahrt Entfernung scheint mir machbar", überlegte er laut, und ich versprach, ihm bei der Suche nach einem geeigneten Grundstück zu helfen. Bald darauf machten wir unsere erste Erkundungsfahrt, und nur ein knappes Jahr später gab es auch in San Ramón eine Zweigstelle des Vivero.

So verging die Zeit. Die Wochen verliefen immer gleich: Montag bis Freitag verbrachte ich bei der Arbeit, am Samstagabend betrank ich mich im Kreise der Verwandten und sonntags schlief ich meinen Rausch aus. Zwar wurde ich mittlerweile seltener von Albträumen geplagt, doch die nagende Angst quälte mich nach wie vor. Obwohl es mir wichtig war, Ilse und die Kinder um mich zu haben, verbrachte ich kaum Zeit mit ihnen. Sie schienen zufrieden zu sein. Unsere Jungs besuchten gute Schulen und wir konnten langsam aber sicher unsere Schulden zurückzahlen. Ab und zu leisteten wir uns sogar etwas Besonderes. Unsere Existenz war gesichert.

Als ich eines Abends von unserer Niederlassung in Huachipa zurückkehrte, wollte ich kontrollieren, ob für den grossen Export am folgenden Tag alles bereit war. Da kam Max gelaufen. „Papa!", rief er, „Mama lässt ausrichten, du sollst nach Hause kommen! Wir haben Besuch!" *Warum gebe ich mich nicht mehr mit meinen Jungs ab?*, dachte ich, als ich mit dem Kleinen an der Hand nach Hause spazierte und er mir munter beschrieb, wie unser Gast aussah. „Er ist riesig, hat einen Bart und spricht merkwürdig", erklärte der Sechsjährige. *Steven!*

Ich beschleunigte meine Schritte. War der amerikanische Pastor aus den Staaten nach Lima zurückgekehrt? Tatsächlich: Als wir das Wohnzimmer betraten, eilte mir mein Freund entgegen und begrüsste mich mit seinem festen Händedruck: „Werner! Wie schön ist es zu sehen, wo du Arbeit gefunden hast und wie ihr nun lebt! Gott ist treu! Wie geht es dir? Ilse hat mir schon ein bisschen berichtet …"

Während ich ihm erzählte, worin meine Tätigkeit bestand, schielte ich hin und wieder zu Ilse hinüber. Bestimmt schämte sie sich vor Steven ebenso wie ich, dass wir nie mehr zum Gottesdienst gingen.

Offenbar wusste er bereits Bescheid, wollte uns aber nicht in Verlegenheit bringen. Deshalb wartete er gleich mit einem Vorschlag auf: „Wir werden mit einer neuen Gemeinde im Stadtteil Surco beginnen. Es ist gar nicht weit von hier entfernt. Möchtet ihr euch nicht dazugesellen?" Ich nickte, weil mir die Situation so peinlich war. Tatsächlich besuchten wir danach ab und zu einen Gottesdienst. Aber nur äusserst selten, da sich in mir alles dagegen sträubte und ich jede erdenkliche Ausrede fand, um nicht hinzugehen.

Nach etwa zwei Jahren liess ich mich wieder einmal überreden. Steven freute sich sehr, mich zu sehen, und führte mich zu Pastor Miguel, einem grossgewachsenen, fülligen Amerikaner mit wachen Augen. „Das ist mein Freund Werner", stellte er mich seinem Landsmann vor. „Auf den kannst du dich verlassen!" Auch dieser Mann gefiel mir auf Anhieb. Innert kurzer Zeit waren wir Freunde. Als eine Familie gesucht wurde, die unter der Woche ihr Haus für eine Bibelgruppe öffnete, erklärte ich mich bereit. Platz hatten wir jetzt ja genug. Meine Frau strahlte.

Inzwischen hatte sich die politische Lage etwas beruhigt. Dem Geheimdienst war es gelungen, den Terroristenführer Abimael Guzman in seinem Versteck in Lima aufzuspüren und zusammen mit acht seiner Gefolgsleute festzunehmen. Die Zeit der nächtlichen Ausgangssperren und der regelmässigen Anschläge war vorbei. Trotzdem verfolgten mich meine Ängste weiter.

„In den nächsten Ferien besuchen wir Oma Emma in Iscozacín", verkündete ich eines Sonntags und erntete Jubelgeschrei. Da das Reisen sicherer geworden war, wollte ich meinen jüngeren Söhnen die Urwaldgegend zeigen.

Endlich war es so weit. Aufgeregt entdeckten die Jungs die Alpacas auf den Anden und staunten über die interessanten Bergformationen. Mit dem Buschtaxi fuhren wir schliesslich über die holperige Fahrpiste dem Fluss entlang. „Bis vor wenigen Jahren konnte man nur mit dem Kleinflugzeug nach Isco gelangen", erklärte ich den Buben. „Und noch heute ist es so abgelegen, dass sich kaum Fremde dorthin verirren. Bald können wir im Fluss baden und ich bringe euch bei, wie man auf Palmen klettert." Sie liessen sich von meiner Begeisterung anstecken und konnten es kaum erwarten, ans Ziel zu gelangen.

Oma Emma wohnte bei ihrer Tochter Anny und deren Mann, welche in ihr Haus am Campo gezogen waren und den Gemischtwarenladen übernommen hatten. Wir genossen die Zeit in der traumhaften Umgebung. „Kommt herein! Im Dschungel geht man früh zu Bett!", rief meine Schwiegermutter ihre Enkel, welche überglücklich und todmüde in ihre Betten sanken. Erst jetzt berichtete sie uns, dass Drogenbarone aus Kolumbien seit einiger Zeit das Tal unsicher machten. Ich hatte weder Kraft noch Lust, mich und meine Familie einer neuen Gefahr auszusetzen. So war ich nicht unglücklich, als wir nach einigen Tagen wieder nach Lima zurückkehrten.

Nun, wo unsere Gärtnerei eine zusätzliche Zweigstelle in San Ramón hatte, fuhr ich regelmässig hin, um auch dort nach dem Rechten zu sehen. Meist traf ich meinen Bruder Helmut und alte Freunde, und fast immer tranken wir ein Bierchen zusammen. Oder zwei. Oder drei.

Als ich wieder einmal auf dem langen Weg dorthin war, machte ich spontan beim Dorf Palca Rast. Während ich in der Imbissstube Maispastete mit Zwiebelsalat ass, erblickte ich von ferne den Dorfplatz. Plötzlich durchzuckte mich eine schreckliche Erinnerung. Vor einiger Zeit hatte ich einmal mit einem Gärtnerkollegen dort

Halt machen wollen. Als wir auf den Dorfplatz einbogen, erwartete uns ein grauenhaftes Bild: Mehrere Leichen hingen noch an den Galgen, während ihre Angehörigen in der Nähe sassen. Die dunkel gekleideten Gestalten trauerten stumm, und doch ängstlich und wachsam. Eine bedrückende Schwermut und Verzweiflung lag über dem Ort. Gerade erhob sich ein Mann und verscheuchte mit einem Stecken den Geier, der sich an einem Toten zu schaffen machen wollte. Durch unsere offenen Fenster drang Verwesungsgeruch. „Komm, lass uns gehen", hatte ich gesagt und das Auto gewendet. Im Nachbardorf erklärte man uns, dass die Terroristen den Angehörigen unter Todesdrohung verboten hatten, die Leichen zu beerdigen.

Die Erinnerung an diese entsetzliche Szene liess mich den Teller von mir schieben. „Die Rechnung, bitte!", rief ich. Bereits hatte sich der Horror meiner eigenen schlimmen Erfahrungen meiner wieder bemächtigt. Auch an der Albariño-Brücke hatten die Terroristen damals ein solches Plakat angebracht. Was war mit Tatos Leichnam passiert? Bis heute verschwieg mir Helmut, wie er ihn gefunden hatte. Aber mittlerweile waren fünf Jahre vergangen. Nun war es Zeit! Ich musste es wissen! Ich fuhr nach San Ramón mit dem festen Vorsatz, die Wahrheit diesmal herauszufinden.

„Bruderherz! Komm, lass dich auf ein Bier einladen!" Ich rief Helmut an, sobald ich mit der Arbeit fertig war. Das war nichts Ungewöhnliches, und wie immer sagte er zu. Grosszügig schenkte ich mehrere Male nach. Ihm, um ihn gesprächig zu machen, und mir, um mir Mut anzutrinken. Bestimmt sprach ich das Thema besser nicht direkt an. „Weisst du noch, worüber wir sprachen, als wir unseren Hausrat in Isco holten?", begann ich deshalb. Helmut schüttelte den Kopf, aber ich sah ihm an, dass er log. Er vergrub den Kopf in den Händen. „Ich wollte wissen, wie ihr damals Tato gefunden habt", erinnerte ich ihn. Nun kam ich auf den Punkt: „Damals warst du der

Meinung, ich sei noch nicht bereit, es zu erfahren. Seither ist viel Zeit verstrichen. Nun bin ich so weit. Bitte!"

Helmut verlangte mehr Bier und ich füllte sein Glas geduldig auf. „Bist du sicher, dass du es erträgst?", erkundigte er sich. Seine Augen blickten glasig. Ich nickte bestimmt. „Ich muss es einfach wissen!" Er schwieg und trank, während ich hoffte und wartete. Endlich begann er zu berichten: „Máximo und ich wussten um die Todesdrohung der Terroristen. Deshalb passten wir auf und erzählten niemandem von unserem Vorhaben", begann er. „Möglichst versteckt und vorsichtig suchten wir an den folgenden Tagen die Flussufer ab." Nach einem weiteren grossen Schluck und langem Schweigen gab er sich einen Ruck. Stockend erzählte er, wie sie den Leichnam entdeckten. Da dies erst nach fünf Tagen geschah, waren die sterblichen Überreste bis zur Unkenntlichkeit entstellt. „Tato!", schluchzte ich auf, und auch Helmut weinte, als er beschrieb, wie sie unseren Bruder aus dem Wasser holten und ihn identifizierten. Behutsam bargen sie ihn und brachten ihn zu Walter und Chumpi, wo trotz allem eine kurze Totenwache gehalten wurde. Dann beerdigten sie ihn schnell und unauffällig.

Erneut kam alles in mir hoch. Das Entsetzen, die Angst, das Grauen – alles! Ich hielt es nicht aus. Nur Alkohol konnte jetzt noch helfen! Helmut erging es genauso, und so betranken wir uns einmal mehr bis zur Besinnungslosigkeit.

Am nächsten Tag war ich unfähig, zur Arbeit zu gehen. Nur gut, galten für mich keine festen Arbeitszeiten! Bestimmt dachten die Mitarbeiter von San Ramón, ich sei bereits auf dem Rückweg, während die Mitarbeiter von Lima mich noch in San Ramón wähnten.

Nach ein paar Aspirin, Schlaf und frischer Luft fühlte ich mich am folgenden Morgen in der Lage, mich auf den Heimweg zu machen. Auf der ganzen Fahrt war mir miserabel zumute. Der unbeschreibliche Selenschmerz und die Trauer hatten erneut Besitz von mir ergriffen. Ich hielt es nicht mehr aus! Ein kleiner Schluck Alkohol würde mir helfen, meine Qual zu lindern. Ich hielt an und kaufte eine Flasche Whisky.

Als ich mich Lima näherte, war es bereits Abend. Plötzlich wurde mir mit Schrecken bewusst, dass ich bestimmt nach Whisky roch. So konnte ich unmöglich zu Hause aufkreuzen. Ich beschloss, die Nacht im Auto zu verbringen und erst am Morgen einzutreffen. Ich würde Ilse kurz grüssen, duschen und mich dann zur Arbeit begeben. So würde niemand etwas merken.

Mit Absicht hatte ich es so eingerichtet, dass die beiden grossen Buben bereits in der Schule waren, als ich das Haus betrat. „Endlich!", rief Ilse. „Ich hatte dich bereits vorgestern erwartet! Weshalb hast du das Handy nicht abgenommen? Ich habe mir solche Sorgen gemacht!" „Der Akku war leer", log ich „und in San Ramón ist eine neue Art Ungeziefer aufgetreten. Ich musste unbedingt dableiben und das richtige Mittel dagegen auftreiben." Meine Frau glaubte mir. „Ich dachte schon, dir sei etwas zugestossen!", meinte sie und wollte mich umarmen. Ich wich aus und ging ins Bad.

Das war der Anfang vom Untergang. Nun trank ich auch unter der Woche wieder. Hielt ich mich bisher mit meinen samstäglichen Trink-Exzessen in relativ seichtem Wasser auf, hatte ich mich nun in die Strömung begeben und wurde von ihr mitgerissen. Noch redete ich mir ein, alles im Griff zu haben und jederzeit aufhören zu können. Aber im Stillen wusste ich: Das Sucht-Ungeheuer hatte mich wieder in seinen Klauen.

Durch meine selbständige Arbeitsweise war es kein Problem, mir ab und zu einen Schluck zu genehmigen. Ich musste bloss die Flaschen strategisch klug verstecken oder auf meinen Fahrten kurz Halt machen. Zwar stand mein Einzelgängertum im Widerspruch zu meiner Angst und dem Bedürfnis, immer jemanden bei mir zu haben. Aber die Sucht war stärker.

Samstags fuhr ich Ilse für den Grosseinkauf zum Supermarkt. „Ich warte hier im Wagen!", sagte ich. Kaum war sie ausser Sicht, besorgte ich mir im Laden gegenüber Wodka. Wenn meine Frau mit dem vollen Einkaufswagen zurückkehrte, war die Pulle sicher unter meinem Sitz versteckt, und ich täuschte vor, die Zeitung zu lesen. Zuvorkommend stieg ich aus, um ihr beim Einladen der Waren zu helfen. *Schwindler!*, klagte mich mein Gewissen an. *Ach wo!*, widersprach ich mir selbst. *Wenn Ilse den Wodka entdeckt, rastet sie aus! Dem Frieden zuliebe verstecke ich ihn besser!*

Sonntags ging ich mit in Stevens Gottesdienst und bemühte mich, niemanden merken zu lassen, dass ich mich am Vorabend betrunken hatte. Während der Predigt döste ich vor mich hin und gab mich danach möglichst locker. Besonders mochte ich es, wenn ich irgendwo praktisch anpacken konnte. So hatte ich etwas zu tun und gab ein gutes Bild ab. An den Gemeindeversammlungen täuschte ich vor, mich für die geistlichen Themen zu interessieren. War ich aber alleine, drehten sich meine Gedanken in eine ganz andere Richtung. *Die sagen immer, Gott könne eine Person von Grund auf verändern,* sinnierte ich. *Aber warum tut er es nicht bei mir? Warum bewirkt er nicht einfach ein Wunder, sodass mein Verlangen nach Alkohol einfach verschwindet?*

Eines Tages schnitt ich mit einem älteren Mitarbeiter Buchsbäume zurück. Dabei beobachtete ich, wie er möglichst unauffällig eine grüne Kugel ausspuckte. Koka! Der Angestellte war völlig verdutzt, als ich ihn nicht massregelte, sondern ihn bat, mir ein paar Blätter zu schenken. Bereitwillig gab er mir die ganze Tüte. Kaum allein, nahm ich eine Portion in den Mund. Da durchfuhr es mich wieder, dieses Gefühl der Kraft und des Elans! War es nicht auch für das Unternehmen gut, wenn ich nicht ermüdete? *Nur ab und zu!*, sagte ich mir, *bei besonderen Gelegenheiten!* Aber es klappte nicht. Noch mehr als damals im Urwald verlangte mein Körper nun auch nach dieser Substanz.

„Papi, du stinkst!", meinte Gerhard, der sich neben mich gesetzt hatte, um einem meiner Jagd-Abenteuer aus dem Dschungel zu lauschen. Max stimmte ihm zu. „Ja, Papa. Hör endlich auf zu rauchen!" Die Jungs hatten recht. Ich rauchte viel. Ich wollte ihnen den Gefallen tun und den Konsum stoppen. Doch auch dies gelang mir nicht. Ohne Nikotin war ich bald so nervös, dass ich erneut zum Glimmstängel griff. Was ich gegen aussen nie zugegeben hätte, war mir inzwischen bitter bewusst geworden: Im Grunde waren es drei Sucht-Ungeheuer, die mich ununterbrochen zwangen, sie zu „füttern": Alkohol, Koka und Nikotin.

„Du trinkst wieder!", bemerkte Ilse eines Nachts, als wir alleine in der Küche waren. Es war keine Frage. Es war eine Feststellung. Sie drehte mir den Rücken zu und räumte schweigend die Teller und Tassen in den Schrank. Schliesslich drehte sie sich um: „Du sagst, du bist Christ. Du sagst, du lebst mit Jesus. Du hast dich taufen lassen. Wie kann es sein, dass du es wieder tust?" Ich wendete den Blick ab. „Es ist wegen der Albträume, die mich plagen", beteuerte ich. „Sobald diese nachlassen, werde ich damit aufhören." In jenem Moment hielt ich dies selber für die Wahrheit.

Eines Abends bemerkte ich, wie Heinz mich sonderbar musterte. Er war nun bereits sechzehn Jahre alt, und obwohl es mir nicht passte, trug er langes Haar. Als wir später im Bett lagen, informierte mich Ilse: „Heinz hat beim Rasenmähen eine Flasche Rum entdeckt." Und nach einer Weile: „Was bist du bloss für ein Vorbild!" Gut, dass sie in der Dunkelheit nicht sah, wie ich vor Scham rot anlief. „Das muss von einem Arbeiter sein", behauptete ich, obwohl wir unseren Garten selber machten.

Von nun an verschwanden regelmässig Flaschen aus meinen Verstecken. Ilse schien wieder hinter mir her zu sein. Oder spürte Heinz sie auf? Beim Gedanken an meinen Sohn nahm ich mir jedes Mal vor, mich zu bessern.

So vergingen mehrere Jahre. Inzwischen war Steven mit seiner Familie definitiv zurück in die Vereinigten Staaten gezogen. Mit Pastor Miguel verstand ich mich ebenfalls gut. Einmal fuhren er und seine Familie sogar mit uns nach Isco. Miguel ahnte nichts von meinem Problem. Es gelang mir, ihm vorzumachen, dass ich einfach gelegentlich ein Bierchen oder ein gutes Glas Wein genoss.

Mein ganzes Leben war eine Lüge. Anderen Personen gegenüber wollte ich den Schein des fröhlichen Helfers um jeden Preis aufrechterhalten. Deshalb wäre es mir nie in den Sinn gekommen, jemanden um Beistand oder um Rat zu bitten. Nicht einmal meinen Freund Miguel.

Meiner Frau gegenüber war ich das pure Gegenteil: ungehalten, selbstsüchtig, rücksichtslos. „… und vergiss nicht, dass ich um Punkt zwölf Uhr essen will!", erinnerte ich sie unfreundlich auf dem Weg zum sonntäglichen Gottesdienst. Damit zwang ich sie, sich bald zu verabschieden und nach Hause zu kommen.

Ilse und ich stritten uns oft. „Streng dich an! Bitte Gott, dir zu helfen. Er wird es tun!", wiederholte sie immer wieder. Das machte mich wütend. „Wenn Gott mir helfen will, weshalb nimmt er mir nicht einfach das Verlangen danach? Wo sind denn seine Wunder?", gab ich zurück. „Nein!", hielt sie mir entgegen. „So ist Gott nicht! Du musst schon selbst dazu beitragen!"

Ich versuchte es ja! Immer wieder bemühte ich mich, von meinen Süchten loszukommen. Aber ich kämpfte immer alleine und verlor jede grössere Schlacht. *Du bist ein schwacher Nichtsnutz!*, höhnte die Stimme in mir.

Wie hatte ich das alles satt! Ich hasste mich selbst. Wie sehnte ich mich danach, frei zu sein.

Die Abhängigkeit schlug sich auch auf meinen Arbeitsstil nieder. Oft waren meine Gedanken nicht bei der Sache. Pausenlos überlegte ich, wie ich an meine „Ware" kam. Doch nach wie vor ging ich meinen Pflichten nach. Man konnte zufrieden mit mir sein, fand ich.

Eines Tages rief mich Señor Rodolfo in sein Büro. Nachdem er sich über die Palmensetzlinge erkundigt hatte, die wir gerade angepflanzt hatten, teilte er mir mit: „Unser Betrieb ist in den letzten Jahren sehr gewachsen. Meine Schwester, die bis jetzt im Ausland weilte, wird kommen und mich in der Geschäftsleitung unterstützen." Ich nickte. Mir sollte es recht sein. Nachdem wir noch ein bisschen geplaudert hatten, brachte er mich zur Tür. Bevor er sie öffnete, zögerte er und sagte: „Werner, pass auf mit dem Alkohol. Du trinkst ziemlich viel!" Er klopfte mir auf die Schulter und liess mich gehen.

Ich erschrak! Wie viel wusste mein Chef? Hatten Kollegen mich gesehen und verpfiffen? Ich konnte nur hoffen, dass dies keine Konsequenzen hatte. *Aber nein,* beruhigte ich mich selbst. *Señor Rodolfo mag mich sehr, das weiss ich. Er kennt meinen Einsatz für seine Gärtnerei!* Dennoch nahm ich mir vor, das Trinken in Zukunft zu lassen. Wenigstens am Arbeitsplatz.

19

Ilse

Januar 1994 – Dezember 2003

Mein Mann trank wieder! Endlich gestand ich es mir ein. Ich zupfte gerade Unkraut aus der Blumenrabatte, als ich zwischen dem dichten Blätterwerk unseres Rosenbeets etwas glänzen sah. Es war eine Wodka-Flasche. Vorsichtig zog ich sie zwischen den Dornen hervor, trug sie in die Küche und leerte sie aus.

In letzter Zeit hatte Werner häufig sonderbare Erklärungen vorgebracht, weshalb er spät nach Hause kam. Und lag da nicht manchmal ein merkwürdiger Geruch in der Luft? Im Grunde hatte ich es schon lange geahnt, aber stets verdrängt.

Damit, dass er sich samstags wie die anderen Männer der Verwandtschaft volllaufen liess, hatte ich mich abgefunden. Aber die Flasche in meiner Hand bewies es: Er tat es auch heimlich! Niedergeschlagen warf ich sie in den Eimer. Hatte die Vergangenheit uns tatsächlich wieder eingeholt?!

Ich schüttelte den Kopf. *Du Narr!*, schalt ich meinen Mann in Gedanken. Hatte er denn nicht realisiert, wie er mit dem Alkohol seine Gesundheit ruinierte? War er sich nicht bewusst, welche Auswirkungen sein Lebensstil auf unsere Kinder haben musste? Merkte er nicht, wie er wieder alles kaputt machte?

Doch dann richtete ich mich auf. Ich beschloss, seiner Selbstzerstörung nicht tatenlos zuzusehen. Ich würde meinem Mann helfen! Ich würde seine Suchtmittel zerstören. Ich würde aufpassen, dass er möglichst selten alleine war. Und ich würde ihn immer wieder ermutigen, Gott um Hilfe anzuflehen. Hatte mich Gott nicht deshalb zu seiner Lebensgefährtin gemacht? Ich ging in den Garten zurück und fand eine weitere Flasche Branntwein unter dem Hortensien-Strauch. Gut. Ich war bereit, den Kampf aufzunehmen.

Als ich Werner zur Rede stellte, redete er sich heraus. Das kannte ich, aber ich wollte nicht aufgeben. Täglich rief ihn nun auf sein Handy an und fragte, wo er sich gerade befand und wann er nach Hause käme. Wenn er samstags behauptete, „nur noch schnell etwas erledigen zu müssen", fragte ich Max und Gerhard: „Habt ihr nicht Lust, euren Papa zu begleiten?" Wenn er wegfahren wollte, um das Auto zu waschen, fand ich: „Heinz könnte dir dabei helfen!" Erneut suchte ich ihm Bibelstellen heraus, die davon handeln, wie mächtig Gott ist und dass er gerne hilft, wenn man ihn darum bittet.

Wie dankbar war ich, als wir dank Steven wieder begonnen hatten, eine Kirchengemeinde zu besuchen. Werner kam zwar nur widerwillig mit. Ich jedoch freute mich jedes Mal auf Gottes Wort. Ich konnte nur beten, dass mein Mann ebenfalls bald erfasste, welch ein Schatz darin verborgen lag. Während er und Pastor Miguel Kameradschaft schlossen, wurden dessen Frau Katy und ich Freundinnen. Endlich hatte ich wieder jemanden, mit dem ich mich austauschen konnte.

Einmal begleitete uns das Pastorenehepaar auf einem unserer Urlaube nach Isco. Eines Nachmittags, wir hatten eben unser Picknick am Fluss genossen, sassen wir zu viert gemütlich im Schatten eines Baumes und schauten den Kindern zu, wie sie sich im Angeln übten. Werner gesellte sich zu ihnen, und innert kürzester Frist hatte er einen grossen Amazonasbarsch am Haken. Strahlend kehrte er zurück: „Ich liebe es, zu fischen!" Katy wandte sich an mich. „Und du? Hast du auch geangelt?" „Manchmal schon", erzählte ich. „Aber nicht so oft wie Werner." Nun kamen mein Mann und ich ins Schwärmen. Werner berichtete von seinen Jagd-Erlebnissen, und ich erzählte, wie ich es anstellte, im Fluss unsere Kleider zu waschen.

„Sag mal", fragte Miguel plötzlich, „warum seid ihr eigentlich weggezogen, wenn es euch hier doch so gut gefällt?" Werner und ich wechselten einen Blick. Wir sprachen nie über die Vergangenheit. „Wir haben hier Schlimmes erlebt", brach ich schliesslich das Schweigen. Unseren Freunden Miguel und Katy konnten wir vertrauen. „Ihr wisst ja, wie die Terroristen-Bewegung Leuchtender Pfad unser Land gebeutelt hat", erzählte ich, „sie haben Werners Bruder und dessen Frau umgebracht ..." Werners Gesichtszüge verdüsterten sich. Ich sah, wie er mit den Tränen kämpfte. Die Erinnerung daran war zu viel für ihn. „Entschuldigt mich", sagte er und lief flussaufwärts.

Miguel wollte ihm folgen. „Lass ihn besser!", hielt ich ihn zurück. „Er braucht jetzt etwas Zeit für sich." Auf ihre fragenden Blicke hin fing ich an zu erzählen. Die Ereignisse neu aufleben zu lassen, war zwar schmerzhaft. Aber es tat auch gut, das Erlebte einmal jemandem zu erzählen. Schweigend hörten die beiden zu, als ich endete: „Wir haben damals eine schreckliche Zeit durchgemacht. Werner erlitt durch seine Gefangenschaft ein schlimmes Trauma. Er hat heute noch Albträume und fühlt sich oft beobachtet und verfolgt." „Und du?", erkundigte sich Katy und nahm meine Hand. „Wie geht es dir?" „Ich erlebe es etwas anders", berichtete ich. „Ich habe zwar keine Angst. Aber kaum treffe ich Leute mit einem gewissen Aussehen oder dem Akzent der Rebellen, spüre ich ihnen gegenüber grosse Abneigung. Ich weiss, dass ich damit vielen Personen Unrecht tue. Stets bete ich, Gott möge mir helfen ..." Katy nickte verständnisvoll. Miguel dachte nach. Dann schlug er vor: „Wie wäre es, wenn wir gemeinsam zu Tatos Haus fahren und genau dort noch einmal ganz konkret für dieses Anliegen beten?" Ich brauchte etwas Zeit, bis ich antwortete. Diese Konfrontation mit der Vergangenheit würde nicht leicht werden. Aber ich wollte frei sein! Frei von allem Hass, frei von

Groll und Verbitterung. Ich wollte in Frieden leben. „Einverstanden",
willigte ich schliesslich ein.

Werner kam ebenfalls mit, als wir uns drei Tage später ein Boot
ausliehen und an den Ort fuhren, wo sich rund fünf Jahre zuvor jene
Nacht ereignete, die jedem Horrorfilm spottet. Die verlassenen
Häuser boten einen trostlosen Anblick. Unsere einst blühenden
Gärten waren von Unkraut und Gebüsch überwuchert. Die
aufwändig angelegten Pfade waren zugewachsen, die
Bootsanlegestelle weggeschwemmt. Als wir mit unseren Freunden
Hertas ehemalige Wohnküche betraten, holte mich die Erinnerung
mit aller Macht ein. Das erlittene Böse, die Trauer, der Verlust
brachten die Wunde in meinem Herzen erneut zum Bluten. Wieder
entfernte sich Werner für einige Zeit, kehrte dann aber zu uns zurück.
Wir weinten.

„Vergebung ist der einzige Weg, damit Verletzungen richtig
heilen können." Leise holte Miguels Stimme mich in die Gegenwart
zurück. Ich nickte. Wir hatten in den vergangenen Tagen wiederholt
über dieses Thema gesprochen. Einmal schlugen wir unsere Bibeln
beim Vaterunser auf, dem Gebet, das Jesus seine Jünger gelehrt hatte:
„Und vergib uns unsere Schuld, wie auch wir vergeben unseren
Schuldigern", heisst es dort. „Was?", war Werner aufgefahren. „Soll
ich nun etwa tolerieren und gutheissen, was die Terroristen uns
angetan haben?!" „Natürlich nicht", hatte Miguel ihn beschwichtigt.
„Was die Guerilleros getan haben, ist und bleibt schreckliches
Unrecht. Vergebung heisst nicht, das Geschehene zu verleugnen oder
schönzureden. Es bedeutet vielmehr, sich ganz persönlich zu
entscheiden, Vergangenes vergangen sein zu lassen in der
Überzeugung, dass Gott zu seiner Zeit gerecht richten wird." Wir
schwiegen eine Weile und dachten über diese Worte nach. Dann
fügte Katy hinzu: „Letztlich ist Vergebung die Entscheidung, aus der

Spirale von Zorn, Verzweiflung und Hass auszubrechen. Es ist eine Entscheidung für die Liebe."

Hass. Liebe. Wieder standen wir in der Küche, in welche die Terroristen brutal eingedrungen waren, und sahen hinaus in den Garten, wo sowohl Tato als auch Herta getötet worden waren. „Sollen wir beten?", erinnerte Miguel an den Zweck unseres Vorhabens. Ich raffte mich auf und nickte. Wie die anderen senkte ich den Kopf und faltete die Hände. „Himmlischer Vater", sagte ich mit zitternder Stimme, „mit deiner Hilfe will ich hiermit denen vergeben, die meine Lieben ermordet und mein Leben zerstört haben. Ich will frei werden von der Vergangenheit und offen für die Zukunft. Und danke, dass du mich wunderbar bewahrt hast." Tiefer Friede erfüllte mich, als ich diese Worte in der Gegenwart meiner Freunde ausgesprochen hatte. Miguel und Katy schlossen sich mir an und beteten für Werner und für mich – und sogar für die Terroristen: „Herr Jesus Christus, schenke, dass diese Männer Dich noch kennenlernen, damit sie Busse tun und Vergebung für ihre Sünden bekommen", sagte Katy. „Amen", sagte ich und staunte selber, dies ohne Bitterkeit und Rachegefühle ausgesprochen zu haben. Werner stand die ganze Zeit bei uns und wischte sich ab und zu die Tränen vom Gesicht. „Ihr wisst, dass ich nie laut bete", erklärte er. Was wohl in ihm vorging?

Wieder in Lima stellte ich fest, wie mein irrationaler Widerwille gewissen Personen gegenüber verschwand. *Danke Herr! Das war nur mit Deiner Hilfe möglich!* Die Vergebung ist wirklich ein besonderes Geheimnis: Über einen zunächst sehr schweren Schritt entliess sie mich in ungeahnte, wunderbare Freiheit. Wie froh war ich, mich dazu durchgerungen zu haben!

In der ersten Nacht nach unserer Rückkehr konnte Werner nicht schlafen. Ununterbrochen wälzte er sich hin und her. „Was ist denn los?", flüsterte ich schliesslich. „Ilse, ich muss dich etwas fragen." Seine Stimme verriet, wie aufgewühlt er war. Ich drehte mich ihm zu.

„Ilse", wiederholte er, „im Haus von Tato hast du Gott gedankt, dass du bewahrt worden bist. Sag … haben die Terroristen dir nichts angetan?" „Nein, warum?", wunderte ich mich. „Einer wollte Herta …", stammelte Werner, „der Genosse Rubén hat Margot … er hat mir erzählt, wie sie dich …" Jetzt begriff ich. „Nein", stellte ich klar. „Ich wurde nicht vergewaltigt. Keiner hat mich angerührt. Gott hat mich und die Kinder wirklich wunderbar beschützt." Um ihn zu beruhigen, erzählte ich ihm, wie ich jene verhängnisvolle Nacht erlebte, nachdem er das Haus verlassen hatte. Nie zuvor hatten wir in Einzelheiten darüber geredet. Nun, nach über fünf Jahren, brachen wir das Tabu. Hätte ich nur früher erfahren, wie sehr Werner diese Frage gequält hatte! Ich schmiegte mich an ihn.

Das fröhliche Zusammensein mit Miguel und Katy und die offenen Gespräche hatten in mir die Hoffnung geweckt, dass Werner sich seinem Freund auch bezüglich seiner Alkoholprobleme anvertrauen würde. Aber soweit ich es beurteilen konnte, tat er es nicht. Seine zweiflerische, abweisende Seite verbarg er vor ihm. Ob ich Miguel gegenüber einmal etwas darüber erwähnen sollte? Doch nein, das hätte ich wie Verrat an meinem Mann empfunden. Ich wollte hoffen und beten, dass er selber das nötige Vertrauen zum Pastor fand.

Leider schien dies nicht der Fall zu sein. Vielmehr betrank sich Werner in den folgenden Monaten und Jahren auch unter der Woche immer häufiger. Auf ihn war kein Verlass mehr, als Familie fanden wir nur noch am Rand seine Beachtung. Es war sehr belastend, dem eigenen Mann nicht vertrauen zu können und ihn ständig zu kontrollieren.

Manchmal hatte er morgens einen solchen Kater, dass er nicht zur Arbeit konnte. Dann rief er Señor Rodolfo an und teilte ihm treuherzig mit: „Ich habe Kopfschmerzen. Ist es in Ordnung, wenn ich heute ein bisschen später nach Lurín fahre?" Noch schien der grossmütige Chef nichts zu merken. Doch wie lange? Und wie würde er reagieren, wenn er begriff, wie es um seinen geschätzten Mitarbeiter wirklich stand? Die ständige Anspannung setzte mir zu.

Meine Not wurde immer grösser. Fieberhaft versuchte ich, Werners Sucht vor den Kindern zu verbergen, wobei Heinz längst Bescheid wusste. Wie viel Max und Gerhard realisierten, war ich mir nicht sicher.

Sonntags verhielt sich mein Mann unmöglich – bis wir die Gemeinderäumlichkeiten betraten. Dann spielte er den hilfsbereiten Kumpel, den frommen Christen. „Warum heuchelst du allen etwas vor?“, warf ich ihm vor, worauf er mir grob antwortete und ein Streit entstand. Manchmal aber brach seine ganze Not aus ihm heraus. „Ich will ja aufhören!“, jammerte er dann, „aber ich schaffe es einfach nicht!“

Ich fühlte mich so alleine! Einerseits tat ich mein Möglichstes, um ihm zu helfen. Andererseits war ich ununterbrochen dabei, ihn gegenüber allen anderen Personen zu decken. Ich war mit meiner Kraft am Ende. Als Katy mich einmal besuchte, traf sie mich mit rot verweinten Augen an. „Was bekümmert dich?“, fragte sie und legte ihren Arm um mich. Nun brach es aus mir heraus. Ich erzählte ihr alles: die ganze Wahrheit über Werners Süchte und alle meine damit verbundenen Sorgen und Probleme. Katy war eine gute Zuhörerin. Nachdem ich geendet hatte, schwieg sie lange und schlug dann vor: „Lass uns beten!“

So fand ich in der Pastorenfrau eine grosse Hilfe. Wie gut war es, ab und zu einfach weinen und erzählen zu können! Besonders dankbar war ich, dass meine Freundin nicht mit leeren Worten und nutzlosen Ratschlägen aufwartete. Vielmehr bot sie mir ihre Gegenwart, ihr offenes Ohr und ihr Gebet an. Das war es, was ich am allermeisten benötigte. Katy steckte mir manchmal einen ermutigenden Bibelvers zu, oder sie rief einfach nur schnell an, um

„Hallo" zu sagen. Ihre ehrliche Freundschaft und ihre Anteilnahme stützten mich, wenn ich drauf und dran war, aufzugeben.

Eines Morgens stiess ich auf eine interessante Bibelstelle: „Ich bin überzeugt, dass der, der etwas so Gutes in eurem Leben angefangen hat, dieses Werk auch weiterführen und bis zu jenem grossen Tag zum Abschluss bringen wird", stand in einem der ersten Verse von Paulus an die Philipper. Der Gedanke liess mich nicht mehr los: *Gott ist es, der das Werk zum Abschluss bringt.* War das nicht genau das Gegenteil dessen, was ich bis jetzt in Bezug auf Werner geglaubt und getan hatte? Hatte ich mich nicht dazu berufen gefühlt, meinen Mann zu ändern, und mich in diese Idee regelrecht hineingesteigert? Jetzt wurde mir bewusst: Ich hatte mit meiner Kraft das leisten wollen, was allein Gott vermochte! Deshalb waren alle meine Versuche, Werner zu verbessern, zwar gut gemeint, aber von vornherein zum Scheitern verurteilt. Kein Wunder, hatte ich keinen Erfolg mit meinen Aktionen! Es war hart und ernüchternd, dieser Tatsache ins Auge zu sehen. Aber es war die Wahrheit.

Ich beschloss, die Konsequenzen zu ziehen. Ab sofort würde ich aufhören, Werners Verstecke aufzuspüren. Ich würde ganz auf Kontrollanrufe verzichten und ihm keine Vorhaltungen und Vorwürfe mehr machen. *Nur du, Herr!,* wiederholte ich von nun an immer wieder. Allerdings würde ich nicht untätig sein, sondern umso treuer beten: „Herr Jesus Christus, ich bitte Dich, ändere Du meinen Mann. Bewirke Du mit Deiner übernatürlichen Kraft das Unmögliche in ihm. Und gib mir die Kraft, die Situation zu ertragen und ihm mit Weisheit und Liebe zu begegnen." Neuer Friede erfüllte mich.

Inzwischen gefiel es Werner immer weniger bei der Arbeit. In den vergangenen neun Jahren war die Gärtnerei sehr gewachsen. Aus den anfänglich hundert Arbeitern waren inzwischen über fünfhundert geworden. Deshalb hatte Señorita Esther vor einiger Zeit begonnen, ihren Bruder in der Unternehmensführung zu unterstützen. Der bisherige Chef und seine Mutter waren Werner stets sehr zugetan im Wissen um den grossen Einsatz, den er für die Gärtnerei geleistet hatte. Entsprechend liessen sie ihm stets viel Freiheit darin, wie er die Arbeit einteilte und durchführte. Die junge Vorgesetzte war jedoch aus anderem Holz geschnitzt. Sie verlangte Arbeitsunterlagen, - Abläufe und -Vorgänge und prüfte, ob diese auch eingehalten wurden. Werner musste jederzeit erreichbar sein. Ausserdem bestand sie darauf, dass er antwortete, wenn sie auf sein Handy anrief. Das gefiel meinem Mann gar nicht. Er empfand es als Einschränkung und Misstrauen ihm gegenüber. Dass er darunter litt, jederzeit abrufbereit zu sein, verstand ich. „Warum suchen wir nicht eine andere Wohnung?", schlug ich vor. „Mit deinem Lohn können wir es uns leisten! Und so könntest du wie alle anderen Feierabend machen und dadurch etwas Abstand gewinnen." Werner zeigte sich von diesem Vorschlag nicht sonderlich begeistert. Stattdessen schimpfte er erneut über seine Vorgesetzte. „Bei der geht nicht alles mit rechten Dingen zu", brummte er, „da morgen die Inspektoren des Arbeitsamts kommen, hat sie mir befohlen, mit einer ganzen Kiste von Akten an einen einsamen Ort zu fahren und sie dort zu verbrennen."

Trotz allem war ich nach wie vor sehr dankbar für Werners Arbeitssituation. Er durfte seinen Fähigkeiten entsprechend arbeiten und verdiente so viel, dass wir uns zwar keinen Luxus, aber ein bequemes Leben leisten konnten. Inzwischen hatten wir allen, denen wir Geld für Werners Befreiung schuldig waren, ihre Darlehen zurückbezahlt. Bereits hatten wir wieder etwas Geld angespart und damit ein Grundstück bei Pachacámac gekauft. Dieses befand sich etwa eine Autofahrstunde von Lima entfernt in Richtung Süden. Das Terrain lag mitten in der Wüste. Noch gab es dort keine

Infrastruktur. Doch die Metropole Lima wuchs täglich, sodass es sich um eine interessante Geldanlage handelte.

„Katy", rief ich meine Freundin an, „morgen ist Samstag. Habt ihr Lust, wieder einmal mit uns zum Strand zu fahren?" Freudig willigte sie ein und ich bereitete alles für ein leckeres Picknick vor. Als wir gemütlich auf unseren Strandstühlen sassen, holte Werner eine Flasche Bier aus dem Auto. „Prost!", meinte Miguel gutmütig. Noch immer hatte er keine Ahnung davon, wie gross Werners Probleme mit dem Alkohol waren. Wie Katy mir erzählte, hatte sie ihrem Mann gegenüber einige Andeutungen gemacht in der Hoffnung, er würde Werner direkt darauf ansprechen. Doch offensichtlich war dessen Verstellungskunst so gut, dass Miguel die Fingerzeige als übertriebenes Frauen-Gerede abtat.

Während wir den Jugendlichen zusahen, wie sie einander in den Wellen einen bunten Wasserball zuwarfen, meinte Katy zu Miguel: „Wir sollten es ihnen sagen." Er nickte und in mir kroch eine düstere Vorahnung hoch. „Unsere Zeit in Peru läuft ab", erklärte Miguel schliesslich. „In einem halben Jahr werden wir in die Vereinigten Staaten zurückkehren." „Oh nein!", entfuhr es mir. Ich hörte kaum zu, als sie die Gründe dafür erklärten. Wie würde ich sie vermissen, meine liebe Freundin! In ihr hatte ich eine Vertraute gefunden, mit der ich alle meine Sorgen und Lasten teilen konnte. Was würde ich bloss tun ohne sie? Auch Werner rieb sich den Nacken. Es gab nicht viele Männer, zu denen er einen engen Kontakt pflegte. „Lasst uns die Zeit geniessen, die wir noch zusammen haben", versuchte Miguel uns aufzumuntern. „Und selbstverständlich bleiben wir auch danach in Verbindung!"

Miguel und Katy waren bereits weggezogen, als Werner eines Morgens die Tür zur Küche aufriss. „Wir gehen!", keuchte er. „Ich habe gekündigt." „Was?", schrak ich hoch und liess die Kartoffel, die ich gerade schälte, in die Schüssel fallen. Schritte ertönten und Señor

Rodolfo erschien in der Tür: „Werner, du kannst nicht einfach davonlaufen! Komm wieder in mein Büro! Wir wollen die Sache klären." Widerwillig folgte Werner seinem Vorgesetzten.

Wenig später kehrte er zurück. „Wir gehen!", wiederholte er. „Es steht fest. Ich habe einen Monat Kündigungsfrist." „Aber Werner, was ist denn passiert?", forschte ich. „Ich habe genug! Das lasse ich mir nicht bieten." „Hast du dir auch gut überlegt, was du da tust?" „Jetzt fang du nicht auch noch an!", schrie er. „Wir gehen, und damit basta!" Er lief zum Wagen und fuhr mit quietschenden Reifen davon. Ich war so bestürzt, dass ich mich setzen musste. Das durfte doch einfach nicht wahr sein! Was war bloss in meinen Mann gefahren? Wut kroch in mir hoch. Warum hatte er mich nicht miteinbezogen, in eine Entscheidung mit so weitreichenden Folgen? Während ich aufstand und wieder nach der Kartoffel griff, überschlugen sich meine Gedanken: Innert kürzester Frist mussten wir eine neue Wohnung finden. Und Werner brauchte eine Arbeit! Ich machte mir nichts vor: Obwohl er inzwischen zehn Jahre Arbeitserfahrung beim Vivero gesammelt hatte, würde es für ihn äusserst schwierig sein, eine neue Stelle zu finden. Ich konnte nur hoffen, dass er wieder zur Besinnung kam und Señor Rodolfo Nachsicht mit ihm hatte …

Einige Stunden später kam Werner betrunken zurück. „Was schaust du so?", schnauzte er mich an. „Mein Entschluss steht fest. Wir gehen!"

In den folgenden Tagen liess Werner nicht mit sich reden. Stur wiederholte er immer wieder: „Wir gehen!" Auf meine Frage, wie er sich die Zukunft denn vorstelle, meinte er: „Ich habe ein Angebot von einem Grossgrundbesitzer. Und sonst arbeite ich als Gärtner oder als Schreiner. Das ist kein Problem!" Ich war mir da nicht so sicher. Und inzwischen hatten wir drei Söhne, die mitten in der Schulausbildung steckten. Wir besassen ein Auto, das Geld kostete, Handys, Versicherungen …

So schnell wie möglich mussten wir eine andere Wohnung finden. Wir suchten in Inseraten und hörten uns im Bekanntenkreis um. In Lima in einer sicheren Gegend ein geeignetes Appartement zu finden, war gar nicht so einfach. „Werner, schau mal! Halt an!" Wir waren mit dem Auto unterwegs, um Gerhard vom Unterricht abzuholen. Gleich gegenüber der Schule war auf einem Plakat eine Wohnung ausgeschrieben, die unseren finanziellen Möglichkeiten entsprach. Kaum zu Hause, vereinbarten wir einen Termin mit der Besitzerin. Als wir die Wohnung besichtigten, war ich alles andere als begeistert. Sie war klein, schmutzig und aus den verrosteten Wasserleitungen tropfte es. „Nein!", entschied ich. „In einer Woche müssen wir umziehen. Ich habe keine Zeit, vorher auch noch diese Wohnung zu putzen. Und diese Dichtungen …" „Immer hast du etwas zu meckern", beklagte sich Werner, der die Suche satt hatte. Die Vermieterin wiederum schien das Geld dringend zu benötigen. „Bitte!", flehte sie, „ich werde die Hähne ersetzen und die Wohnung reinigen lassen." Was sollte ich tun? Wir brauchten dringend eine Wohnung! Also gab ich nach …

Nun hiess es, die Ärmel hochzukrempeln und den Umzug zu organisieren. Kisten mussten gepackt, das Haus geräumt werden. Das meiste blieb an mir hängen. Werner war äusserst gereizt, beruhigte sich mit Alkohol … und wenn er etwas anpackte, dann oft grob und unsorgfältig.

Wie sehr vermisste ich die ermutigenden Gespräche und die Gebete mit Katy! Ich flehte: „Himmlischer Vater, bitte steh mir bei! Gib mir Liebe, Kraft und Geduld, um mit dieser Situation umzugehen! Danke, dass du uns mit allem versorgen wirst, was wir nötig haben!" Gott wusste, was ich am meisten brauchte, und Er schenkte es mir. Denn kurz danach vertiefte sich die Freundschaft zu Elisabeth, einer anderen Frau der Kirchengemeinde. Auch ihr gegenüber verhielt ich mich zunächst etwas reserviert. Doch als ich merkte, wie aufrichtig, einfühlsam und verschwiegen sie war, wagte ich es, ihr von den Problemen unserer Familie zu erzählen. Wie Katy reagierte sie sehr verständnisvoll, und ich war unendlich dankbar, wieder eine Vertraute zu haben.

Unseren Söhnen machte der Umzug nicht viel aus. Sie fanden es aufregend, einmal woanders zu leben. Die beiden jüngeren befanden sich nun im Teenageralter, während Heinz bereits die Universität besuchte. Mein ältester Sohn war ein grosser Lichtblick für mich geworden. Lange hatte er rebelliert und war mir gegenüber frech und ungehorsam. Doch vor einiger Zeit hatte er sein Leben ebenfalls Jesus Christus anvertraut, worauf sich seine Haltung in vielem änderte. Mittlerweile war er zu einem reifen, jungen Mann herangewachsen, der sich motiviert im Jugendkreis engagierte. Immer öfter tauschten wir unsere Gedanken aus und er wurde zu einem wertvollen Gegenüber.

Kaum hatten wir unsere Siebensachen mehr oder weniger eingeräumt, ging Werner auf Arbeitssuche. Dies gestaltete sich schwieriger, als er es sich vorgestellt hatte. Sorgfältig erarbeitete er ein Angebot, wie er das Anwesen des Grossgrundbesitzers mit dessen Gärten und Anlagen zu unterhalten gedachte. Als er wieder nach Hause kam, roch er nach Rum. „Er sagt, es sei zu teuer!", brummte er. Ich ermutigte ihn: „Komm, wir sehen deine Offerte noch einmal durch und schauen, inwieweit du ihm entgegenkommen kannst." Doch trotz unserer Bemühungen war der vornehme Herr nicht mehr interessiert. Nun erkundigte sich Werner bei Gärtnereien und auf Baustellen. Alles, was er bekam, waren kurzfristige Aufträge und Gelegenheitsjobs. Zum Glück besassen wir noch etwas Erspartes, trotzdem hatte uns die unerfreuliche Realität eingeholt. Werner war meist mürrisch und schlecht gelaunt. Häufig fuhr er weg, um Arbeit zu suchen, und kam angetrunken nach Hause. Ich musste mich sehr zusammenreissen, um ihm seine Kurzsichtigkeit und seinen Fehlentscheid nicht vorzuhalten.

Grosse Unterstützung erhielt ich durch meine liebe Mutter. Oft kam sie für ein paar Wochen zu uns und stand mir in Wort und Tat zur Seite. Nie werde ich vergessen, wie ich sie frühmorgens durch den Türspalt in ihrem Zimmer knien sah. Einmal verstand ich, was sie flüsterte: „Himmlischer Vater, hilf, dass der Irrsinn hier ein Ende nimmt! Greife ein! Tue dein Werk an Werner!"

Wieder begann ich mir Gedanken zu machen, womit ich Geld verdienen könnte. Näharbeiten waren nicht mehr rentabel. Anders als vor zehn Jahren gab es in der Stadt mittlerweile unzählige Nähwerkstätten, wo äusserst billig produziert wurde. Ich begann Tücher zu besticken und hoffte, diese bei Gelegenheit verkaufen zu können. Aber natürlich brachte dies nicht viel ein.

Nachdem Werner monatelang frustriert und erfolglos nach Verdienstmöglichkeiten gesucht hatte, kam er eines Tages gut gelaunt nach Hause. „Ich habe eine Idee", verkündete er. „Wir werden Murraya anpflanzen!" Begeistert erklärte er: „Weisst du, um welche Pflanze es sich handelt? Es ist der Orangenjasmin mit seinen hübschen weissen Blüten! Wie man mir erklärt hat, besteht eine riesige Nachfrage nach den Zweigen dieses Strauchs. Die Blumenhandlungen zahlen horrende Preise dafür!" Ich war skeptisch: „Wenn sie dermassen rentieren, warum hat sich der Vivero denn nicht darauf spezialisiert?" „Ach du, immer hast du etwas zu bemängeln", meinte er und fuhr unverdrossen weiter: „Wir haben doch unser Grundstück bei Pachacámac! Mit unserem Ersparten kaufen wir Setzlinge und pflanzen sie an. Du wirst sehen – in kurzer Zeit werden wir gut davon leben können." Ich war nach wie vor misstrauisch. Aber es war so aussergewöhnlich, meinen Mann wieder einmal mit Eifer und Elan zu erleben, dass ich ihm die gute Laune nicht vermiesen wollte.

Bald darauf starteten wir das Projekt „Murraya". Nachdem Werner das Werkzeug besorgt hatte, fingen wir an, täglich frühmorgens zu unserem Grundstück in die Wüste zu fahren. Dort hackten wir mühsam Löcher in den steinigen Boden und pflanzten die Setzlinge. Samstags kamen unsere Jungs mit, manchmal halfen auch Leute der Kirchengemeinde. Es war sehr anstrengend, aber alle waren motiviert. Einmal gesetzt, mussten die Pflanzen gegossen, gedüngt und wenn nötig mit Insektiziden gespritzt werden. Nach vielen Wochen Arbeit hatten wir unser vorläufiges Ziel von fünfhundert Pflanzen erreicht.

Eines Tages sah mich Heinz besorgt an: „Mama, du bist so mager! Und du siehst müde aus. Von nun an kann Papa doch auch alleine hinfahren. Bleib du besser zu Hause." Werner war einverstanden, und ich war froh, wieder mehr Zeit für die Hausarbeit zu haben.

Trotzdem war ich unruhig. Die Pflanzen waren noch klein. Es würde Monate, wenn nicht Jahre dauern, bis wir die Zweige verkaufen konnten. Was taten wir bis dahin? Als ich hörte, dass in der Schule meiner Söhne jemand für den Kiosk gesucht wurde, meldete ich mich beim Direktor. „Viele Kinder bringen kein eigenes Pausenbrot mit, sondern wollen in der Schule etwas zu essen kaufen", erklärte er und schlug vor: „Sie könnten Sandwiches, Hotdogs oder Hamburger zubereiten und diese neben den üblichen Keksen und Süssigkeiten verkaufen." Obwohl mir die Miete für das kleine Häuschen sehr hoch erschien, erklärte ich mich einverstanden. Ich würde zu Hause etwas vorbereiten und in den Pausen über die Strasse zur Schule gehen, um es zu verkaufen.

Wie sich nach einer Weile herausstellte, rentierte das Geschäft nicht. Die Standmiete war so hoch, dass praktisch alle Einnahmen dafür aufgewendet werden mussten. Ich suchte das Gespräch mit dem Direktor. „Sie machen etwas falsch", meinte er. „Dieser Kiosk wirft Gewinn ab, davon bin ich überzeugt. Von mir aus können Sie ja zusätzlich auch Mittagsmenus verkaufen." Ich war so naiv, ihm zu glauben, und stürzte mich erneut in die Arbeit. In aller Frühe stand ich auf, bereitete Zwischenmahlzeiten und ein Menu zu, lief in der Pause zur Schule, verkaufte Snacks, kehrte nach Hause zurück, richtete an, um pünktlich zum Mittagsgong wiederum am Stand zu stehen, die Mahlzeiten auszugeben, und so weiter ...

Die Beziehung zu Werner war schwierig. Oft stritten wir, meist wegen Geldangelegenheiten. Um unseren Jungs die Ausbildungen finanzieren zu können, mussten wir Schulden machen. Erneut mangelte es uns an allen Ecken und Enden. Obwohl ich Werner bezüglich seines Alkoholkonsums nicht mehr kontrollierte, konnte ich es nicht lassen, ihn manchmal meinen Unmut darüber spüren zu lassen. Wieder hatte mein Mann aufgehört, sonntags den Gottesdienst zu besuchen. Nun liess ich es mir aber nicht mehr nehmen, meinerseits hinzugehen. Zwar war dies für mich eine wichtige Glaubensstärkung. Doch wie ich es hasste, auf die gut gemeinte Frage „Wo ist Werner?" Ausreden suchen zu müssen!

Herr, ich brauche Hilfe!, schrie ich zu Gott, als ich eines Sonntagabends allein zu Hause war. Ich griff nach dem Telefonbuch und durchkämmte die „Gelben Seiten". Dabei stiess ich auf mehrere Angebote für Alkoholiker, aber für deren Angehörige fand ich nichts. Genau zu diesem Zeitpunkt klingelte das Telefon. Es war Elisabeth, die sich nach meinem Ergehen erkundigte. Wie erleichtert war ich, mein Herz bei ihr auszuschütten! „Ich habe Werner angeschrien! Ich hielt es einfach nicht mehr aus, als ich merkte, dass er mir das letzte Haushaltsgeld aus dem Portemonnaie genommen hat. Womit soll ich morgen bloss Brot und Milch kaufen?", seufzte ich. „Ich komme vorbei!", versprach meine Freundin, die gemerkt haben musste, dass ich mit den Nerven völlig am Ende war. Kurz darauf sass sie bei mir im Wohnzimmer, sprach mir Mut zu und betete für mich. Nachdem sie sich wieder verabschiedet hatte, fühlte ich mich gestärkt und in der Lage, den Herausforderungen der nächsten Tage zu begegnen. Als ich in Küche ging, stand eine Tüte mit frischer Milch, Brot und Früchten neben dem Kühlschrank. Elisabeth musste sie mitgebracht und diskret dort deponiert haben.

Wie genau Werner die Zeit verbrachte, wusste ich nicht. Jedenfalls fuhr er regelmässig nach Pachacámac und versorgte unsere Murraya-Pflanzen. Doch dies nahm höchstens einen halben Tag in Anspruch. Wenn ich ihn danach fragte, ärgerte er sich: „Misch dich nicht ein! Ich weiss, was ich tue. Ich war auf Arbeitssuche." Manchmal schien er Aufträge zu haben, aber eine feste Stelle bekam er nie. Daran, dass er oft spät nach Hause kam, hatte ich mich inzwischen gewöhnt. Aber als er anfing, ganze Nächte wegzubleiben, fing ich an, mir Sorgen zu machen. Wenn ihm nur nichts zustiess!

Zum Glück befanden sich unsere Söhne in der Schule, als Werner eines Nachmittags zur Tür hereintorkelte. Er roch abstossend, die Kleider waren zerrissen. „Ich wurde überfallen", jammerte er. „Die Gangster wollten das Auto zerstören und schau, wie sie mich zugerichtet haben!" Mein Mann heischte nach Mitleid. Das war verdächtig. Und tatsächlich: „Ilse, ich brauche etwas Geld. Das Benzin war alle. Ich musste mir Geld borgen, um die Rückfahrt zu bezahlen. Als Sicherheit habe ich meine Identitätskarte dagelassen." „Wo denn?", erkundigte ich mich. „An einer Tankstelle in der Nähe von Chaclacayo."

Ich überlegte fieberhaft. Zwar besass ich noch ein bisschen Bargeld, aber nur eine grössere Note. Wir würden sie dringend benötigen, um die Telefonrechnung zu begleichen. Andererseits mussten wir doch das Auto und Werners Identitätskarte zurückhaben. Sollte ich Werner das Geld aushändigen? Ich befürchtete, dass er damit bloss die nächste Flasche Alkohol besorgte. „Gut", sagte ich schliesslich. „Gehen wir. Ich begleite dich. Aber erst morgen, wenn du wieder nüchtern bist." „Gib mir besser das Geld", forderte Werner. „Wo hast du es?" Suchend blickte er sich um. Doch ich dachte nicht daran, es ihm zu geben. Als er merkte, dass meine Entscheidung feststand, ging er ins Schlafzimmer und schlug die Tür hinter sich zu.

„Zwei Fahrkarten nach Chaclacayo", sagte ich zur Dame am Schalter. Werner zog mich zur Seite und meinte kleinlaut: „Äh, wir brauchen die Tickets bis Corcona. Es ist dort, wo ich die Identitätskarte hinterlegt habe." Corcona befand sich ein ganzes Stück weiter entfernt als Chachlacayo. Hatte ich es mir also gedacht. Da stimmte was nicht. „Du bist auch nicht überfallen worden, nicht wahr?" Er sah mich an, blickte dann in die Ferne und schüttelte langsam den Kopf. „Und wo hast du die Identitätskarte in Wirklichkeit gelassen?", forschte ich. Zunächst wand er sich. Dann gestand er mit hochrotem Kopf: „In einem Ausschank."

„Ilse", murmelte Werner und wollte meine Hand nehmen, als wir im Bus sassen. Ich stiess sie zurück.

Erst, als wir den peinlichen Besuch bei der Wirtsfrau hinter uns hatten und uns auf dem Rückweg befanden, sagte ich: „Es muss sich etwas ändern. So kann es nicht weitergehen. Ich werde es nicht mehr akzeptieren." Werner starrte auf die Strasse und hielt verkrampft das Lenkrad. Ich wusste, wie sehr er selber unter seiner Sucht litt. Trotzdem war ich nicht bereit, ihn damit unsere ganze Familie zerstören zu lassen. Mein Mann nickte. Ihm war klar, dass es mir ernst war.

„Mutter, was ist geschehen?", fragte Heinz, als er mich abends ungewöhnlich niedergeschlagen und mutlos antraf. Ich erzählte es ihm. „Wir wollen vertrauen, dass Gott an Papa wirkt", sagte er. „Komm, lass uns zusammen beten." Einmal mehr tat es gut, meine Not gemeinsam mit jemandem vor Gott auszubreiten. „Ich werde deinem Vater ein Ultimatum stellen", erklärte ich danach. Heinz nahm meine Hand. Wir hatten beide Tränen in den Augen. „Ich verstehe dich. Du kannst mit meiner Unterstützung rechnen. Hab keine Angst. Es kommt alles gut."

Knapp einen Monat später verschwand Werner. Als er nach drei Tagen nicht auftauchte, wusste ich nicht, ob ich mich masslos ärgern oder das Schlimmste befürchten sollte. Vielleicht wusste Elsa, seine Schwester, wo er steckte? Ich griff nach dem Telefon. „Tut mir leid, ich habe keine Ahnung, wo Chichi steckt", antwortete sie. „Aber wenn du willst, kann ich mich einmal bei unserem Bruder Helmut in San Ramón nach ihm erkundigen." Kurze Zeit später rief sie zurück. „Mach dir keine Sorgen", beruhigte sie mich. „Werner ist in San Ramón. Helmut wird ihn nach Hause schicken!"

Als Werner schliesslich aufkreuzte, sah er erneut erbarmungswürdig aus – und er war stockbetrunken. „Ich habe dich gewarnt", eröffnete ich ihm. „Ich werde dich nicht mehr decken. Nun werde ich den Pastoren Bescheid geben und sie um Unterstützung bitten." „Tu doch, was du willst!", lallte mein Mann. „Mir ist alles egal!" Er torkelte an mir vorbei ins Schlafzimmer und warf sich aufs Bett.

Es war schwer und traurig, dem neuen Pastor Tony die Wahrheit über meinen Mann zu erklären. Doch er reagierte sehr verständnisvoll und bot an, gleich vorbeizukommen. „Ja, bitte", sagte ich, obwohl ich mich schämte.

Als Pastor Tony und sein Kollege Bill ankamen, lag Werner noch immer im Bett und schlief seinen Rausch aus. Ich nutzte die Zeit, um ihnen unser Problem zu schildern. „Ich weiss, dass Werner davon loskommen möchte. Aber aus eigener Kraft schafft er es nicht." Dann brachte ich meine Idee vor: „Im Telefonbuch habe ich ein Drogenrehazentrum für Alkoholsüchtige gefunden. Denkt ihr, dies wäre eine gute Lösung?" Die beiden Pastoren nickten. Bill meinte: „Soviel ich weiss, ist es für einen Abhängigen hilfreich, eine Weile getrennt von seinem gewohnten Umfeld zu sein." „Dann möchte ich euch bitten, ihn dazu zu motivieren. Ich glaube, auf euch wird er eher hören als auf mich", bat ich.

Ich klopfte an die Schlafzimmertür. „Werner, die Pastoren sind da. Willst du nicht rauskommen?" Keine Antwort. Ich öffnete die Tür. „Werner, Tony und Bill sitzen im Wohnzimmer und warten auf dich!" Ich vernahm nur missgelauntes Brummen. „Du hast gesagt, ich dürfe sie rufen. Jetzt sind sie da. Sie möchten mit dir sprechen." „Dann sollen sie doch reinkommen!", schnaubte er.

Ich rief Tony und Bill und schloss die Tür, damit sie ungestört mit ihm reden konnten. Nach einer Weile traten alle drei aus dem Raum. „Werner ist bereit, ins Drogenrehazentrum zu gehen", erklärte Tony und klopfte meinem Mann freundschaftlich auf die Schultern. „Ich werde die nötigen Abklärungen treffen und dich informieren, sobald ein Platz frei ist." Er lächelte mir aufmunternd zu.

Ich atmete auf. Endlich hatte das Versteckspiel ein Ende! Werner hatte zugestimmt und Tony die Organisation übernommen. Ein entscheidender Schritt war getan.

Bald bekamen wir Bescheid. Werner würde für mindestens drei Monate im Drogenrehazentrum wohnen. Kontakt mit der Familie war ihm nicht erlaubt, höchstens ein Telefonanruf pro Wochenende. Heinz freute sich mit mir, als er von Werners Einwilligung erfuhr. „Jetzt werde ich mich auch noch um die Murraya kümmern müssen", sorgte ich mich. „Mach dir keine Sorgen, Mama!", ermutigte mich mein Ältester. "Ich helfe dir! Wenn Gott geschenkt hat, dass Papa ins Zentrum geht, dann wird er sich auch um uns kümmern."

Werner konnte gleich eintreten. Ich wusste, dass er uns sehr vermissen würde. Deshalb suchte ich flugs noch ein hübsches Familienfoto heraus und liess die Jungs einen Gruss notieren. Dann hiess es Koffer packen und Abschied nehmen.

20

Werner

Mai 2002 – Januar 2007

Natürlich war es ein grosser Fehler, beim Vivero zu kündigen! Ich war mir dessen voll bewusst, obwohl ich es Ilse gegenüber nie zugegeben hätte. Nun bereute ich es! Hätte ich doch bloss die Konsequenzen bedacht, die mein Weglaufen mit sich brachten! Inzwischen lebten wir bereits ein Jahr in der neuen Wohnung. Noch immer hatte ich keine Arbeit gefunden und unsere Ersparnisse zerrannen wie Giesswasser, das vom trockenen Erdreich aufgesogen wird.

„Ich habe alles unter Kontrolle!", pflegte ich zu schimpfen, noch bevor meine Frau den Mund auftat. Aber es stimmte nicht. Gar nichts war unter Kontrolle! Gar nichts hatte ich im Griff. Ich war ein Versager: unfähig, kluge Entscheidungen zu treffen, unfähig, meine Familie zu versorgen – und unfähig, meinen Süchten zu widerstehen. *Du bist ein elender Nichtsnutz!*, schalt ich mich und besorgte etwas Rum, um mit dem belastenden Gefühl fertigzuwerden.

Bekannten und Freunden gegenüber gab ich mich zuversichtlich. „Ich würde schon eingestellt", behauptete ich „aber ich nehme eben nicht jede Stelle an." Den Vivero schilderte ich als ein schlecht geführtes Unternehmen, das seine Arbeiter schikanierte und ausbeutete. „Die sollen zusehen, was sie jetzt ohne mich tun!", prahlte ich. Die Wahrheit ertränkte ich mit einem Bier.

Wenn man sich für einen Arbeitsplatz vorstellt oder um Aufträge wirbt, muss man Selbstvertrauen ausstrahlen. Da ich keines hatte, trank ich mir mit einem Glas Wodka welches an.

Wie ich ihn hasste, diesen Alkohol, den ich so sehr brauchte! Meine Idee mit der Murraya war ein grosser Motivationsschub. „Damit verdienen wir uns eine goldene Nase!", frohlockte ich Ilse gegenüber. Ihre Bedenken ärgerten mich. Dennoch packte sie mit an, als wir die Löcher in den steinigen Boden hackten, mit frischer Erde auffüllten und die Pflanzen setzten. Überhaupt hatte sie sich verändert. Seit einiger Zeit hatte sie aufgehört, mich bezüglich meiner Süchte zu kontrollieren und zu bedrängen. Dennoch gab es Streit und Spannungen, vor allem, wenn es um finanzielle Entscheide ging. Für mich war es hart, dass sie mir nicht immer glaubte. Aber im Grunde genommen hatte sie recht: Ich log sie wirklich oft an. *Dem Frieden zuliebe!*, redete ich mir ein, doch genau das Gegenteil geschah. Durch mein ständiges Schwindeln wurde Ilse immer misstrauischer und ich immer verletzter.

Als wir unser Projekt in Pachacámac starteten, wollte ich auch persönlich einen Neuanfang machen. Erneut hielt mein Vorsatz nicht lange an. Die vielen Stunden, die ich alleine dort verbrachte, boten beste Gelegenheiten, unbeobachtet meinen Süchten zu frönen. Ich konnte der Versuchung nicht widerstehen.

Mit der Zeit musste ich die Murraya nur noch giessen und düngen. Es reichte, wenn ich zweimal die Woche hinfuhr. „Ich gehe auf Arbeitssuche", sagte ich deshalb jeweils zu Ilse, wenn ich das Haus verliess.

Dies hatte ich auch fest im Sinn! Aber kaum war ich ins Auto gestiegen und losgefahren, fand ich, mich vorher „stärken" zu müssen. Ich fuhr zu einer Kneipe, wo ich zuerst einen Kaffee und dann etwas Stärkeres verlangte – und hängen blieb …

„Werner, rechne einmal aus, wie viel wir wöchentlich in das Murraya-Projekt investieren", forderte Ilse mich auf. „Dann können wir kalkulieren, wie viel wir später für die Zweige verlangen können." Stundenlang sass ich an dieser Aufgabe, ohne zu einem Ergebnis zu kommen. Viel anderes hätte zu Hause getan und erledigt werden müssen, auch für unsere Söhne. Aber ich schaffte es nicht, mich zu konzentrieren. Meine Gedanken waren so besetzt davon, wo und wie ich mir den nächsten Schluck genehmigen konnte, dass ich nichts auf die Reihe kriegte. Für meine Umwelt war ich blind und taub.

Da ich keine Lust hatte, anderen etwas vorzumachen, entwickelte ich mich mehr denn je zuvor zu einem Einzelgänger. Die Kirchengemeinde besuchte ich schon lange nicht mehr, obwohl es gerade deren Mitglieder waren, die mir ab und zu einen Arbeitsauftrag zuhielten. Für eine Familie konstruierte ich ein Schattendach, für eine andere reparierte ich Möbel. Sie waren so nett, dass mir manchmal fast nichts anderes übrig blieb, als dennoch zu einem Anlass zu erscheinen. „Werner, du bist sehr dünn! Und so blass! Geht es dir gut?" Besorgt wurde ich gemustert. „Natürlich!", strahlte ich. Kaum wandten sie mir den Rücken zu, suchte ich Ilse: „Lass uns gehen!", drängte ich. „Du weisst, dass ich um zwölf essen will!"

So vergingen die Monate und Jahre. Heinz besuchte die Universität und engagierte sich in der Gemeinde. Oft kümmerte er sich um seine jüngeren Brüder und stand ihnen mit Rat und Tat bei, wenn Prüfungen anstanden oder Entscheide gefällt werden mussten. Ich beobachtete, wie er und Ilse eine sehr enge Beziehung entwickelten. Ich fühlte mich als Aussenseiter, wusste aber gleichzeitig, dass ich mir dies selber zuzuschreiben hatte.

Eines Nachts kam ich erst um ein Uhr nach Hause und traf die beiden im Wohnzimmer an. Ilse hatte geweint. „Papa! Wie gut, dass du da bist!", begrüsste mich Heinz. „Wir haben uns grosse Sorgen um dich gemacht! Komm, setz dich zu uns!" Ich hatte das Gefühl, eine Erklärung abgeben zu müssen. „Ich war mit dem Bus unterwegs. Und der hatte eine Panne", log ich. Ilse schüttelte den Kopf. „Ich gehe schon mal ins Bad", sagte sie und verschwand. Es war merkwürdig, allein mit meinem Sohn auf dem Sofa zu sitzen. „Papa", sagte er mit allem Respekt und freundlich, „es ist nicht gut, was du tust! Merkst du nicht, wie du mit deinem Verhalten dich selbst und unsere ganze Familie zerstörst? Die Bibel sagt: ‚Wisset ihr nicht, dass euer Körper ein Tempel des Heiligen Geistes ist?'" Ich hatte keine Ahnung, was dieser Text mit mir zu tun haben sollte. Aber die lieb gedachten Worte meines Sohnes drangen tief in mein Herz.

Heinz hat recht. Ich muss einen Schlussstrich ziehen!, beschloss ich, als ich später im Bett lag. Eine ganze Woche hielt ich durch. Dann fing alles von vorne an.

Inzwischen waren wir schon lange pleite. Ich brachte kaum je etwas nach Hause und Ilse schuftete Tag und Nacht am kleinen Schul-Kiosk, wobei auch dort nicht viel herausschaute. Dass unser Kühlschrank oft leer war, machte mir nichts, denn durch das Kauen der Koka-Blätter empfindet man keinen Hunger. Statt die Not in meiner Familie zu sehen und zu überlegen, wie wir diese Situation gemeinsam meistern könnten, dachte ich darüber nach, wie ich an das wenige Geld von Ilse rankommen könnte, um meine Süchte zu finanzieren. Wie schämte ich mich in meinen wenigen nüchternen Momenten dafür!

„Ich brauche 20 Soles", eröffnete ich Ilse eines Morgens. „Ich muss Düngemittel für die Murraya besorgen. „Aber das kostet doch bloss 10 Soles", entgegnete meine Frau. „Ausserdem hast du erst letzte Woche welches gekauft. Das reicht normalerweise für einen ganzen Monat!" Zorn stieg in mir hoch. „Aber ich brauche das Geld!", schnauzte ich. Ich benötigte dringend Zigaretten. „Hör zu", entgegnete Ilse. „Wir haben noch genau 28 Soles. Mit 23 Soles muss ich die Stromrechnung begleichen. Also bleiben mir noch genau 5 Soles, um Lebensmittel zu kaufen." „Ja und?", schrie ich jetzt. „Wir brauchen doch gar keinen Strom. Dann gehen wir eben ins Bett, wenn es dunkel ist. So haben wir es in Isco auch getan!" Jetzt wurde auch Ilse wütend. „Tut mir leid", sagte sie. „Es geht nicht. Definitiv."

Ich merkte, dass ich keine Chance hatte. Wutentbrannt öffnete ich die Tür und knallte sie so zornig hinter mir ins Schloss, dass es im ganzen Gebäude hallte. Ich polterte die Treppe hinunter, stieg in den Wagen und brauste davon in Richtung San Ramón, eine Strecke, die ich gut kannte. Dabei beschimpfte ich die anderen Fahrer, schnitt Autos den Weg ab und hupte ungeduldig, wenn die Ampel rot auf rot stand. Nach etwa zwei Stunden wilder Fahrt blinkte am Armaturenbrett eine Warnleuchte auf. Das Benzin war alle.

Im nächsten Dorf hielt ich an. Gründlich durchsuchte ich alle Taschen und fand tatsächlich noch ein paar Münzen. Es reichte gerade, um Treibstoff für die Rückfahrt zu besorgen. Doch statt eine Tankstelle aufzusuchen, fuhr ich zu einem Laden und kaufte Wodka. Ich musste mich zuerst beruhigen. Wie ich nach Lima zurückkam, würde ich später überlegen.

Wieder im Auto, nahm ich in regelmässigen Abständen einen Schluck und leistete mir den Luxus, gar nichts zu denken. Doch irgendwann wurde mir bewusst, dass ich mich früher oder später der Realität stellen musste. Wie sollte ich zurückkehren? Was würde Ilse bloss sagen?

In meinem Suff kam mir plötzlich eine Idee. Sie gefiel mir so gut, dass ich in mich hineinkicherte. Ja, das sollte klappen. War Ilse nicht extrem besorgt gewesen, damals, als ich vor vielen Jahren bei der Eisenwarenhandlung beinahe angeschossen wurde? Wenn sie erst richtig beunruhigt wäre, würde sie nicht nachforschen, was wirklich geschehen war. Deshalb würde ich ihr einen Überfall vorgaukeln! *Es soll so aussehen, als hätten die Räuber das Autofenster zertrümmert!* Unbeholfen kletterte ich aus dem Wagen, hob einen Stein vom Boden und fing an, auf die Windschutzscheibe einzuhämmern. Doch das dumme Ding wollte und wollte nicht in die Brüche gehen. Wütend rammte ich schliesslich den harten Gegenstand in die Fahrertür. Jetzt hatte das Auto wenigstens eine Beule.

Ich torkelte zum Gasthaus. Die Wirtin kannte mich, denn früher hatte ich regelmässig mit Arbeitern des Vivero dort gegessen. „Werner, du bist ja betrunken!", rief sie. „Ich habe kein Benzin mehr", murmelte ich. „Kannst du mir etwas Geld leihen? Ich hinterlasse dir meine Identitätskarte als Pfand." Gutmütig reichte sie mir eine Note: „Aber du musst mir versprechen, dass du mit dem Bus nach Lima zurückkehrst. In deinem Zustand bist du nicht in der Lage, selbst zu fahren. Das Auto kannst du später holen." Ich nickte und bat: „Gib mir noch einen Schluck Whisky. Den bezahle ich ebenfalls, wenn ich dann wiederkomme."

Wieder draussen kam mir in den Sinn, dass ich Ilse unter die Augen treten musste. Ah, ich wollte ihr doch einen Überfall vortäuschen! *Bestimmt hat sie noch mehr Mitleid, wenn ich schmutzig bin,* dachte ich. Umständlich rutschte ich die Böschung des kleinen Baches hinunter, nahm eine Handvoll Dreck und schmierte ihn über meine Kleider. Erst, als ich mein Hemd auch noch zerrissen hatte, war ich zufrieden. Als ich so an mir herunterblickte, tat ich mir selber leid.

Leider kam es anders, als ich es mir ausgemalt hatte. Ilse glaubte mir nicht und bestand darauf, mich zu begleiten, um die Identitätskarte und das Auto zurückzuholen. Schliesslich blieb mir nichts anderes übrig, als ihr die Wahrheit zu gestehen. Als wir am folgenden Tag bei der Wirtsfrau die Zeche beglichen, hätte ich im Erdboden versinken können!

„Es muss sich etwas ändern. So kann es nicht weitergehen. Ich werde dein Benehmen nicht weiter akzeptieren", gab mir meine Frau auf dem Rückweg zu verstehen. Sie hatte recht. Ich versprach es, gleichzeitig überfiel mich eine enorme Angst: So sehr ich mich auch bemühte, ich hatte den Ausstieg noch nie richtig geschafft! Auch zu meinen „besten Zeiten" war ich immer wieder rückfällig geworden. Was würde geschehen, wenn es mir auch diesmal nicht gelang? Würde Ilse sich wieder von mir trennen? Bei der blossen Vorstellung zog sich alles in mir zusammen. Denn obwohl ich mich ihnen gegenüber so gleichgültig und egoistisch benahm, hatte ich meine Frau und jeden einzelnen meiner Söhne sehr lieb. *Ich muss kämpfen!*, spornte ich mich selbst an. *Für meine Familie!*

„Nein, nein und noch einmal nein!", rief Ilse. Es war eine der grössten Auseinandersetzungen, die wir je hatten. Ein Freund der Gemeinde war bereit, noch weitere Murraya-Pflanzen zu finanzieren. Bisher hatten wir erst etwa die Hälfte unseres Grundstücks bepflanzt, sodass reichlich Platz dafür da war. Ich sah es als eine Chance und hatte ihm bereits für das versprochene Darlehen gedankt. Aber meine Frau war dagegen: „Keinen einzigen Sol werden wir noch in das Pflanzen-Projekt investieren, bis wir nicht herausgefunden haben, ob es auch wirklich rentiert. Wie viel Geld geben wir jede Woche aus! Für die Fahrten, für den Dünger – selbst das Wasser müssen wir in der Wüste bezahlen! Und noch haben wir keinen einzigen Cent verdient!" „Immer bist du gegen mich und gegen meine Ideen!", schleuderte ich ihr entgegen. Doch sie blieb fest, rief den Freund an und lehnte sein Angebot freundlich ab. Ich ärgerte mich dermassen, dass ich zwei Tage nicht mit ihr sprach.

Ein paar Wochen später beschloss ich, nach San Ramón zu fahren. Ich wollte einen Bauern fragen, ob ich einige hübsche Zweige seiner Molle-Bäume abschneiden dürfte. Diese wollte ich in Lima verkaufen und Ilse damit beweisen, dass ich zum Unterhalt der Familie beitrug. Als ich ankam, sah ich bei meinem Bruder Helmut vorbei, bei dem sich gerade einige Freunde versammelt hatten. „Hallo Bruder!", strahlte er. „Schön, dich wieder einmal zu sehen! Komm, darauf wollen wir einen trinken!" Wer hätte da schon Nein gesagt? Das erste Glas trank ich, um anzustossen. Das zweite und alle darauffolgenden Gläser trank ich, um zu vergessen, dass ich schon wieder versagt hatte. Die nächsten Stunden und Tage verbrachte ich im Rausch. Gut, dass die anderen alles bezahlten.

Jemand schüttelte mich. Es war Helmuts Frau Aidee. „Werner! Wach auf! Deine Schwester Elsa hat angerufen. Ilse sucht dich überall! Hast du ihr denn nicht gesagt, dass du in San Ramón bist?" Ich ging ins Bad und hielt den Kopf unter das kalte Wasser. Weshalb hatte ich meine Frau nicht informiert? Wollte ich sie überraschen? Oder hatten wir wieder einmal Streit und ich war weggelaufen? Ich konnte mich nicht erinnern. „Ich glaube, ich mache mich besser auf den Heimweg", murmelte ich. „Für Molle-Zweige komme ich besser ein anderes Mal." „Fahr gut!", grinsten die Freunde und steckten mir noch eine Flasche Rum zu.

Trotz Konzentrationsstörungen und mangelnder Selbstkontrolle gelang es mir, nach Lima zurückzufahren. Nur gut, wurde ich in diesem Zustand nicht von der Polizei angehalten! Kurz vor unserem Stadtteil hielt ich am Strassenrand an. Ich hatte Angst, meiner Frau unter die Augen zu treten. Um mir Mut anzutrinken, leerte ich die Rumflasche. Nun war ich genug benebelt. Ich würde Ilses Ausbrüche nur gedämpft mitbekommen. Später wollte ich weitersehen.

Das Nächste, was ich bewusst mitbekam, war, dass die Pastoren Tony und Bill das Schlafzimmer betraten. Mann, ich hatte nicht einmal geduscht und fühlte mich noch immer völlig benommen. Wie konnten sie es wagen, einfach hier hereinzuplatzen? Ich empfand es als extremen Übergriff in meine Privatsphäre. Innerlich kochte ich vor Scham und Wut, gegen aussen setzte ich die beste Miene auf, zu der ich imstande war.

Die Pastoren waren sehr freundlich. Sie regten an, es würde mir vielleicht helfen, einige Zeit in einem Drogenrehazentrum zu verbringen. „Der Abstand wird dir guttun", ermutigte mich Tony. Ich war einverstanden, in erster Linie, um die peinliche Situation hinter mich zu bringen. Und vielleicht konnte mir dort tatsächlich geholfen werden. Ich hoffte es sehr.

Es war traurig, mich von meiner Frau und meinen Söhnen verabschieden zu müssen. Liebevoll hatte Ilse einen Koffer gepackt. „Ich werde jeden Tag für dich beten", flüsterte sie mir ins Ohr, nachdem sie mir einen Abschiedskuss auf die Wange gedrückt hatte. Heinz klopfte mir auf die Schulter und sagte: „Ich bin stolz auf dich!" Max und Gerhard hatten Tränen in den Augen, als wir uns umarmten. Wie lieb hatte ich meine Familie! Ich würde sie schrecklich vermissen! *Ich werde kämpfen wie ein Löwe!*, beschloss ich. *Ich darf sie nicht verlieren!*

Die Reha war ganz anders, als ich es mir vorgestellt hatte. Das mehrstöckige Haus am Stadtrand war heruntergekommen und ich musste lange klingeln, bis mich jemand einliess. Alles schien verlassen und ich sah nur wenige Personen. Der Verwalter trug abgetragene Jeans und eine verbeulte Jacke. Er teilte mir mit, dass das Zentrum Übernachtungsgelegenheit für alle bot, die dies wünschten. Deshalb würden die meisten Bewohner erst kurz vor Einbruch der Dunkelheit eintreffen.

Mein Zimmer war schmuddelig, der Waschraum schmutzig. Trotzdem räumte ich meine wenigen Habseligkeiten aus dem Koffer. Zwischen den Seiten der Bibel, die Ilse miteingepackt hatte, ragte ein Umschlag hervor. Ich riss ihn auf und zog ein Familienfoto heraus, das wir kurz zuvor von uns machen liessen. Auf der Rückseite hatten meine Frau und meine Söhne Grüsse notiert.

Nun konnte ich nicht länger an mich halten. Was hatte ich getan! Wie weit hatte ich es nur kommen lassen! Mit meinem Verhalten hatte ich riskiert, meine nächsten Angehörigen, die Menschen, die ich am meisten liebte, zu verlieren! Bittere Tränen liefen über mein Gesicht, während ich zärtlich über die Personen auf dem Foto strich: Meine Ilse! Der vorbildliche Heinz! Der grossmütige Max! Der fröhliche Gerhard! Ich durfte sie nicht verlieren! Auf keinen Fall! Doch wie? Wie nur würde ich es schaffen, nicht wieder zu versagen?

Ich brauchte Hilfe! Übernatürliche Hilfe! Gott …! Bis anhin war ich ihm ausgewichen. Natürlich hatte ich immer wieder mal ein Stossgebet zum Himmel geschickt. Aber insgeheim beschuldigte ich Gott noch immer für das Unrecht, das Tato, Herta und uns allen von den Terroristen angetan worden war. Auch in den Zeiten, wo ich den Gottesdienst besuchte, hatte ich mich nie wirklich für den Höchsten interessiert. Es war mir stets mehr darum gegangen, Ilse, Steven und Miguel nicht zu enttäuschen.

Wieder sah ich unser Foto an. Dann schluchzte ich: „Gott, hilf mir! Ich will meine Familie nicht verlieren!"

„Abendessen!", rief jemand. Während ich meine Suppe schlürfte, beobachtete ich die Mitbewohner, die inzwischen eingetroffen waren. Zu den paar Jugendlichen, die ich bereits kannte, stiessen nach und nach andere Gesellen dazu. Ihren Gesprächen zufolge waren sie in kriminelle Aktivitäten verwickelt und suchten über Nacht im Zentrum Unterschlupf. Mir war nicht wohl in dieser Gesellschaft. Ich schien der Einzige zu sein, der mit der ehrlichen Absicht hier war, von seinen Süchten wegzukommen.

Als ich später in der Bibel las, gesellten sich zwei der Jugendlichen zu mir. „Wow, du hast eine Bibel!", staunte einer von ihnen. „Darf ich auch einmal darin lesen?" Gerne lieh ich sie ihm aus. Das Familienfoto behielt ich bei mir. Ich schaute es immerzu an … auch noch, als ich im Bett lag … bis mir die Augen vor Müdigkeit zufielen.

Am folgenden Tag war es ruhig. Die meisten Bewohner hatten das Zentrum verlassen und ich hängte wieder mit den jungen Männern rum. Professionelle Hilfe und Gespräche gab es nicht. Ich las etwas in der Bibel, konnte mich jedoch nicht konzentrieren. Ich langweilte mich, mein Drang nach Suchtmitteln stieg. Wo man hier wohl etwas beschaffen konnte? Zwar war der Drogenkonsum in diesem Haus streng verboten, aber sicherlich wäre es kein Problem, einen der Burschen um „etwas" zu bitten … Doch nein! Wollte ich nicht aufhören? Wieder nahm ich das Foto aus dem Umschlag und schaute es an.

Ja, ich wollte trocken werden. Ein für alle Mal. Aber nicht hier. An diesem Ort würde ich es keine drei Monate aushalten. Ich packte meine Siebensachen in den Koffer. „Du gehst?", fragte mich mein junger Freund. Ich nickte. Dann kam mir etwas in den Sinn. „Willst du meine Bibel haben? Ich überlasse sie dir für zwei Soles." Der Bursche war glücklich über das Geschäft. Ich ebenso, denn damit konnte ich die Fahrkarte nach Hause kaufen.

Es war Sonntagmorgen und meine Familie nahm bestimmt am Gottesdienst teil. Da ich keinen Wohnungsschlüssel besass, setzte ich mich ins Treppenhaus und wartete auf sie.

Endlich hörte ich ihre Stimmen. „Hallo", begrüsste ich sie, „hier bin ich wieder!" „Papa!", rief Max und umarmte mich fest. Er war offenbar der Einzige, der sich freute. Die anderen schienen sich zuerst fassen zu müssen. „So kommt erst einmal rein!", sagte Ilse schliesslich. Während sie in der Küche das Mittagessen zubereitete, hörte ich, wie sie sich leise mit Heinz unterhielt. Ich legte mich auf die Couch. Nun hatte ich bereits drei Tage keinen Alkohol gehabt und ich spürte, wie mein Körper danach verlangte. Aber ich würde nicht nachgeben!

„Das ist die beste Mahlzeit, die ich je genossen habe!", lobte ich, und es war die Wahrheit. Wie genoss ich es, im Kreis meiner Familie zu sitzen und Ilses Sonntagseintopf zu löffeln! Ich erzählte ihnen von den merkwürdigen Gestalten, den sonderbaren Gepflogenheiten und dem pampigen Reis in der Reha. Gerhard hing an meinen Lippen und meinte: „Da hätte ich auch nicht bleiben wollen!"

Als er und Max später in ihrem Zimmer waren und einen Film anschauten, setzten sich Ilse und Heinz zu mir. „Ich will ja aufhören!", beteuerte ich. „Ich habe schon damit begonnen! Nun werde ich nie mehr Alkohol anrühren!" Ilse seufzte. „Weisst du, wie oft du das schon versprochen hast?" „Aber jetzt werde ich es wirklich tun!", wiederholte ich. Meine Frau schwieg.

Nun ergriff Heinz das Wort: „Ohne Gottes Hilfe wirst du es nicht schaffen", meinte er. „Ich werde Seinen Willen suchen! Ich habe in der Bibel gelesen ...!", beteuerte ich erneut. Ilse und Heinz tauschten einen Blick. Schliesslich sagte Ilse: „Gut. Du kannst hierbleiben. Aber eines musst du wissen: Solltest du noch einmal in betrunkenem Zustand an diese Tür klopfen, wird sie für dich geschlossen bleiben." Heinz stellte sich neben sie und wiederholte: „Sie wird für dich geschlossen bleiben." Sie meinten es ernst. „Einverstanden", versprach ich.

Tatsächlich gelang mir zu Hause der Entzug von Alkohol und Koka. Es war schlimm, denn über die lange Zeit hatte ich sowohl körperlich als auch seelisch eine schwere Abhängigkeit entwickelt. Ich litt unter Kopfschmerzen und Herzrasen, war gereizt und unruhig. Manchmal wurde mir übel, dann wieder schwitzte ich, zum Teil zitterten die Hände. Ilse stand mir bei, indem sie mir Gesellschaft leistete, mich ermutigte und für mich betete. „Werner, ich habe dich lieb!", flüsterte sie einmal, als wir im Halbdunkel sassen. „Ich werde alles tun, um dir zu helfen!" Diese Worte waren Balsam für meine Seele. In den vergangenen Jahren hatte sie mich so oft kritisiert, dass ich mich in ihrer Gegenwart meist abgelehnt und minderwertig fühlte. Dass sie mich trotz allem liebte, rührte mich in meinem Innersten und motivierte mich, durchzuhalten.

Während etwa zehn Tagen litt ich sehr. Dann nahmen die Entzugserscheinungen allmählich ab und verschwanden im Laufe der folgenden Wochen ganz. Nur Zigaretten rauchte ich weiterhin.

Nun wollte ich von mir aus nicht mehr alleine auf unser Feld. Manchmal begleiteten mich unsere Jungs, manchmal Ilse, manchmal

Freunde der Kirchengemeinde. „Papa, schau!", rief Max eines Tages. Ich eilte hin – und tatsächlich: Mein Sohn hatte die ersten weissen Blüten an unseren Pflanzen entdeckt. „Bald können wir die Zweige schneiden und verkaufen!", verkündete ich Ilse fröhlich, als wir nach Hause kamen.

In unserem Murraya-Projekt begann eine neue Arbeitsphase. Die Zweige mussten geschnitten, zusammengebunden und in durchsichtige Tüten verpackt werden. Gleichzeitig galt es, Blumenläden zu finden, die uns unser Produkt abkauften. Erneut half Ilse in jeder freien Minute mit. Es war sehr aufwändig – aber es lohnte sich! „Jetzt haben wir es geschafft!" Ich küsste meine Frau, als ich ihr stolz den ersten Ertrag unserer langjährigen Arbeit überreichte.

Die Freude hielt nicht lange an. „Wir können Ihnen für Ihre Zweige nicht mehr so viel bezahlen!", erklärte uns ein Blumenverkäufer und zeigte auf einen Eimer mit grossen blühenden Zweigen. „Sehen Sie, diese Murraya wurde aus Ecuador importiert. Ihre Stiele sind länger und sie kosten nur die Hälfte Ihres Preises." Ich versuchte zu verhandeln und bemühte mich, unsere Zweige in anderen Läden anzupreisen. Aber gegen diese neuen Konkurrenzprodukte kamen wir nicht an.

Meine Enttäuschung war gross und sofort war da wieder dieser Drang nach Alkohol. Das Sucht-Ungeheuer regte sich in mir und forderte, zufriedengestellt zu werden. Wo war noch gleich der nächste Ausschank? Doch nein! Ich wehrte mich und es gelang mir, nach Hause zurückzukehren, ohne ihm nachgegeben zu haben. Darüber war ich erleichtert – gleichzeitig aber auch besorgt: Diese eine Schlacht hatte ich gewonnen. Aber was war mit denen, die noch folgen würden?

Als ich die Tür öffnete, war Ilse nicht zu sehen. Ich hörte ihre Stimme aus unserem Schlafzimmer. „Himmlischer Vater", sagte sie eben. „Ich bitte Dich, dass Du meinen Mann bewahrst. Gib ihm die

Kraft, sich gegen die Versuchung zu wehren. Schenke, dass er Deine Hilfe erfährt." Wieder wurde mir warm ums Herz. Meine Frau betete für mich! Sie liebte mich! Es lohnte sich zu kämpfen!

Auch Ilse war alles andere als erfreut über die Preisentwicklung in unserem Pflanzengeschäft. Über mehrere Wochen arbeiteten wir hart, und ich freute mich über jeden Sol, den wir verdienten. Eines Abends jedoch meinte sie, nachdem sie das Abendessen abgeräumt hatte: „Wir müssen realistisch sein! Wir stecken nach wie vor mehr in dieses Projekt, als wir verdienen! Es lohnt sich nicht!" Als ich widersprach, holte sie Papier und Stift und rechnete mir vor: „Schau mal, wie viel wir an Benzin, Wasser, Arbeitszeit, Dünger und so weiter ausgeben!" Sie notierte die Zahlen in einer Kolonne und zählte sie zusammen. „Und wie viel verdienen wir im Gegenzug?" Den um ein Vielfaches kleineren Betrag schwarz auf weiss daneben zu sehen, brachte mich zum Schweigen. „Was sollen wir tun?", fragte ich. „Wahrscheinlich ist es das Beste, wir vergessen das Ganze. Wie du siehst, treibt uns jede Fahrt, jede Anstrengung, die wir unternehmen, nur weiter in die roten Zahlen." Ich rieb mir den Nacken. Meine grosse Idee war gescheitert! Es war bitter, dieser Tatsache nach vielen Monaten Einsatz und Anstrengung ins Auge zu sehen.

Wieder ging ich auf Arbeitssuche und erneut bekam ich bloss Gelegenheitsjobs. Ich war froh für alles, was ich tun konnte. Allerdings forderte nun mein Körper seinen Tribut. Häufig plagten mich starke Schmerzen, vor allem im Rückenbereich. War es, weil ich als junger Mann die Grenzen meiner körperlichen Belastbarkeit unter Koka-Einfluss ständig überschritten hatte? Oder waren die Schmerzen zurückzuführen auf den Sturz, bei dem ich zwei Rippen gebrochen hatte? Ich wusste es nicht, hatte aber auch keine Lust, einen Arzt aufzusuchen.

Das Murraya-Projekt war nicht das Einzige, worüber wir Bilanz zogen. Eines Abends sassen Heinz und Ilse erneut am Tisch, rechneten diesmal aber aus, inwieweit sich die Arbeit am Schul-Kiosk lohnte. Auch hier waren die Zahlen ernüchternd. „Mama", riet Heinz, „sieh zu, dass du so schnell wie möglich vom Vertrag mit dem Direktor zurücktrittst. Du verdienst ja nicht einmal genug, um das Schulgeld von Max und Gerhard zu bezahlen! Ich wusste nicht, dass wir auch dort Schulden haben!" Ilse nickte. Täglich verausgabte sie sich bis zur Erschöpfung, und dies, ohne wirklich zu verdienen. „Ich weiss und ich habe auch schon mit dem Direktor gesprochen. Aber er will das Zeugnis von Max nicht herausrücken, bevor wir das Schulgeld bezahlt haben. So zwingt er mich, weiterzumachen ..."

Abgespannt und matt strich sich Ilse eine Strähne aus dem Gesicht. Ich erhob mich und legte meinen Arm um sie. „Lass uns überlegen", sagte ich. Nach langem Nachdenken und Abwägen beschlossen wir schliesslich, unser Grundstück bei Pachacámac zu verkaufen, um uns von allen Verpflichtungen gegenüber der Schule und anderen Gläubigern zu befreien. Uns allen fiel es schwer, denn wir verbanden viele schöne Erinnerungen mit diesem Stück Land. Allerdings bot es nun, wo die vertrockneten Murraya-Pflanzen wie dürre Skelette aus dem Boden ragten, einen deprimierenden Anblick. Und wir brauchten dringend Geld!

Immer häufiger nahm ich eine Bibel zur Hand und las darin. Zwar verstand ich vieles nicht, und doch spürte ich, wie es mir guttat. Ich fing auch wieder an, die Gottesdienste zu besuchen. Eines Sonntags kam Pastor Matos, ein Gastprediger, und brachte eine ganze Gruppe junger Leute mit. Vor der Predigt führten sie ein Anspiel über Drogen und Aids auf. Eindrücklich wurde uns Zuschauern vor Augen geführt, wie der Drogenkonsum das Leben des Konsumenten und dessen Angehörigen zerstört. *Genau wie Alkohol!*, ging es mir durch den Kopf.

Aufmerksam hörte ich der anschliessenden Predigt von Pastor Matos zu. Er erklärte anhand der Bibel, wie Jesus Christus auf die

Erde kam, um uns Menschen von den Sünden zu erlösen. „Wer die Sünde tut, ist der Sünde Knecht", zitierte er. „Aber Jesus macht wirklich frei. Auch von Süchten wie Kokain, Heroin und Alkohol." Das war ein neuer Gedanke für mich. Die Verbindung von Sünde und Sucht hatte ich bisher noch nie gemacht. Bis anhin hatte ich meine Süchte lediglich als „Laster" angesehen. Sie waren zwar nicht gut, allerdings auch nicht so schlimm wie „richtige" Sünden, zum Beispiel Raub, Mord oder Ehebruch.

Doch Matos ging noch weiter: „Egal ob ‚gross' oder ‚klein' – jede Ungerechtigkeit ist Sünde und trennt uns von Gott und unseren Mitmenschen. Wir alle sind schuldig. Wir alle brauchen Erlösung." Man spürte förmlich, wie wichtig es ihm war, uns diese Wahrheit vor Augen zu malen. „Christus hat diese Erlösung durch seinen Tod am Kreuz ermöglicht", fuhr er fort. „Wer an ihn glaubt, bekommt ein neues Leben. Er will einen absoluten Neuanfang in jedem Menschen bewirken. Denn jeder hat ihn nötig – sowohl der vordergründig brave Bürger als auch der Junkie, der Pornosüchtige und der Alkoholiker." Mit einigen praktischen Beispielen schloss er die Predigt ab. Schade! Wie kaum je zuvor hatte ich seinen Ausführungen gelauscht.

Nach dem Schlusslied ergriff der Gastprediger noch einmal das Wort. „Auch dieses Jahr werden wir verschiedene Freizeiten durchführen. Dazu brauchen wir wie immer Leute, die in der Küche mithelfen. Wenn jemand von euch teilnehmen oder mitarbeiten möchte, darf er sich gerne bei mir melden."

„Ilse", flüsterte ich in der Nacht. „Hmm?" „Denkst du, dass ich im Sommer in der Küche arbeiten könnte?" „Welche Küche?" „Na, in der Freizeit von Pastor Matos!" „Du musst eben fragen …" Ilse schlief schon wieder und ich hoffte, für die Sommerzeit eine Beschäftigung gefunden zu haben.

Als ich Pastor Matos anrief, freute er sich über mein Interesse. „Okay, du kannst als Küchengehilfe kommen", sagte er. „Aber ich stelle eine Bedingung." „Welche?", erkundigte ich mich. „Dass du alle Vorträge besuchst." *Wenn die so interessant sind wie die Predigt am Sonntag, dann gerne,* dachte ich. Laut gab ich zur Antwort: „In Ordnung. Was muss ich mitbringen?"

Einige Wochen später fuhr ich zum Freizeitgelände nach Cañete, das sich etwa 130 Kilometer südlich von Lima befindet. Zuallererst erkundete ich die Umgebung: Auf dem grossen Areal waren mehrere Häuschen mit einfachen Schlafsälen verteilt. Es gab ein Schwimmbad und verschiedene Sportplätze. Die Küche und der grosse Gemeinschaftsraum befanden sich im Hauptgebäude. „Wir haben uns für vier Wochen eingemietet", erklärte mir Pastor Matos, nachdem er mich herzlich begrüsst hatte. „Doch komm, ich stelle dich der Küchenmannschaft vor!"

Er führte mich zur Küche, aus der fröhliches Gelächter drang. Als wir eintraten, standen mehrere Männer am Tisch und schnitten Gemüse. „Das ist Beto", stellte mich Matos dem Mann mit der Kochmütze vor. „Er wird dir deine Arbeit zuweisen." Beto hatte viele Lachfältchen um die Augen. Er wischte die Hand an einem Tuch ab und hielt sie mir entgegen. „Willkommen im Küchenteam – hier wird für das leibliche Wohlergehen aller Teilnehmer gesorgt, uns natürlich inbegriffen! Bist du dabei?" „Natürlich!", lachte ich ebenfalls und band mir die Schürze um, die er mir hinhielt. In dieser Gesellschaft fühlte ich mich gleich wohl. „… und vergiss nicht meine Bedingung!", lächelte Matos. „Die Abendveranstaltung beginnt um zwanzig Uhr!" Ich nickte und wandte mich den Radieschen zu, die Beto vor mich hingelegt hatte.

Nach einer leckeren Mahlzeit aus Hähnchen, Reis und Salat spülten wir das Geschirr und begaben uns zur Abendveranstaltung. Inzwischen waren alle achtzig Teilnehmer eingetroffen. „Da sind ja nur Männer!", flüsterte mir mein Nachbar zu, wurde aber von Pastor Matos unterbrochen, der ans Mikrofon getreten war. „Ich freue mich sehr über jeden Einzelnen von euch", begann dieser. „In diesen Wochen werden wir über Suchtprobleme sprechen. Dazu gibt es verschiedene Workshops und Vorträge, die alle von Personen gehalten werden, die auf die eine oder andere Weise Erfahrung auf diesem Gebiet haben." Dann stellte er seine Mitarbeiter vor. „Dies sind meine geschätzten Freunde, welche die Workshops leiten und die ihr jederzeit um ein Gespräch bitten dürft. Die allerwichtigste Person ist aber unser Herr Jesus Christus. Er allein vermag neues Leben zu schenken. Um Ihn besser kennenzulernen, wollen wir uns auch täglich mit der Bibel beschäftigen." Er sprach ein Gebet und dann sangen wir ein paar Lieder, wobei der Text an die Wand gebeamt wurde. Anschliessend folgte der erste Vortrag, der ebenso spannend war wie die Predigt, die der Pastor in unserem Gottesdienst gehalten hatte. Als ich später müde auf eins der wackeligen Stockbetten kletterte, gingen mir viele Gedanken durch den Kopf. Doch noch bevor ich sie richtig sortieren konnte, war ich eingeschlafen.

Die folgenden Tage waren ausgefüllt und interessant. Während die Freizeitteilnehmer ihr Tagesprogramm mit sportlichen Aktivitäten und Ausflügen füllten, half ich in der Küche mit. Das war mir recht, denn so konnte ich mit anpacken und in Betos Team kurzweilige Stunden verbringen. Daneben hatte ich genügend Zeit, um an den Workshops und Bibelarbeiten teilzunehmen. Am ersten Tag besuchte ich den Workshop von Marcos. Sein friedlicher, entspannter Gesichtsausdruck schien im Widerspruch zu den wilden Tätowierungen und den Narben, die seinen Körper zeichneten. „Ich gehörte zu einer der gefährlichsten Strassenbanden Limas", stellte er sich vor. „Wir haben gestohlen und geraubt, mein Leben bestand aus Hass und Messerstechereien." Er erzählte, wie er eines Tages von einer feindlichen Gruppe so zusammengeschlagen wurde, dass er zunächst nicht mehr aufstehen konnte. Als er zusammengekrümmt auf dem Boden lag, kam ein älteres Ehepaar vorbei. Sie halfen ihm auf und nahmen ihn mit zu sich nach Hause. Marcos fuhr fort: „Nach Jahren war es das erste Mal, dass ich duschte, etwas Anständiges zu essen bekam und in einem sauberen Bett schlief. ‚Jesus kann dein Leben neu machen‘, wollten mir die lieben Leute am folgenden Morgen begreiflich machen. Aber ich glaubte ihnen nicht. Die hatten ja keine Ahnung, wie kaputt ich war!" Fesselnd erzählte Marcos anschliessend, wie er tatsächlich zu einem neuen Menschen wurde. „Was ich nie für wahr gehalten hätte, stimmt: Mit Jesus ist ein Neuanfang möglich!", endete er. „Nun ist mein Leben nicht mehr von Hass, sondern von Liebe geprägt."

Bis zum Küchendienst hatte ich noch etwas Zeit, und so machte ich einen kleinen Spaziergang. Unter einem Mangobaum blieb ich stehen und bewunderte die Aussicht. Am Horizont konnte ich einzelne Schiffe auf dem Meer erkennen. „Das war ein eindrücklicher Lebensbericht, nicht wahr?" Ein kleiner, rundlicher Mann mit Schlitzaugen war zu mir getreten. „Ich bin Andrés", stellte er sich vor, und ich erinnerte mich, ihn beim Mitarbeiterteam gesehen zu haben. Nachdem ich mich ebenfalls vorgestellt hatte, plauderten wir ein bisschen. Plötzlich fasste ich in Worte, was mich so sehr beschäftigte: „Marcos Bericht ist wirklich beeindruckend", sagte ich. „Aber ob auch bei mir eine solche Änderung möglich ist, bin ich mir nicht sicher …" Mehr wollte ich nicht von mir preisgeben und Andrés bohrte nicht. Vielmehr fing er an, aus seinem eigenen Leben zu erzählen. Er war aus Iquitos, dem Amazonasgebiet. Ein Mädchen seiner Clique hatte ihn dazu gebracht, Kokain zu probieren, worauf er abhängig wurde. „Dadurch bin ich in einen Teufelskreis geraten und sehr tief gesunken", erzählte er. „Ich hatte mit Drogen- und Waffenhandel zu tun." Verstohlen musterte ich ihn. Das hätte ich dem gutmütigen Typen neben mir nicht zugetraut. „Aus dir selbst heraus ist Veränderung tatsächlich nicht möglich. Das habe ich unzählige Male probiert und es ist mir nie gelungen. Aber mit Jesus habe ich einen echten Neuanfang geschafft!"

Seine Worte gingen mir noch lange nach …

Am folgenden Tag meldete ich mich beim Workshop von Andrés an. Ich war gespannt, mehr über ihn zu erfahren. „Heute wollen wir darüber reden, wie wir nicht nur uns, sondern auch unsere Familien mit dem Drogenkonsum zerstören", begann er. Mein Atem stockte. Das war genau mein Thema! Betroffen lauschte ich seinen Worten. Dieser Mann wusste, wovon er sprach. Er redete mir aus der Seele, als er erzählte, wie es ist, seine Angehörigen gleichzeitig zu lieben und immer wieder zu enttäuschen. „Viele Familien zerbrechen an den Suchtproblemen eines ihrer Mitglieder", endete er. „Lasst es nicht so weit kommen! Lasst Jesus euer Leben verändern!"

Später sah ich, wie Andrés in den Garten ging, und folgte ihm. Ich holte ihn ein, und wir liefen eine Weile schweigend nebeneinander her. „Meine Familie leidet ebenfalls", brach es schliesslich aus mir heraus. Andrés nickte und erzählte wieder aus seinem Leben. Offen, ehrlich und ohne zu beschönigen schilderte er seine Vergangenheit. „Ich bin Alkoholiker", stiess ich auf einmal hervor. „Ich bin süchtig! Zwar trinke ich zurzeit nicht, aber ich spüre, dass ich jederzeit wieder damit beginnen könnte. Ich habe Angst, meine Familie zu verlieren!" Es war das erste Mal in meinem Leben, dass ich mich jemandem anvertraute. Ängstlich schielte ich zu Andrés hinüber. Würde er mich nun verachten? Würde er mit abfälligen oder verletzenden Worten reagieren? Nichts dergleichen geschah. „Ich weiss, wie sich das anfühlt", meinte er. „Ich verstehe dich."

„Ich schäme mich so! Nichts kriege ich auf die Reihe. Ich bin ein Versager!", bekannte ich weiter. „Weisst du was?", entgegnete mein neuer Freund, „in der Bibel steht, dass Gott gerade ‚das Geringe vor der Welt‘, das ‚Verachtete‘ erwählt hat. Für ihn bist du unendlich wertvoll!" Das war wieder ein Gedanke, den ich zuerst verdauen musste. Nach meiner Vorstellung musste man zuerst „gut" sein oder zumindest „Gutes tun", um Gott zu gefallen. Aber wie Andrés mir erklärte, war ich bereits jetzt von Gott geliebt und angenommen. „Er wünscht sich nichts mehr, als dich zu retten und dir helfen zu dürfen!"

Wieder hatte ich viel Stoff, um darüber nachzudenken …

In den folgenden Tagen hörte ich viele Lebensberichte, die letztlich alle dasselbe aussagten: „Jesus Christus kann dein Leben verändern! Auch wenn es noch so ausweglos und verkorkst erscheint." Das war ein Lichtblick. Ob auch ich für Ihn kein hoffnungsloser Fall war?

Durch die Bibelarbeiten wurde mir bewusst, dass Jesus Gottes Sohn ist und kein Unrecht und keine Sünde in Seiner Gegenwart duldet. Wer Hilfe von Ihm erfahren will, muss bereit sein, Ihn um Vergebung zu bitten und sein Leben in Ordnung zu bringen. *Das habe ich nie getan!*, ging es mir durch den Kopf, *vielmehr habe ich Ihm Vorhaltungen gemacht und Forderungen gestellt!*

Es war am Donnerstag der zweiten Woche, als Pastor Matos wieder predigte. Mehr denn je sprach mich jedes einzelne Wort an. Es war, als redete er zu mir allein. Als er geendet hatte, wusste ich: Es war Zeit. Zeit, mich von ganzem Herzen Gott zuzuwenden. Zeit, Jesus um Vergebung zu bitten und ein neues Leben unter Seiner Führung zu beginnen.

Kaum war der Vortrag fertig, begab ich mich in mein Zimmer und kniete nieder. Tränen liefen über meine Wangen, als ich Jesus alle meine Schuld bekannte und Ihn in mein Leben einlud. „Danke, dass Du am Kreuz für meine Sünden gestorben bist", betete ich. „Ich glaube von ganzem Herzen an Dich und möchte, dass Du mein Retter, mein Licht und meine Hoffnung wirst. Bewirke Du in mir, was ich von mir aus nicht schaffe!" Es ist schwierig zu beschreiben, was ich in jenem Moment empfand. Es waren Gefühle des Glücks, des

Friedens und der Ruhe. Die riesige Last, die mich all die Jahre über geplagt und niedergedrückt hatte, wurde von mir genommen. Ich war frei. Frei!

Am liebsten wäre ich hinausgelaufen und hätte es der ganzen Welt laut zugerufen. Aber ich setzte mich auf mein Bett. *Nur ruhig, langsam!*, sagte ich mir.

So legte ich mich hin und fiel bald in einen ruhigen, erholsamen Schlaf.

Als ich am folgenden Morgen erwachte, war sie noch immer da, diese neu gefundene, wunderbare Freiheit. Also war es keine vorübergehende, oberflächliche Gefühlsduselei, was ich erlebt hatte. Es war echt! Eine neue tiefe Freude durchdrang mich.

Gleich nach dem Frühstück suchte ich Pastor Matos auf. „Vielen Dank, dass ich an dieser Freizeit teilnehmen darf!", sagte ich und erzählte ihm, wie ich nach seiner Predigt in der vergangenen Nacht mein Leben Jesus anvertraut hatte. Auch er freute sich über mein neu gefundenes Leben in Jesus Christus. „Nun bist du eine ,neue Kreatur', wie die Bibel es ausdrückt", sagte er. „Jetzt darfst du dich immer mehr in eine Person verwandeln, die Jesus gleicht."

Ja, das wollte ich! Das wollte ich von ganzem Herzen. Ich konnte es kaum erwarten, Ilse von meinem Glaubensschritt zu erzählen. Ganz aufgeregt stieg ich am Samstag in den Bus, um übers Wochenende nach Lima zu fahren.

„Ich habe ein neues Leben mit Jesus begonnen! Jetzt wird alles anders!", stiess ich hervor, kaum hatte Ilse mir die Tür geöffnet. „Ach ja?!", meinte sie. „Sicher hast du Kleider, die gewaschen werden müssen." Sie öffnete meinen Koffer und begann, meine schmutzige Wäsche zu sortieren.

21

Ilse

Dezember 2003 – September 2009

Das darf doch nicht wahr sein!, ging mir durch den Kopf, als ich Werner nach dem Gottesdienst in unserem Treppenhaus sitzen sah. Nur vier Tage zuvor hatte er zugestimmt, für einige Monate ins Drogenrehazentrum zu gehen, um von seiner Alkoholsucht loszukommen. Und schon hatte er wieder abgebrochen.

Während ich die Tür aufschloss, erklärte er unseren Söhnen, wie schrecklich es dort war. Ich ging in die Küche, schaltete den Herd ein, um den Eintopf zu wärmen, und nahm Salat aus dem Kühlschrank. Während ich die Blätter vom Strunk trennte, liefen mir Tränen über die Wangen. Wochen-, monate-, jahrelang hatte ich gekämpft, gebetet und alles getan, damit mein Mann von seiner schrecklichen Abhängigkeit loskam. Nachdem die Pastoren mit ihm gesprochen hatten, erklärte er sich zum ersten Mal bereit, Hilfe von ausserhalb anzunehmen. Ich war so dankbar dafür gewesen! Ich hatte solche Hoffnung geschöpft! ... und nun verschwand diese so schnell wie das Wasser, mit dem ich eben den Salat gewaschen hatte. Ich hörte im Ablauf das Gurgeln.

„Mama!" Heinz war zu mir getreten und legte seinen Arm um meine Schulter. Er verstand meine Enttäuschung. „Wir wollen die Hoffnung nicht aufgeben", versuchte er mich zu trösten. „Aber so kann es nicht weitergehen!", wimmerte ich. „Ich kann nicht mehr!" Meine Bewegungen waren schwach, als ich den Salat schleuderte. „Lass uns nachher gemeinsam mit ihm reden", schlug Heinz vor und begann den Tisch zu decken.

„Es gab zwar einen Verwalter, aber der verschanzte sich in seinem Büro", berichtete Werner und hielt mir den Teller hin, um nachzuschöpfen. „Aber Therapiegespräche, Vorträge oder Aktivitäten gibt es dort nicht. Ich sass den ganzen Tag rum und wusste nicht, was tun! Ich langweilte mich! Und alles war schmutzig. Die Toiletten starrten vor Dreck!" Als er so berichtete, konnte ich meinen Mann ein Stückweit sogar verstehen. *Das kommt davon, wenn man keine näheren Erkundigungen über eine Institution einholt!*, rügte ich mich selbst.

Später verzogen sich die Jungs in ihr Zimmer und Werner, Heinz und ich sassen beim Kaffee. „Ich habe angefangen!", versicherte mein Mann. „Ich bin schon fast fünf Tage trocken! Nun werde ich nie mehr Alkohol anrühren." Ich mochte diese Worte nicht mehr hören. „Weisst du, wie oft du das schon versprochen hast?", erinnerte ich ihn. Schweigend rührte ich in meiner Tasse und überlegte das weitere Vorgehen.

„Gut", eröffnete ich ihm schliesslich, „du kannst zurückkommen. Aber eines musst du wissen: Solltest du noch einmal in betrunkenem Zustand an diese Tür klopfen, wird sie für dich geschlossen bleiben." Ich stand auf und ging in die Küche, wo sich das schmutzige Geschirr stapelte.

Werner schien seinen Vorsatz ernst zu nehmen. In den nächsten Tagen blieb er zu Hause, litt aber sehr unter den Entzugserscheinungen. Missgelaunt und nervös klagte er über Herzrasen, Kopfschmerzen und Übelkeit. So gut es immer ging, stand ich ihm bei. Ich hätte alles getan, um meinem Mann in diesem Bestreben zu unterstützen. Gott schenkte es, dass es immer genau dann am schlimmsten war, wenn unsere Jungs in der Schule waren. So mussten sie diese Kämpfe nicht miterleben.

In den folgenden Wochen florierte und platzte unser Murraya-Projekt. Wie glücklich war Werner beim Verkauf der ersten Zweige!

Entsprechend frustriert reagierte er, als sich das Geschäft wegen der Konkurrenzprodukte unrentabel entwickelte. Ich machte mir Sorgen: Wenn er bloss nicht erneut begann, seine Enttäuschung im Alkohol zu ertränken! Aber er schien durchzuhalten und sich zur Beruhigung seiner Nerven auf die Zigaretten zu beschränken.

Auch mich bedrückte das niederschmetternde Ergebnis vieler Stunden Schweiss und Kraft. Wie viel Zeit hatten wir dort verbracht! Wie viel Geld dafür investiert! Und nun sollten wir nichts dafür bekommen …! Auch meine Arbeit am Schul-Kiosk war ein kompletter Misserfolg. Erst mit dem Verkauf unseres Grundstücks bei Pachacámac konnten wir unseren Kopf aus dieser Schlinge ziehen. Doch wie weiter? Wir brauchten Geld!

Werner suchte weiterhin Gelegenheitsjobs und ich fing an, Handarbeiten herzustellen und zu verkaufen. Ich bot Freunden und Bekannten an, ihre Kleider zu ändern oder zu flicken, bestickte Handtücher und häkelte Topflappen. Doch es war ein schwieriges Unternehmen. Kaum hatten alle Leute in meinem Umfeld einen bestimmten Gegenstand kennengelernt und eventuell erworben, hatte sich die Verkaufsmöglichkeit erschöpft, und ich musste mir etwas Neues einfallen lassen. Immer wieder.

Eines Tages überraschte mich Werner mit seinem Wunsch, für einen Monat als Küchenhilfe in einer christlichen Freizeit mitzuarbeiten. Ich hatte nichts dagegen. Nirgends war er besser aufgehoben als im Kreise motivierter Christen. „Geh nur!", ermutigte ich ihn.

Nach zwei Wochen kam er, um das Wochenende zu Hause zu verbringen. Er strahlte übers ganze Gesicht. „Ilse!", lachte er und nahm mich in die Arme. „Ich habe ein neues Leben mit Jesus begonnen! Jetzt wird alles anders!" Ich versuchte, ihn freundlich anzulächeln. *Wie schön, wenn es so wäre!*, dachte ich.

Übers Wochenende war Werner in erstaunlich aufgeräumter Stimmung. Ständig summte er die Lieder der Freizeit und erzählte von den Lebensberichten, die er dort gehört hatte. „Da ist zum Beispiel Andrés Díaz", berichtete er, während ich seine Kleider bügelte. „Der war tief im Waffenhandel verstrickt, hatte Probleme mit Frauen und konsumierte über viele Jahre hinweg Kokain. Du kannst dir nicht vorstellen, wie Gott diesen Mann verändert hat! Nun ist er mein Freund." „Schön." Ich musste zusehen, dass ich bis zu seiner Abreise die Wäsche wieder in Ordnung hatte. Ausserdem sollte ich bis zum nächsten Tag für eine Kundin noch eine Hose kürzen und einige Hemden ausbessern.

„Der Bus mit den Jungs wartet!", meinte er, als ich seine Sporttasche wieder gepackt hatte. Er drückte mir einen Kuss auf die Wange und flüsterte: „Du wirst schon sehen!"

Zwei Wochen später kehrte Werner von der Freizeit zurück, wieder war er gut gelaunt. „Nun werde ich auf Arbeitssuche gehen! Jesus wird mir bestimmt dabei helfen!", verkündete er am Montag. Tatsächlich wurde er für die Umbauarbeiten des Flughafens angestellt. Aber die körperlich äusserst anstrengenden Nachtschichten setzten seiner Gesundheit zu. „Die anderen Arbeiter sind alles junge, kräftige Männer", sagte er, „da kann ich nicht mithalten." Immer öfter klagte mein Mann über Rückenschmerzen. „Sollen wir nicht einen Arzt aufsuchen?", redete ich ihm zu. „Ich begleite dich!" Aber er wollte nicht.

An unseren Söhnen hatten wir grosse Freude. Ich konnte Gott immer wieder nur dafür danken, dass keiner von ihnen auf die schiefe Bahn geraten war. Gerhard war gerade dabei, die obligatorische Schule abzuschliessen, und Max machte eine Ausbildung zum Lastwagenmechaniker. Heinz arbeitete als Jugendpastor und unterrichtete daneben Chemie und Biologie. Vor einiger Zeit hatte er sich mit Lissett, einem netten Mädchen aus der Kirchengemeinde, verlobt. Die beiden steckten mitten in den Hochzeitsvorbereitungen.

Irrte ich mich oder putzte Werner in letzter Zeit seine Zähne häufiger? Ausserdem war es ihm wichtiger als früher, sauber angezogen zu sein. Es fiel auch auf, dass er niemals sagte, er müsse noch Zigaretten kaufen gehen. „Papa, hast du mit dem Rauchen aufgehört?", fragte Gerhard eines Abends beim Nachtessen. Werner wich aus. „Hast du nicht bemerkt, dass ich keine mehr kaufe?", erwiderte er und wechselte das Thema. Das gefiel mir nicht. Wollte er uns vorschwindeln, er rauche nicht mehr? Sein Geruch verriet ihn aber! Meine Nase täuschte mich nicht!

Nachdem es Werner einige Wochen bei einer Zementfabrik versucht hatte, wurde ihm die Arbeit auch dort körperlich zu schwer. Doch bereits hatte er eine andere Idee: Vor einiger Zeit hatte Johnny eine Möbelschreinerei in Lima eröffnet. Vielleicht würde er ihn beschäftigen? Erfreulicherweise erklärte sich sein ehemaliger Leidensgenosse dazu bereit. Endlich war mein Mann wieder angestellt! Endlich konnte er wieder mit Holz arbeiten, was er besonders gut beherrschte. Zwar verdiente er nicht viel, aber allein der neue Alltagsrhythmus tat uns allen gut. Allgemein herrschte zuhause eine etwas bessere Atmosphäre.

Es war kurz vor Weihnachten. Mama war aus Iscozacín gekommen, um die Feiertage mit uns zu verbringen. Als ich eines Nachmittags von einigen Besorgungen zurückkam, stand sie schon in der Tür. „Werner!", stiess sie hervor. „Es geht ihm nicht gut!" Ich erschrak. Was war geschehen? „Er kam kaum die Treppe hinauf", berichtete Mutter und half mir, die Einkäufe in die Küche zu tragen. Ich trat ins Schlafzimmer, wo mein Mann kreidebleich auf dem Bett lag. „Mein Rücken", stöhnte er. Ich ging ins Bad und holte ihm ein Schmerzmittel und ein Glas Wasser. „Was ist denn geschehen?", erkundigte ich mich. Stockend erzählte er, wie er morgens früh mit einem geliehenen Lieferwagen zur Schreinerei gefahren war. „Ich nahm meinen Werkzeugkasten und stieg die Treppe empor zur Werkstatt. Auf einmal durchfuhren mich so starke Schmerzen, dass ich mich hinsetzen musste. Ich zog mich auf den Zwischenboden und legte mich hin, aber es beruhigte sich nicht wie andere Male. Auch nach mehreren Minuten war ich nicht in der Lage, aufzustehen. Mir wurde übel, ich kriegte Schweissausbrüche und musste mich übergeben. Also legte ich mich wieder hin." „Hast du denn nicht um Hilfe gerufen?", fragte ich. Doch eigentlich wusste ich die Antwort. Das würde mein Mann nie tun. Er fuhr fort: „Ich wollte einfach nur liegen. Doch irgendwann stiegen ein paar Arbeiter die Treppe hoch. Sie erschraken bei meinem Anblick und wollten einen Arzt rufen. ‚Nein', beharrte ich, ‚helft mir einfach nur die Treppe hinunter!'" Dort angekommen, schickte Werner sie weg und schleppte sich zum Lieferwagen. „Du bist in deinem Zustand doch nicht etwa Auto gefahren?!", rief ich entsetzt. „Doch", erwiderte er. „Ich habe es ausprobiert, und es ging. Ich war allerdings froh, als ich hier ankam. Die Treppe hoch schaffte ich es fast nicht mehr."

Ich brachte es kaum fertig, Werner ins Bad zu bringen. Die Schmerzen schienen nur in liegender Position halbwegs erträglich zu sein. Er musste unbedingt ins Krankenhaus, aber alleine würde ich ihn nicht stützen können. Ich rief Heinz an.

In den folgenden Wochen musste Werner sich einer langen Reihe von Untersuchungen unterziehen. Endlich bekamen wir die Diagnose: Werner hatte schwere Verletzungen an der Wirbelsäule. Der behandelnde Arzt war ernst. „Eine Operation ist möglich", meinte er. „Aber Sie müssen wissen, dass diese mit hohen Risiken verbunden ist. Denken Sie darüber nach und geben Sie mir dann Bescheid."

Abends kam Heinz, der inzwischen verheiratet war, zu Besuch. Wir erzählten ihm von der Diagnose. „Wie denkt ihr darüber?", fragte er. „So kann es jedenfalls nicht weitergehen", stöhnte Werner. „Die ständigen Schmerzen ... ich kann nichts tun, als auf dem Rücken zu liegen." „Aus eigener Tasche können wir die Operation jedenfalls nicht bezahlen", stellte ich fest. „Wir haben kein Geld." „Papa, bist du denn versichert?" Werner nickte. Seit er bei Johnny arbeitete, gehörte er auch wieder zu einer Krankenkasse. „Gott sei Dank!", meinte Heinz. „Kommt, wir wollen beten und Gott um Wegweisung bitten."

Wir beschlossen, die Unterstützung der Krankenkasse zu beantragen. Wenn diese sich bereit erklärte, die Kosten zu übernehmen, wollten wir die Operation wagen. In Peru sind die Formalitäten dieser Versicherungen äusserst kompliziert und umständlich. Unzählige Formulare müssen ausgefüllt, Termine eingehalten, Ärzte aufgesucht werden. Da unser Treppenhaus ein reines Martyrium für Werner bedeutete, kam er nur mit, wenn seine Gegenwart unbedingt erforderlich war. Sonst war ich es, die stundenlang in der Schlange stand, Berichte einholte oder Röntgenbilder ablieferte.

Im Gegensatz zu früher schien Werner nun wahrzunehmen, was ich für ihn tat. „Vielen Dank!", lächelte er immer wieder und drückte meine Hand. Sein Nörgeln und Brummeln war seltener geworden.

Regelmässig beteten wir um Gottes Führung. „Wir legen die Sache völlig in Gottes Hand", erklärte ich Elisabeth, als wir uns wieder einmal trafen. „Wir werden weder die üblichen Bestechungsgelder bezahlen noch Beziehungen spielen lassen. Wenn Gott durch einen solchen Eingriff Heilung bewirken möchte, soll alles legal sein und mit rechten Mitteln zu- und hergehen."

Mehr als ein halbes Jahr nach seiner Verletzung trafen wir uns mit einem Ärztegremium der Versicherung, das sich ein Bild über Werners „Fall" gemacht hatte. „Nachdem die Physiotherapie erfolglos war, kommt nur noch eine Versteifung der Wirbelsäule in Frage", erklärte uns einer der Doktoren. „Dies ist eine sehr komplizierte Operation mit vielen Risiken", wandte sich der Chefarzt an Werner. „Es kann zu Einschränkungen in der Motorik oder dem Gefühlsempfinden kommen", erklärte er. Dann folgte eine ganze Reihe weiterer möglicher Komplikationen. Er schloss: „Es ist sogar möglich, dass Sie nach der Operation von den Hüften an abwärts gelähmt sind." Er reichte Werner ein Blatt. „Überlegen Sie es sich gut. Falls Sie den Eingriff tatsächlich wünschen, unterzeichnen Sie das Formular und reichen es am Schalter ein. Dort wird man Ihnen einen Termin geben."

„Was meinst du?", fragte ich meinen Mann, als wir wieder zu Hause waren. Er räusperte sich. „Als du nach der Besprechung die Toilette aufsuchtest, kam eine der Ärztinnen auf mich zu. ‚Sie machen einen Fehler!', warnte sie mich. ‚Diese Operation ist zu riskant. Die Wahrscheinlichkeit ernsthafter Komplikationen ist äusserst hoch.'"

Wir schwiegen lange. Dann sagte Werner: „Ich glaube, wir sollten es wagen. Trotz allem. Wie denkst du?" „Ich bin derselben Meinung", erwiderte ich. „Bis hierher hat Gott uns alle Türen geöffnet. Und ich verspüre immer Frieden beim Gedanken an die Operation. Aber lass uns weiter beten und noch mit unseren Söhnen und Glaubensgeschwistern darüber sprechen."

Wenige Tage später fuhr ich zum Spital und reichte am Schalter das Formular ein.

22

Werner

Januar 2007 – Juni 2015

Jesus Christus sagt: „Siehe, ich stehe vor der Tür und klopfe an. So jemand meine Stimme hören wird und die Tür auftut, zu dem werde ich eingehen und das Abendmahl mit ihm halten und er mit mir." Über diesen Bibelvers hatte Pastor Matos gepredigt, und endlich hatte ich ihn verstanden: Diese Einladung gilt allen Menschen, muss aber von jedem ganz persönlich angenommen werden. An jenem unvergesslichen Abend in der Freizeit von Cañete hatte ich dies getan, und das bedeutete die Wende in meinem Leben. Nicht alle erleben es gleich, aber mich durchdrang sofort ein Gefühl des Friedens, der Freude und der Hoffnung. Nun würde ich nicht mehr allein gegen meine Süchte ankämpfen müssen! Ich hatte einen viel Stärkeren an meiner Seite, und mit Ihm würde Sieg möglich sein. Wirklich. Endgültig.

Nun verstand ich auch, worauf Ilse mich immer hingewiesen hatte! Wie Schuppen fiel es mir von den Augen. Warum hatte ich es bloss nicht früher kapiert? Wahrscheinlich hatte ich völlig dichtgemacht mit meinem fortwährenden Jagen nach Alkohol, Koka und Zigaretten. Einmal mehr wurde mir schmerzlich bewusst, wie sehr ich meiner Familie mit meinem Verhalten zugesetzt hatte. Aber nun drängte es mich nicht mehr, diese Traurigkeit mit Suchtmitteln zum Schweigen zu bringen. Im Gegenteil versuchte ich, den Scherbenhaufen so gut wie möglich wieder zusammenzukitten.

Dass Ilse sich so wenig über meinen Neuanfang freuen würde, hatte ich nicht erwartet. Trotzdem begann ich euphorisch mein Werk, indem ich mich gleich um Arbeit bemühte.

Zuhause war ich zunächst über mein Scheitern enttäuscht, innerhalb einer Woche ein ganz anderer Mensch zu werden. *Herr, verändere du mich! Mache etwas Reines aus mir, sowohl innerlich als auch äusserlich!*, betete ich. Ich beschloss, geduldig zu sein und einen Bereich nach dem anderen anzugehen. Meine innere Haltung war das Wichtigste. War ich vorher oft bitter und streitsüchtig, wollte ich nun dankbar und hilfsbereit sein. Aber auch mein Äusseres sollte sich ändern. Anstatt ungepflegt herumzulaufen, stopfte ich mir das Hemd nun in die Hose und putzte regelmässig die Zähne. Ob Ilse merkte, dass ich ein Aftershave gekauft hatte?

Lange nicht alles gelang auf Anhieb, denn neue Gewohnheiten müssen eingeübt werden. Womit ich noch lange rang, waren die Zigaretten. Zwar rauchte ich nicht mehr zu Hause, doch im Verborgenen suchte ich noch immer die beruhigende Wirkung des Nikotins. Meine Frau kam mir natürlich auf die Schliche. „Ich weiss, dass du noch rauchst", sagte sie einmal. „Ich kann es riechen." *Herr Jesus, bitte hilf mir, auch davon für immer loszukommen*, flehte ich.

Nach einem kurzen Intermezzo bei einer Betonfirma fand ich Arbeit in Johnnys Schreinerei. Aber unser Verhältnis war merkwürdig. Beide waren noch immer gezeichnet von der schlimmen Zeit, die wir in der Gefangenschaft der Terroristen verbracht hatten. Aber wir sprachen nie darüber. Johnnys Persönlichkeit war von Bitterkeit und Groll geprägt. Zudem plagte ihn eine grosse Angst vor der Geisterwelt. „Diese Nacht habe ich wieder gehört, wie sie an die Tür gepoltert haben", pflegte er in den Pausen zu erzählen. „Und heute Morgen stand im Flur der Stuhl verkehrt herum da." Er und seine Frau Margot besorgten Kaktusse „gegen den bösen Zauber" und andere merkwürdige Gegenstände.

Ich versuchte, die beiden auf Gott hinzuweisen: „Alle diese Nöte könnt ihr Jesus Christus abgeben", ermutigte ich sie. „Mit ihm brauchen wir uns nie zu fürchten. Er ist stärker als jede böse Macht und kann auch eure Herzen wieder froh machen." Ich stiess auf taube Ohren.

Seit meinem Neuanfang waren bereits mehrere Monate vergangen. „Ich habe das Gefühl, deine Mutter glaubt nie an meine Veränderung", sagte ich einmal zu Heinz, als er zu Besuch war. „Dabei bemühe ich mich wirklich, ihr in Wort und Tat zu beweisen, dass ich ein anderer Mensch geworden bin." Wir spülten zusammen das Geschirr, etwas, was ich früher nie getan hätte. „Lass ihr Zeit", erwiderte er, „du hast ihr in der Vergangenheit sehr viele Versprechungen gemacht, und es hat nicht funktioniert. Das hat sie geprägt. Hab Geduld und gib nicht auf!"

Um zur Schreinerei zu gelangen, musste ich zuerst den Kleinbus nehmen und anschliessend etwa sieben Häuserblocks weit laufen. Doch dieser Weg entwickelte sich zur reinsten Qual. Die Schmerzen in meinem Rücken verschlimmerten sich so sehr, dass ich immer wieder anhalten, mich gegen eine Wand lehnen oder mich setzen musste. Auch bei der Arbeit legte ich mich in den Pausen hin, damit sich die Muskeln etwas entspannen konnten.

Eines Tages ging es im wahrsten Sinne des Wortes nicht mehr weiter. Mitten auf der Treppe der Schreinerei wurden die Schmerzen so schlimm, dass ich beinahe ohnmächtig geworden wäre. Wie durch ein Wunder schaffte ich es trotzdem noch bis nach Hause und landete kurz darauf auf der Notfallstation des Krankenhauses.

In den folgenden Wochen und Monaten wurde ich immer wieder untersucht. Dazwischen durfte ich nach Hause. Max, der unterdessen Auto fahren konnte, erwies sich als wunderbarer Begleiter.

Sollte ich mich operieren lassen? Obwohl der Eingriff mit extrem hohen Risiken verbunden war, entschlossen wir uns schliesslich dazu.

In den vergangenen Monaten hatten wir immer wieder dafür gebetet. Und war nicht schon ein Wunder geschehen, indem die Versicherung alle Kosten übernahm? So befahlen wir die Operation unserem Herrn an.

Endlich kam der Tag des Spitaleintritts. Man führte mich in das Zimmer, in dem bereits mehrere andere Patienten lagen. Während ich meine Bibel aus der Tasche nahm und auf den Nachttisch legte, räumte Ilse meine wenigen Habseligkeiten in den Schrank. „Du gibst mir Bescheid, wenn du etwas brauchst", sagte sie, als wir uns verabschiedeten. „Morgen komme ich wieder." Bald hatte ich mit den Zimmergenossen Freundschaft geschlossen. Manchmal las ich ihnen aus der Bibel vor und erzählte aus meinem Leben. „Noch vor Monaten war ich eine ganz andere Person", berichtete ich. „Aber Jesus Christus verändert mich. Immer neu und immer mehr!"

Die für meine Operation nötigen Titanteile wurden in den USA hergestellt. Da sie noch am Zoll feststeckten, musste ich mehrere Tage warten. Nun las ich in der Bibel wie nie zuvor. Sonderbar! Hatte früher alles abstrakt und kompliziert geklungen, war ich nun völlig fasziniert. Jetzt sprachen die Worte Gottes nicht nur meinen Verstand, sondern auch mein Herz an. Täglich fand ich Trost, Ermutigung und Wegweisung darin.

Einige meiner Mitpatienten warteten ebenfalls auf grössere Operationen und hatten grosse Angst davor. „Sag mal", meinte einer von ihnen, nachdem er bei einer Ärztevisite mitbekommen hatte, worauf ich mich gefasst machen musste. „Warum bist du so ruhig? Machst du dir keine Sorgen?" „Natürlich geht mir manches durch den Kopf", erwiderte ich. „Aber ich habe mein Leben ganz Jesus Christus anvertraut. Was auch kommen mag – ich bin und bleibe in Seiner Hand. Das macht mich getrost und zuversichtlich."

Täglich bekam ich Besuch von Ilse, meinen Söhnen und Mitgliedern der Kirchengemeinde. Jemand hatte nach einem

Gottesdienst kleine Kärtchen verteilt, auf welche alle einen netten Gruss oder ein ermutigendes Bibelwort für mich geschrieben hatten. Oft nahm ich diese zur Hand und sah sie mir an. Wie gut tat es, mit den Glaubensgeschwistern verbunden zu sein und zu wissen, dass sie für mich beteten!

Einmal nahm sich Heinz den ganzen Nachmittag Zeit für einen Besuch. „Hallo Papa", grüsste er, als er an mein Bett trat. „Wie geht es Lissett?", erkundigte ich mich. Mein erster Enkel würde in diesen Tagen geboren werden, und wir alle konnten es kaum erwarten. „Sie ist wohlauf, aber so rund, dass sie sich kaum bewegen kann", grinste mein Ältester. „Ihre Tasche steht bereit, damit wir jederzeit ins Krankenhaus fahren können. Gibt es etwas, was ich für dich tun kann?" Ich verneinte und er schaute sich im Zimmer nach einem freien Besucherstuhl um. Da es keinen gab, meinte er: „Weisst du was? Ich lege mich einfach ein bisschen neben dich aufs Bett. Ist das okay?" Eine Zeitlang lagen wir schweigend nebeneinander und schauten zur Decke. Auf einmal nahm er meine Hand und sagte: „Weisst du, Papa, da gibt es etwas, was ich dir immer einmal sagen wollte: Trotz allem, was geschehen ist – ich liebe dich! … so wie du bist, mit all deinen guten und schlechten Seiten." Ich war so bewegt, dass ich nicht antwortete. Das sagte ausgerechnet mein Sohn Heinz, der wie kaum ein anderer von meinen Süchten wusste und darunter gelitten hatte. Er fuhr fort: „Gott liebt dich ebenfalls. Er hat Sein Leben für dich gegeben, und ich würde mein Leben ebenfalls für dich geben." Meine Augen wurden feucht. Als ich mich wieder gefasst hatte, flüsterte ich: „Ich möchte dich um Vergebung bitten für alles, was ich dir, deiner Mutter und deinen Brüdern angetan habe." Nun drückte er mich ganz fest und sagte: „Papa, es ist doch längst alles vergeben! Und von nun an erwartet uns eine viel bessere Zukunft, denn ich weiss, dass Christus in deinem Herzen wohnt."

Heinz blieb noch lange und wir plauderten wie die besten Freunde über dies und das. Schliesslich erhob er sich. „Es ist Zeit zu gehen", meinte er. „Übrigens, nach deiner Operation dürft ihr unsere Wohnung benutzen, solange ihr wollt. Wir haben einen Lift und so brauchst du keine Treppen zu steigen!"

Nachdem er gegangen war, meinte ein Zimmernachbar: „Wie alt ist dein Sohn?" „Dreissig Jahre alt", antwortete ich. „Eine solche innige Herzlichkeit zwischen einem Vater und einem erwachsenen Sohn habe ich noch nie erlebt", wunderte er sich. Ich merkte, wie die Szene ihn ebenfalls berührt hatte.

Der Besuch motivierte und stärkte mich. Noch vor wenigen Jahren hätte ich mir eine solche Vertrautheit mit meinem Sohn nie träumen lassen. *Danke Jesus!*, flüsterte ich. *Du heilst Beziehungen! Du machst wirklich alles neu!*

Kaum war Heinz gegangen, betrat eine Pflegerin den Raum und teilte mir mit: „Sie werden morgen früh operiert!" Sie setzte mich in einen Rollstuhl und man unterzog mich ein paar letzten Untersuchungen. Zurück in meinem Zimmer, rief ich Ilse an und informierte sie. Dann betete ich einmal mehr, dass Gottes Wille geschehen und Er mich behüten möge, und schlief ein.

Am folgenden Morgen ging alles sehr schnell. Kaum hatte ich kurz mit meiner Frau gesprochen, brachte man mich zum Operationssaal, legte mir die Anästhesiemaske auf – und schon war ich weg. Als ich die Augen wieder öffnete, blickte ich in Ilses Gesicht. „Die OP ist optimal verlaufen", lächelte sie. Ich lächelte zurück und schlief gleich darauf wieder ein.

Bereits drei Tage später wurde ich entlassen. Gerne nahmen Ilse und ich Heinz' Angebot an und zogen in seine mit dem Lift erreichbare Wohnung. Währenddessen kam Ilses Mutter und kümmerte sich in unserer Wohnung um Max und Gerhard.

Wie dankbar war ich einmal mehr für die aufmerksame Pflege meiner Frau. Sie sorgte besser für mich, als jede Krankenschwester es hätte tun können. „Ich liebe dich!", flüsterte ich, als sie mir einmal mehr das Kissen zurechtgerückt hatte.

In der folgenden Genesungszeit hatte ich viel Gelegenheit, um nachzudenken. Immer wieder konnte ich nur staunen und Gott danken für alles, was Er mir geschenkt hatte: Allem voran Seine wunderbare Errettung, aber auch die Vergebung meiner Familie, die gelungene Operation und neu auch noch das Vorrecht, Grossvater eines gesunden Enkels zu sein!

Seit meinem kurzen Aufenthalt im Drogenrehazentrum vor sechs Jahren hatte ich weder Alkohol noch Koka angerührt, und seit meinem Rückenunfall rauchte ich auch keine Zigaretten mehr. Nicht, dass ich nicht manchmal Verlangen danach gehabt hätte. Aber in diesen Momenten suchte ich ganz bewusst Jesu Nähe. Wie oft hatte ich allein gegen das Sucht-Ungeheuer in mir angekämpft und immer verloren. Doch nun vermochte es mich nicht mehr zu schrecken. Denn nun hatte ich einen Verbündeten, Jesus Christus. Wenn ich in Versuchung geriet, las ich in der Bibel und betete. So füllte ich mein Denken mit positivem Inhalt, und es gelang mir, aus dem Teufelskreis sündhafter Gedanken und Begehrlichkeiten auszubrechen.

Nachdem die Wunde an meinem Rücken verheilt war, musste ich für einige Wochen in eine Rehabilitationsklinik. Dort traf ich ehemalige Mitpatienten. Bei lange nicht allen war die Operation so positiv verlaufen wie bei mir. „Da ist unser Bibelleser!", schmunzelte einer von ihnen. Es war nicht negativ gemeint. „Ich hätte auch nie gedacht, dass ich diesem Buch einmal so viel abgewinnen würde", gab ich zu. „Aber durch die Bibel lerne ich Gott immer besser kennen. Es ist wie Nahrung, aber für die Seele." „Ist es denn nicht zu kompliziert?", erkundigte sich ein anderer. „Nicht alle Kapitel sind gleich. Aber wenn du Jesus bittest, durch die Bibel zu dir zu sprechen, tut er es ganz bestimmt!"

Obwohl meine Operation sehr positiv verlaufen war, erklärte mir der Therapeut, dass ich mich nie wieder wie früher würde bewegen können. „Ausserdem werden Sie wohl nie mehr ganz schmerzfrei leben", fügte er hinzu. Ich nickte. Erträglicher als zuvor war es allemal. Motiviert machte ich in der Physiotherapie mit, um meine Muskulatur aufzubauen. Dann übte der Therapeut Abläufe des Alltags mit mir ein, zeigte, wie ich sitzen musste, und erklärte mir, welche Bewegungen absolut tabu waren.

Nach einigen Wochen durfte ich endlich wieder nach Hause. Ein neuer Alltag begann. Ich wusste, dass ich mit meinem Rückenleiden nie wieder würde arbeiten können. Deshalb hatten wir bereits vor einiger Zeit eine Invalidenrente beantragt und hofften, die ersten Beiträge bald zu erhalten.

Mittlerweile hatte Ilse aufgehört mit den Handarbeiten und angefangen, Kuchen und Süssigkeiten zu backen. Da sie sehr geschickt darin war, wurde dies unsere Einnahmequelle.

Es war wunderschön, als ich das erste Mal nach der Operation wieder den Gottesdienst besuchte. Die Glaubensgeschwister hatten treu für meine Operation und meine Genesung gebetet und empfingen mich mit grosser Herzlichkeit. Welch einen Unterschied empfand ich zu früher! Damals gab ich immer vor, eine andere Person zu sein, und heuchelte allen etwas vor. Kein Wunder, fühlte ich mich nicht wohl. „Werner, kommst du? Es ist bereits zwölf Uhr dreissig", sagte Ilse und zupfte mich am Ärmel. Ich war so in ein Gespräch vertieft, dass ich die Zeit völlig vergessen hatte.

Meine Beziehung zu Ilse verbesserte sich. Hatte ich früher nur genörgelt, überraschte ich sie nun ab und zu mit Pralinen oder einem schönen Blumenstrauss. Immer öfter unterhielten wir uns darüber, was wir in der Bibel gelesen hatten. So konnten wir uns gegenseitig ermutigen.

Als Elsa, meine Schwester, Geburtstag feierte, gab es ein Verwandtschaftstreffen. „Werner!", staunte sie, „du siehst aber gut aus!" Ich berichtete von dem äusserst positiven Verlauf der Genesung. Wie bei jeder Familienzusammenkunft wurde auch jetzt eine Bierkiste herbeigetragen. „Nein danke, du weisst, dass ich nicht mehr trinke", sagte ich, als ein Neffe mir ein Glas reichen wollte. „Okay, finde ich in Ordnung!", meinte er und reichte es jemand anderem. Ich legte den Arm um Ilse. Früher hatte ich sie nie in Schutz genommen, wenn dumme Sprüche über sie gemacht wurden, weil sie keinen Alkohol anrührte. Nun sassen wir einmütig beisammen und genossen das Fest, auch wenn wir nur Cola tranken.

Kurz darauf bekam Ilse eine Stelle auf einem Büro. Ich freute mich mit ihr über diese Chance. Wegen ihrer langen Arbeitszeiten verbrachte ich nun viele Stunden allein zu Hause. Nicht immer fiel mir das leicht, und es brauchte Ideen und Selbstdisziplin, meinen Alltag sinnvoll zu gestalten. Ich begann, ihr möglichst viele Haushaltsarbeiten abzunehmen, wobei ich sogar anfing zu kochen!

„Papa, dieser Gemüseeintopf ist grässlich!", grinste Gerhard, der Hauptkritiker, was meine Kochkunst anbelangte. „Wir sind hier nicht im Urwald! Kann man das ein bisschen verdünnen und noch ein anderes Gewürz beifügen?" Nun, ich würde dazulernen und die Mägen meiner Liebsten nach und nach erobern. Wenn Max frei hatte, kochten wir zusammen. Er tat es zwar sehr gerne, hinterliess aber jedes Mal eine grosse Unordnung. Diese aufzuräumen machte mir weniger Spass. Dennoch genoss ich diese gemeinsame Aktivität mit ihm. Ich bemühte mich, immer wieder Zeit mit meinen Söhnen zu verbringen, wollte Anteil an ihrem Leben nehmen und ihnen Freund und Ratgeber sein.

Durch meinen Neuanfang hatte Gott auch das ständige, nagende Gefühl der Angst von mir weggenommen. Aber das Trauma, das ich durch den Überfall und die Entführung der Guerilleros erlebt hatte, zeigte auch zwanzig Jahre danach noch seine Nachwirkungen. Noch immer gab es terroristische Aktivitäten im Land. Wenn in den Nachrichten davon berichtet wurde, war die Wahrscheinlichkeit hoch, dass ich in der folgenden Nacht aus einem Albtraum erwachte.

Seit wir in Lima waren, hatte ich alles getan, um die schrecklichen Erinnerungen zu verdrängen. Jedes Mal, wenn sie trotzdem in mir aufbrachen, drangen Kummer, Machtlosigkeit, Scham, Schuld, Wut und Furcht wie ein Heer gefährlicher Wespen auf mich ein und versetzten mir ihre giftigen Stiche. Die altbekannten, quälenden Gedanken wollten mich beherrschen, und alles in mir sehnte sich nach einem Tröster.

Früher hatte ich diesen Druck nicht ausgehalten und griff zur Flasche. Nun aber überwand ich mich und suchte beim wahren Tröster Zuflucht. Ich rief mir einen ermutigenden Vers aus der Bibel oder einen schönen Liedertext in Erinnerung und betete. Dabei leierte ich aber nicht hohl ein vorgegebenes Gebet herunter, wie ich es als Kind getan hatte. Nun sprach ich mit meinem Schöpfer, der mein Herr, aber auch mein guter Freund geworden war. Ihm sagte ich alles, was mein Herz bewegte, und beschrieb Ihm ehrlich meine Gefühle. Wenn ich daraufhin Seinen Frieden und Seine Gegenwart spürte, merkte ich, dass es auch für meine Flashbacks und Albträume Hoffnung auf Heilung gab.

Als ich wieder einmal die saubere Wäsche zusammenfaltete, dachte ich bei jedem Kleidungsstück an seinen Besitzer. Ich zog Gerhards weisses T-Shirt zurecht. Wie gut hatte er Gitarre gespielt im letzten Gottesdienst, wo er sich im Musik-Team engagierte! Wie es ihm wohl heute beim Mathe-Examen ging? Er machte eine Ausbildung zum Metall-Chemiker. Nun faltete ich Max' Shorts zusammen. Mein mittlerer Sohn war sehr sportlich und in seinem Ehrgeiz trainierte er stundenlang. Er hatte eine gute Stelle bei einem Unternehmen, das Riesen-Trucks für den Bergbau herstellte. Oft musste er für seine Arbeit für mehrere Tage ins Hochland reisen und verbrachte anschliessend ein paar Tage zu Hause. Nun strich ich Ilses Bluse glatt und hängte sie an einen Bügel. Meine liebe Frau! Wie hatte sie für unsere Familie gekämpft und unzählige dunkle Stunden der Verzweiflung und der Einsamkeit wegen mir durchgestanden. Dass alle drei – und auch Heinz – mir vergeben hatten, konnte ich nach wie vor kaum fassen.

Als ich die Kleidungsstücke in den Korb schichtete, hörte ich leise die Stimme meines Gewissens. *Nein Herr!*, wehrte ich mich zuerst. Aber ich wusste ganz deutlich, dass Gott auch von mir verlangte, zu vergeben. Erst kürzlich hatte ich im Markusevangelium gelesen: „Und wenn ihr steht und betet, so vergebt, wenn ihr etwas gegen jemanden habt, damit auch euer Vater im Himmel euch vergebe eure Übertretungen." *Aber Herr*, argumentierte ich, *diese Terroristen haben Tato und Herta umgebracht und zwei Kinder zu Waisen gemacht! Und du allein weisst, wie sie uns bei der Entführung gequält haben. Es war einfach nur böse, brutal, bestialisch! Und denen soll ich vergeben?!* Nur schon der Gedanke an die eiskalten Augen von Genosse Rubén liessen mich erschaudern. Worte, die Pastor Miguel einst gesagt hatte, drängten sich in meine Erinnerung. „Wenn wir nicht vergeben, bleibt eine Last in unserem Herzen, die verhindert, dass wir als Christen geistlich wachsen", hatte er erklärt. Während ich die Socken sortierte, rang ich mit mir. Doch irgendwann kniete ich nieder, faltete die Hände und fing an: „Herr Jesus Christus, ich war ein schlimmer Säufer und Lügner und habe Deine Vergebung nicht verdient. Weder Deine noch die meiner Familie. Und trotzdem darf ich sie erfahren. Ich bin bereit, ebenfalls zu vergeben ..."

Wieder einmal fuhren wir für die Ferien nach Isco. Wie immer genossen wir die wunderschöne Natur des Urwalds, die lokalen Speisen, das Zusammensein mit Verwandten. Eines Nachmittags bummelte ich mit Max zum Dorf. Vor einer Schenke sassen mehrere Männer. Ihre Gesichter waren gerötet, die Augen glasig und leer. Auf dem Tisch vor ihnen standen mehrere Flaschen Bier. *Wäre ich hier geblieben, wäre ich einer von ihnen!*, ging es mir durch den Kopf. „Werner!" Als sie mich erkannten, erwachten sie aus ihrer Lethargie. „Unser alter Saufkumpan ist wieder da! Willkommen! Ist dies dein Sohn? Der sieht aber gut aus! Komm, setzt euch zu uns! Wir laden euch ein!" Wir nahmen einen Stuhl, aber ich bestellte Cola für uns beide. „Cola?", grinste ein anderer. „Aber du warst doch der Schlimmste von uns allen!" „Ja", antwortete ich. „Aber mein Leben hat sich geändert." Und ich fing an zu erzählen …

„Kaum zu glauben", murmelte einer, als ich geendet hatte, während ein anderer einige Tränen von den Augen abwischte. „… aber wahr!", versicherte ich, als ich ihnen zum Abschied auf die Schultern klopfte.

Nach dem Abendessen machte ich mit Ilse einen Spaziergang. Die Sonne verschwand gerade am Horizont, als wir die Bucht erreichten, wo wir früher viele Stunden verbracht hatten. „Weisst du noch, wie wir hier immer angeln gingen, als wir verlobt waren?", fragte ich Ilse. „Ja, aber soweit ich mich erinnern kann, haben wir nie etwas gefangen." „Na ja, wie hätte ich mich auch auf die Fische konzentrieren können, wo du bei mir warst?!"

Ich schaute mich um. Der alte Baumstrunk, auf den wir uns damals setzten, war schon lange von den Fluten weggeschwemmt worden. Aber jemand hatte ein Kanu an Land gezogen, auf dem wir uns niederlassen konnten. Schweigend staunten wir über das bunte Farbenspektakel, das sich am Himmel abspielte und sich auf dem träge dahinströmenden Fluss widerspiegelte. Nur wenige Minuten später begann mit dem Einbruch der Dunkelheit das Abendkonzert der Zikaden und der Frösche. „Erinnerst du dich, wie wir hier sassen und Pläne schmiedeten?" Ich legte den Arm um meine Frau. Jetzt, gut fünfunddreissig Jahre später, war ich wieder genauso verliebt in sie wie in jenen Tagen. Sie betrachtete den Sternenhimmel und antwortete schliesslich: „Hätten wir damals geahnt, was auf uns zukommen würde …" Wie damals schmiegte sie sich an meine Schulter. Nach einer langen Weile sagte sie: „Ich bin froh, es nicht gewusst zu haben …"

23

Ilse

Oktober 2009 – Juni 2015

„Ilse", rief eine Freundin an. „Ich brauche für nächsten Freitag eine Geburtstagstorte. Könntest du mir eine Schokoladentorte backen?" Obwohl ich an jenem Tag bereits eine Bestellung für Apfelstrudel und Alfajores-Kekse hatte, sagte ich zu. Mittlerweile verdiente ich unseren Lebensunterhalt mit Backwaren. Die Leute waren ganz begeistert von meinen Süssspeisen, sodass mir die Aufträge nie ausgingen.

Trotzdem klopfte mein Herz schneller, als mich eine Cousine anrief und sagte: „Da gibt es ein Logistikunternehmen, das eine Büroangestellte sucht. Ich habe ihnen von dir erzählt und sie meinten, du darfst ihnen deine Bewerbung schicken." Schon immer war es mein Traum, in der Administration tätig zu sein. Da die Cousine erwähnt hatte, es handle sich um einen Job am Empfang, dachte ich: *Telefon-Anrufe entgegennehmen, freundlich weiterleiten und Briefe tippen, das kann ich.* Noch am selben Tag rief ich an, und bald darauf durfte ich mich vorstellen. „Als meine Assistentin müssen Sie den Zahlungsverkehr kontrollieren und mich in meinen Aufgaben unterstützen", erläuterte der Geschäftsführer. „Dazu stehen Ihnen moderne Computerprogramme zur Verfügung." Ich stockte. Mit Computern kannte ich mich überhaupt nicht aus! Noch weniger hatte ich eine Ausbildung als Direktionssekretärin. Als ich ihm dies erklärte, entgegnete er: „Aber Sie sind willig zu arbeiten und zu lernen?" „Natürlich!", gab ich zur Antwort. „Gut, dann haben Sie die Stelle."

Auf dem Weg nach Hause war ich ganz aufgeregt. Ich würde mich in ein völlig neues Tätigkeitsfeld einarbeiten müssen! *Herr, gib mir Weisheit, damit ich die neue Arbeit gut machen kann!*, betete ich. Werner ermutigte mich, auch wenn es für ihn bedeutete, die Tage ohne meine Gesellschaft zu verbringen. Dies würde nicht einfach für ihn sein. Aber er würde es schaffen, dessen war ich mir sicher. Denn mein Mann hatte sich verändert!

Obwohl ich seiner überschwänglichen Freude gegenüber sehr lange Zeit skeptisch war, erlebte ich, wie er sich langsam, aber sicher in eine andere Person verwandelte. Über die Monate und Jahre wurde er immer ordentlicher und taktvoller und begann sogar, im Haushalt mitzuhelfen. Selbst an seiner Sprache waren seine Bemühungen zu erkennen. Oft rührte es mich, wie er versuchte, mich zu überraschen. „Aber du magst doch Tomaten gar nicht!", sagte ich, als er den liebevoll hergerichteten Teller auf den Tisch stellte. „Ich habe ihn ja auch für dich zubereitet!", lächelte er.

Letztlich überzeugte mich aber, wie er jetzt seine Beziehung zu Gott pflegte. Aus eigenem Antrieb holte er seine Bibel, las stundenlang darin und wollte sich danach über das Gelesene unterhalten. Zuerst meinte ich, er beabsichtige damit wie früher nur Diskussionen und Streit. Aber dann erkannte ich, dass sein Interesse echt war. Werners Prioritäten lagen nun ganz anders. Früher drehte sich alles nur um ihn selbst und wie er seine eigenen Bedürfnisse und Süchte befriedigte. Neu stand an erster Stelle Gott. Danach folgten wir, seine Familie.

Nach wie vor war mein Mann alles andere als perfekt. Aber das war auch gar nicht nötig, hatte er doch das Wort „Entschuldigung!" entdeckt. Wie anders, wie befreiend war das Zusammenleben, wenn wir uns unsere Fehler eingestehen konnten. Wo Menschen miteinander zu tun haben, kommt es immer wieder zu Unrecht und

Verletzungen. Aber nun konnten wir uns gegenseitig um Verzeihung bitten und anschliessend in bereinigten Beziehungen weiterleben.

„Ilse, wie geht es dir bei der neuen Arbeit?", fragte Elisabeth. Gemeinsam mit einigen Frauen standen wir nach dem Gottesdienst noch ein bisschen zusammen. „Gut", versicherte ich, „obwohl alles neu ist!" „Ich bewundere dich!", bemerkte eine Freundin. „Nun bist du schon Mitte fünfzig und lernst noch mit Computern, Scannern und Druckern umzugehen. Ist das nicht sehr schwierig?" „Nun", lachte ich, „Kinder erziehen ist anstrengender. Und im Gegensatz zur Arbeit in der Küche kannst du dich im Büro weder schneiden noch verbrennen."

Nachdem sich die Freundinnen verabschiedet hatten, meinte Elisabeth: „Kaum zu glauben, wie sich dein Mann verändert hat!" Wir beobachteten Werner, wie er die Leute für eine besondere Gebetszusammenkunft motivierte. Ein sechsjähriges Mädchen war an Leukämie erkrankt, und es war ihm ein Anliegen, der Familie beizustehen.

„Ja", entgegnete ich, „inzwischen glaube ich es auch. In Werner ist ein echter Wandel vorgegangen." „Stimmt es, dass er den Pastor bei seinen Haus- und Krankenbesuchen begleitet?", fragte sie. Ich nickte. „So etwas hätte er früher nie getan!" Sie drückte meine Hand: „Es hat sich gelohnt, am Herrn festzuhalten."

Am Nachmittag kam ein befreundetes Ehepaar vorbei. Nachdem wir Kaffee getrunken hatten, holte Werner ein Brettspiel aus der Schublade. „Habt ihr Lust, euch noch einmal mit uns zu messen?", scherzte er. Es war schön, mitzuerleben, wie er langsam, aber sicher sein Aussenseiter-Dasein aufgab und Freundschaften schloss.

Um zur Arbeit zu gelangen, musste ich täglich zwischen ein und eineinhalb Stunden im Bus zurücklegen. Die Rückfahrt im Abendverkehr dauerte zuweilen noch länger. Ich nutzte diese Zeit, um zu lesen. Ausserdem hatte ich wunderbar Zeit, um über das

Gelesene nachzudenken und zu beten. Eines Morgens musste ich ziemlich lange warten, bis es einen freien Sitzplatz für mich gab. Als ich schliesslich die Bibel öffnete, schlug ich sie beim Buch Hiob auf. *Tatos Lied!*, ging es mir durch den Kopf. Ich blätterte zum Schluss und las die letzten Kapitel. Obwohl ich die Geschichte kannte, war ich von Neuem fasziniert: Hiobs Vertrauen wurde reich belohnt. Der Mann, der sprichwörtlich alles verloren hatte, wurde nicht nur wieder gesund, sondern bekam doppelt erstattet, was ihm genommen worden war. Ich war so vertieft in die Lektüre, dass ich ganz überrascht war, als der Fahrgeldkassierer meine Haltestelle ankündigte.

Das Lied begleitete mich den ganzen Tag: *„Wenn du alles verlierst, dann musst du sein wie Hiob. Dann musst du an der Hoffnung festhalten und den Glauben an Gott nicht verlieren."* So summte ich, während ich alleine im Büro war.

Als ich abends erneut im Bus sass, nahm ich meine Gedanken wieder auf. Das Hiob-Lied! Nur einen Tag vor seiner Ermordung hatte Tato es mir vorgesungen. In den heftigen Stürmen der folgenden Wochen, Monate und Jahre war es wie eine Rettungsboje, an die ich mich fieberhaft festklammerte. Der Glaube des leidgeprüften Mannes war mir zum trostreichen Vorbild geworden.

Aufgewühlt schaute ich zum Fenster hinaus. Auch ich hatte äusserst Schweres durchgemacht: der Tötung meiner besten Freundin und ihres Mannes beigewohnt und mit einem Mal mein Zuhause und mein ganzes Umfeld verloren. Das Schlimmste war aber, über viele Jahre mit einem Mann verheiratet zu sein, der hoffnungslos in die Welt der Sucht verstrickt war. Wie viele Tränen hatte ich geweint! Wie viele Rückschläge erlebt! Wie oft war ich am Ende meiner Kräfte angelangt!

Und doch …

Gott hatte sich als der Treue erwiesen! Die ganze Zeit über hatte Er mich gehalten und getröstet. Er hatte mir bei meinen Entscheidungen geholfen, meine Familie versorgt und mir Freundinnen geschenkt, die mich stützten. Und wie Hiob, der am Schluss reich für seinen Glauben belohnt wurde, fühlte auch ich mich jetzt unendlich grosszügig beschenkt!

Bereits acht Jahre war Werner schon trocken! Dass seine Veränderung echt war, daran hegte ich inzwischen nicht mehr den leisesten Zweifel. Unsere Beziehung hatte mittlerweile wunderbare neue Dimensionen gewonnen. Auch an unseren Söhnen hatten wir grosse Freude: Während Max und Gerhard in Peru gute Arbeitsstellen gefunden hatten, lebte Heinz inzwischen in Deutschland, wo er als Pastor unter Ausländern tätig war. Vor Kurzem war dort unser zweiter Enkel zur Welt gekommen. Tiefe Dankbarkeit durchströmte mein Herz, als ich mich erhob und aus dem Bus stieg. Auch in Zukunft würden grosse und kleine Probleme auf uns zukommen. Das schien einfach zum Leben zu gehören. Aber mit Gott an der Seite fürchtete ich sie nicht.

Zum Abendessen waren wir allein. Werner hatte eine Suppe zubereitet, in die er so viel Ingwer gegeben hatte, dass sie mir zu scharf war. Doch das war jetzt unwichtig. Ich freute mich einfach am Zusammensein mit ihm. „Was hast du heute erlebt?", erkundigte ich mich.

Er überlegte. „Nichts Besonderes eigentlich. Aber heute war ein Tag, an dem ich oft an unsere Zeit vor dem Überfall denken musste. Tato und ich hatten noch so viele Pläne … es gibt Tage, da sehne ich mich einfach nach meinem Bruder … Du vermisst Herta bestimmt auch manchmal." Ich nickte. „Mich tröstet das Wissen, dass beide ihr Leben mit Gott in Ordnung gebracht haben. So weiss ich bestimmt, dass wir sie im Himmel wiedersehen werden."

Wir riefen uns die Zeit in Erinnerung, wo wir in unserem Haus neben ihnen wohnten. „Weisst du noch, wie wir Fussball spielten?", kicherte Werner, „ihr Frauen habt immer so laut gekreischt!" „Es war schön, aber wir müssen aufpassen, dass wir jene Zeit im Nachhinein nicht idealisieren", erwiderte ich. „In der Zeit, wo die Terroristen kamen, hattest du bereits wieder angefangen, manchmal lange abwesend zu sein und betrunken zurückzukehren. Ich weiss nicht, was aus uns geworden wäre, wenn wir dort geblieben wären ..."

Mein Mann nickte und rieb sich das Genick. Dann sagte er: „Auf jeden Fall hätten unsere Söhne heute keine solch guten Ausbildungen und Stellen. Dies war nur dank meines Einkommens im Vivero und den guten Schulen Limas möglich. Und ob ich es im Urwald je geschafft hätte ..." Er stellte die Teller zusammen, während ich bereits nach einer Mandarine im Früchtekorb griff. Nachdenklich setzte sich Werner wieder. „Rückblickend kann ich Gottes gute Hand deutlich in meinem Leben erkennen. Schon als Junge und später auf der Jagd und während der Gefangenschaft hat Er mich unzählige Male vor dem Tod bewahrt. Aber obwohl ich mich äusserlich als Christ ausgab, hatte ich mich Ihm gegenüber völlig verschlossen." Er schnitt eine Passionsfrucht auf. „Doch Jesu Liebe war grösser! Selbst mit meinem Starrsinn und mit meinen Süchten ist er fertiggeworden."

Einige Zeit später fuhren wir wieder einmal nach Iscozacín, um dort meine Schwester Anny mit ihrem Mann und meine Mutter zu besuchen. Werner, der in Lima oft ungeduldig und gereizt mit Mutter umgegangen war, hatte seine Beziehung auch mit ihr bereinigt. Jetzt sassen die beiden am Tisch und nahmen die Fische aus, die Anny und ich zuvor entschuppt hatten. Fröhlich plauderten sie über vergangene Zeiten und erinnerten sich an unzählige Anekdoten. „Wie habe ich mich gewundert, dass du immer barfuss rumgelaufen bist!", lachte Mutter. „Ich weiss noch, wie ich dachte: ‚Wenn er bloss zur Hochzeit Schuhe anzieht!'"

Nach dem Abendessen spazierten Werner und ich zum Fluss. Hand in Hand gingen wir zur Bucht, wo wir früher viele Stunden zusammen verbracht hatten. Wir fanden eine geeignete Sitzgelegenheit für Werners Rücken und genossen den farbenprächtigen Sonnenuntergang. Wie in den Tropen üblich, war es bereits wenig später dunkel, und wir konnten den Sternenhimmel mit dem Halbmond bewundern. In einer unbeschreiblichen Choreographie tanzten seine Reflexe über die Wellen des Flusses und wurden nie müde, neue Muster zu formen. Es war einfach wunderschön, mit meinem Mann unter den Baumriesen zu sitzen und die warme Luft der milden Tropennacht zu atmen.

Werner fing als Erster an zu reden: „Erinnerst du dich, wie wir hier sassen und Pläne schmiedeten?" Er legte seinen Arm um mich. Ich fühlte mich wieder genauso geborgen bei ihm wie damals. Aber wie anders hatte ich mir in jenen Tagen unsere Zukunft vorgestellt! „Hätten wir damals geahnt, was auf uns zukommen würde …", sagte ich und ging im Geiste noch einmal die vergangenen dreissig Jahre durch. Endlich meinte ich: „Ich bin froh, es nicht gewusst zu haben …"

Werner stand auf. Er nahm meine Hand und zog mich zu sich. Nach einem zärtlichen Kuss flüsterte er: „Ich auch!"

Das erste Jahr im Vivero: Ilse mit Gerhard und Max, Werner und Heinz.

Werner auf seinem Grundstück bei Pachacámac. Rechts sieht man die Murraya-Pflanzen.

Dieses Familienbild hat Werner in der Drogen-Rehabilitation immer wieder angeschaut. Es hielt ihn davon ab, rückfällig zu werden.

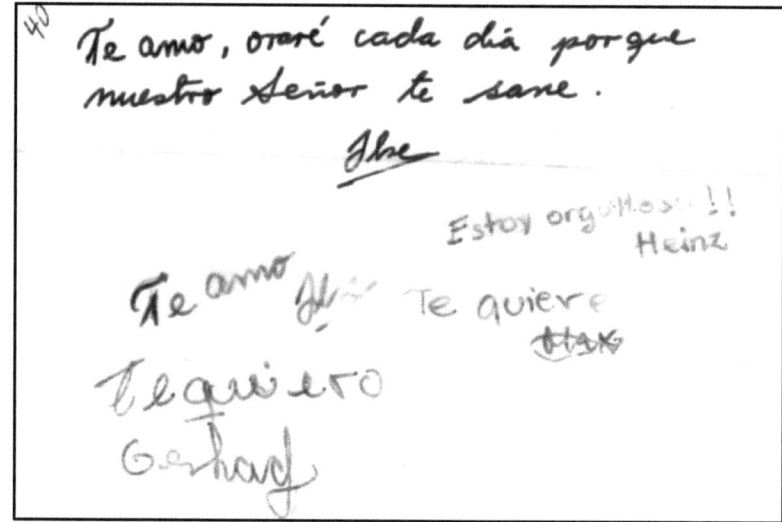

Diese persönlichen Grüsse seiner Frau und seiner Söhne waren auf die Rückseite des Fotos geschrieben. „Ich liebe dich. Ich werde jeden Tag beten, damit unser Herr dich heilt. Ilse", „Ich liebe dich, Ilse", „Ich bin stolz!!, Heinz", „Ich habe dich lieb, Max", „Ich habe dich lieb, Gerhard".

Heinz zu Besuch bei seinem Vater vor dessen Operation. "Ich kann kaum glauben, dass mein Sohn mir vergeben hat", meint Werner.

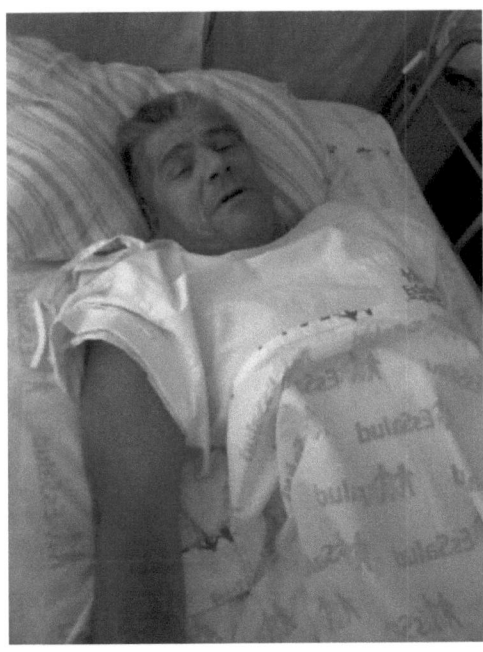

Die Operation ist optimal verlaufen. Trotzdem wird Werner sich nie wieder bewegen können wie zuvor.

In den Räumlichkeiten der Kirche: Pastor Steven spielte eine wichtige Rolle im Leben von Werner und Ilse.

An einem Festessen: Oben v.l.n.r.: Max, Lissett mit Heinz, Gerhard, ein Neffe; unten: Ilse, Werner, Emma, Elisabeth.

Wieder ein Liebespaar. Durch Gottes Hilfe endet die Geschichte von Werner und Ilse mit einem Happy End. Foto 2014.

2018 konnten Werner und Ilse ihren Enkeln zum ersten Mal ihre Heimat im Urwald zeigen. Auf dem Bild mit Heinz und Lissett.

Nicht immer war es für Werner und Ilse leicht, über ihre schwere Vergangenheit zu erzählen. Die Autorin Carole Huber bei einem ihrer Besuche zur Vorbereitung des Buches.

Ilse und Werner 2020: Wir hoffen, dass unsere Geschichte anderen Menschen Hoffnung gibt und ihnen weiterhilft.

Werner

Warum ich meine Geschichte aufschreiben wollte? Vierzig Jahre habe ich in den Klauen der Sucht gelebt. Dazu das Trauma aus der Terroristenzeit. Vierzig Jahre Hoffnungslosigkeit, Schuld, Trauer, Depression – es war die Hölle. Und das, obwohl ich mich oft in christlichen Kreisen bewegte ...

In der Freizeit von Cañete halfen mir die Lebensgeschichten von Leidensgenossen. Wenn bei ihnen ein Neuanfang, eine wirkliche Veränderung möglich war, dann vielleicht auch bei mir ...?! Durch sie ermutigt begann ich, mich mit Jesus Christus zu beschäftigen, und erlebte endlich – endlich! –, dass es echte Befreiung gibt.

Mit meiner Geschichte möchte ich all denen Hoffnung vermitteln, die ebenfalls Schweres durchgemacht haben und vielleicht abhängig von einer Substanz oder einer Gewohnheit sind. Ein echter Neuanfang ist möglich. Er beginnt dort, wo man ehrlich ist und nach Jesus fragt.

Ilse

Du denkst, du lebst in einem sicheren Umfeld? Das dachte ich auch, damals, als wir glücklich neben Tato und Herta in unserem Häuschen wohnten. Doch von einem Moment auf den anderen verlor ich alles: Nicht nur meine besten Freunde, auch meine Heimat, die meisten Besitztümer und für eine gewisse Zeit sogar meinen Mann.

Krankheit, Katastrophen, Verbrechen – verschiedene Umstände können unser Leben von heute auf morgen völlig aus der Bahn werfen. Alle deine psychischen, physischen und emotionalen Quellen können versiegen. Was ist es dann, was dich trägt?

In jener schweren Nacht beschloss ich, mich trotz all meiner Fragen nicht gegen den Höchsten aufzulehnen, sondern mich umso mehr Ihm anzuvertrauen. Es hat sich gelohnt! Denn ich durfte erleben, wie Er mich über die vielen Jahre in wunderbarer Weise versorgt und getröstet hat. Gott ist nicht eine Idee oder ein Konzept. Der Schöpfer der Welt hat sich in der Bibel zu erkennen gegeben und möchte zu jedem Menschen eine Beziehung pflegen, ihn ganz persönlich begleiten. Davon möchte ich in meiner Geschichte erzählen.

Hinweis zu den Koka-Blättern

„Koka"-Sträucher wachsen im feuchten Urwald und werden vor allem von den andinen Völkern genutzt. Die Blätter werden als Genussmittel und für medizinische Zwecke verwendet. Besonders wirksam sind sie beispielsweise gegen die Höhenkrankheit, da sie die Sauerstoffaufnahme verbessern. Gleichzeitig haben sie grosse kultische und religiöse Bedeutung. Noch heute bilden sie in diesen Regionen eine der wichtigsten Opfergaben an „Mutter Erde".

Wissenschaftlich lässt das Kauen von Koka-Blättern keine Abhängigkeit entstehen. Werden sie aber zusammen mit anderen Substanzen kombiniert, ändern sich Geschmack und Wirkung. Jede Region hat ihre eigenen „traditionellen Mischungen".

Das Kauen von Koka-Blättern verdrängt Müdigkeit und Kälte, sodass die Konsumenten über Tage hinweg ohne Schlaf und Essen arbeiten können. In der Kolonialzeit führte dies zu vermehrter Ausbeutung der einheimischen Bevölkerung.

In der Betäubungsmittel-Konvention der UN von 1961 werden die Koka-Blätter und jede Form des Konsums verboten. Bis heute wehren sich die andinen Völker dagegen mit Berufung auf die kulturelle Bedeutung der Blätter.

Nicht zu verwechseln sind die Koka-Blätter mit der Rausch-Droge Kokain. Diese Droge wird zwar aus den Koka-Blättern gewonnen. Trotzdem bedarf es mehrerer chemischer Vorgänge, um die Rausch-Droge mit ihrem enorm hohen Abhängigkeitspotential herzustellen. Kokain zählt heute zu den gefährlichsten Drogen.

Koka-Sträucher werden also sowohl für die Gewinnung der umstrittenen Blätter als auch zur Herstellung der extrem gefährlichen Droge Kokain angepflanzt. Entsprechend kontrovers werden in den Anbauländern die Diskussionen darüber geführt.

Namensverzeichnis (nicht vollständig)

(die <u>unterstrichenen</u> Namen kommen im Buch vor)

<u>Emilio</u> Franzen*   verheiratet mit <u>Maria</u> Schuler
                              (Eltern von <u>Herta</u>)

Kinder:
Ida Franzen   verheiratet mit Eduardo Zehnder

Erika Franzen   verheiratet mit Jorge Puente

<u>Herta</u> Franzen   verheiratet mit Gerhard (<u>Tato</u>) Noche

<u>Johnny</u> Franzen   verheiratet mit <u>Margot</u> Hermoza

Ruth Franzen   verheiratet mit Manfred Moebius

Emil Franzen   verheiratet mit Josefa

*Bruder von <u>Emma</u> Franzen

Namensverzeichnis (nicht vollständig)

(die <u>unterstrichenen</u> Namen kommen im Buch vor)

<u>Helmut</u> Noche	verheiratet mit <u>Josefa</u> Schuler (Eltern von <u>Werner</u>)

Kinder:

<u>Elsa</u> Noche	verheiratet mit Perci Hermosa
Herta (<u>Chumpi</u>) Noche	verheiratet mit <u>Walter</u> Frantzen
<u>Helmut</u> Noche	verheiratet mit <u>Aydee</u> Frantzen
Gerhard (<u>Tato</u>)	verheiratet mit <u>Herta</u> Franzen
<u>Werner</u> Noche	verheiratet mit <u>Ilse</u> Egg
<u>Margot</u> Noche	verheiratet mit Guillermo Kristen
Inge (<u>Timpis</u>) Noche	verheiratet mit <u>Edmundo</u> Noche

<u>Luis</u> Egg	verheiratet mit <u>Emma</u> Franzen (Elternvon <u>Ilse</u>)

Kinder:

<u>Edmundo</u> Egg	verheiratet mit <u>Timpis</u> Noche
<u>Ilse</u> Egg	verheiratet mit <u>Werner</u> Noche
<u>Nelly</u> Egg	verheiratet mit Juan Gonsalez
<u>Anny</u> Egg	verheiratet mit Javier Vienrich

Besuche die Website

www.TatosLied.com

mit zusätzlichen Infos, Bildern, Specials

⚓ Kinderwerk Lima

Chancen fürs Leben

Das Kinderwerk Lima ist ein freies evangelisches Missions- und Hilfswerk, das in Südamerika und Afrika Kindergärten, Schule, Berufsausbildung und eine Kinderspeisung mit einem Förderprogramm für sozial benachteiligte Kinder unterhält. Es besteht aus einem Schweizer und einem deutschen Zweig. Der deutsche Zweig arbeitet mit der Evangelischen Landeskirche zusammen, der Schweizer Zweig ist mit der Evangelischen Allianz verbunden.

In Krisenzeiten hilft das Kinderwerk mit Sonderprojekten. In der Corona-Pandemie beispielsweise durch Tausende von Lebensmittelpaketen.

Das Kinderwerk im Fernsehen!
Sehen Sie die Sendungen von 2019 unter www.teletop.ch, wo Sie im Suchfeld «Kinderwerk Lima» eingeben.

@kinderwerklima

Das Kinderwerk Lima hat den Ehrenkodex unterzeichnet. Das Gütesiegel verpflichtet die Unterzeichner zu einem verantwortungsvollen Umgang mit Ihrer Spende.

www.kinderwerk-lima.ch / www.kinderwerk-lima.de

ethos